关注个体　阳光普照　尊重生命　彰显个性

丛书总编：文　莉　张俊勤　李晓斌
主　　编：文　莉　张俊勤
编　　委：文　莉　张俊勤　韩　霜　林　伟　曾　亮
　　　　　陈黎琳　陶　涛　游　霜　蔡　静　朱婷婷
美术编委：刘丁瑞　董　涓　邓　然

小班化教育系列丛书

小班化教育
体育与艺术教育

成都师范银都小学 著

四川大学出版社

项目策划：徐丹红
责任编辑：徐丹红
责任校对：周　颖
封面设计：阿　林
责任印制：王　炜

图书在版编目（CIP）数据

小班化教育体育与艺术教育 / 成都师范银都小学著．
— 成都：四川大学出版社，2018.8
（小班化教育系列丛书）
ISBN 978-7-5690-2220-9

Ⅰ．①小… Ⅱ．①成… Ⅲ．①体育课－教学研究－小学②艺术教育－教学研究－小学 Ⅳ．① G622.82
② G623.702

中国版本图书馆CIP数据核字（2018）第182266号

书名	小班化教育体育与艺术教育
著　者	成都师范银都小学
出　版	四川大学出版社
地　址	成都市一环路南一段24号（610065）
发　行	四川大学出版社
书　号	ISBN 978-7-5690-2220-9
印前制作	跨克
印　刷	成都市金雅迪彩色印刷有限公司
成品尺寸	170mm×240mm
插　页	6
印　张	17.75
字　数	320千字
版　次	2020年3月第1版
印　次	2020年3月第1次印刷
定　价	58.00元

◆ 版权所有 ◆ 侵权必究

◆ 读者邮购本书，请与本社发行科联系。
　电话：(028)85408408/(028)85401670/
　(028)86408023　邮政编码：610065
◆ 本社图书如有印装质量问题，请寄回出版社调换。
◆ 网址：http://press.scu.edu.cn

四川大学出版社
微信公众号

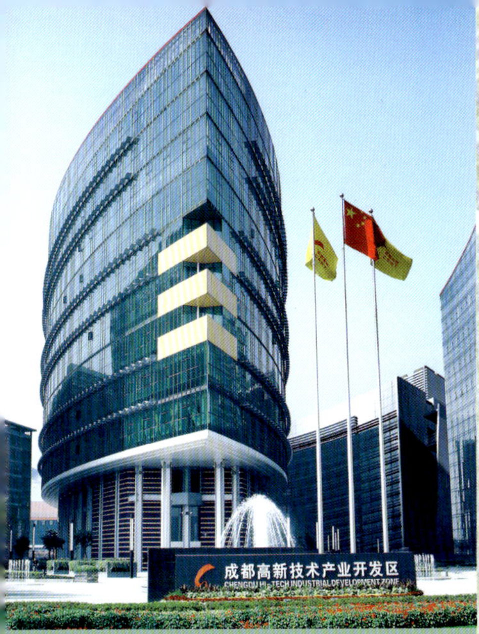
成都高新技术产业开发区

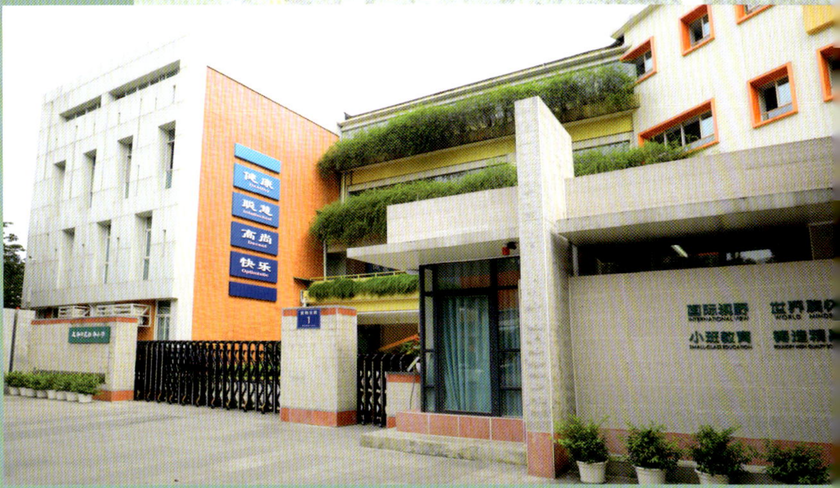
健康
高尚
快乐
Optimistic
国际视野
小班教育

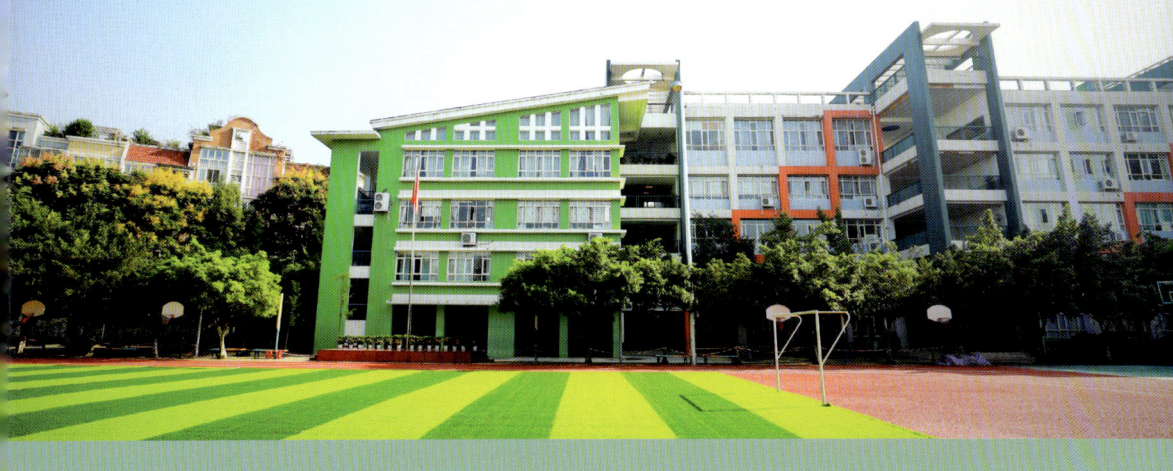

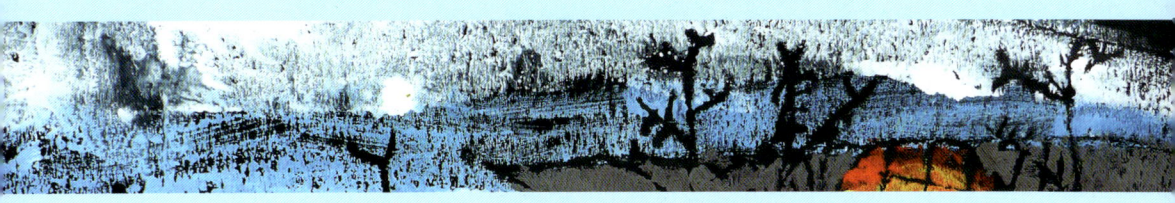

《夜晚》王成艺，版画，30cm×20cm，2014

The Night

《美味》李荔童、马杨睿，岩彩，80cm×60cm，2016

《魔笛》钟朝瀚、洪烽杰，岩彩，80cm×60cm，2016

《悦读》黄诗淇、赵晨希，岩彩，80cm×60cm，2016

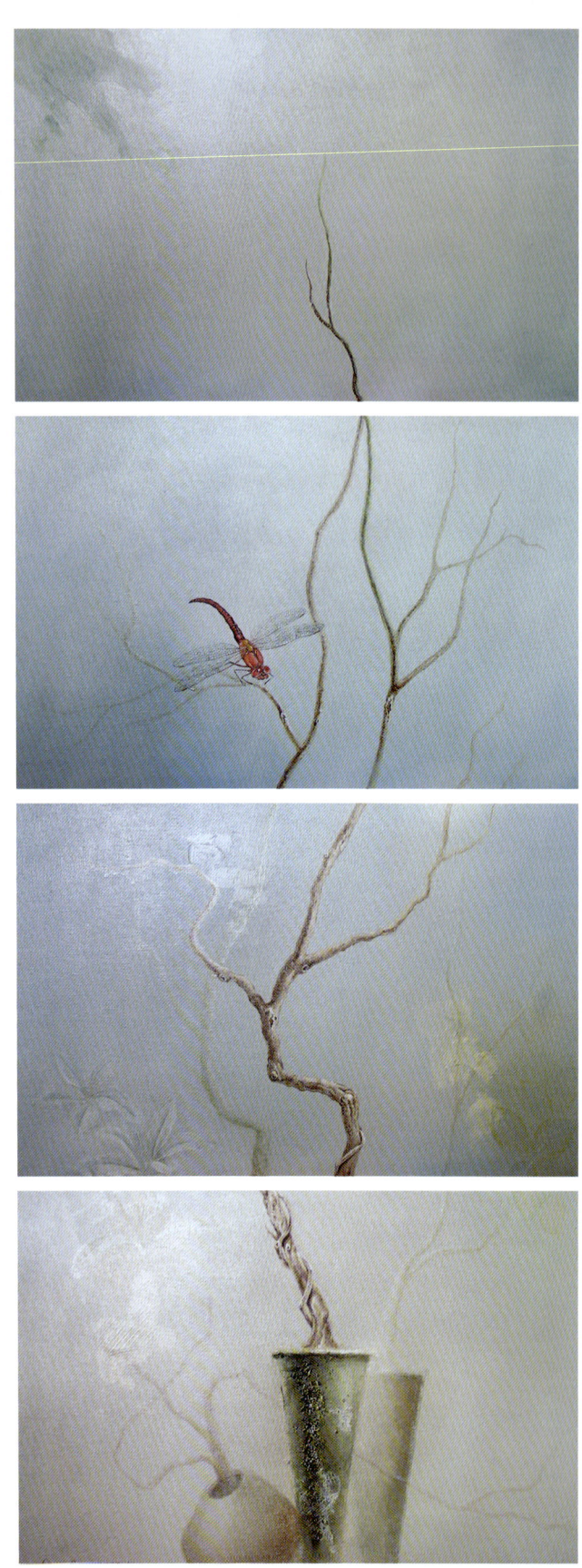

《等》，邓然，油画，160cm×60cm，2005

序　初心相伴，一路风华

2000年8月29日，在西部大开发的发轫阶段，成都师范银都小学诞生在先进的国家级高新技术产业开发区成都高新区这片热土上，扎根、拔节、开花……

十八年，日夜兼程，风雨兼程。此刻，成都师范银都小学的第一份"亮相宣言"郑重地、静静地，对我来说近乎有些神圣地放在我的书桌上。那跃然纸上的"我们的办学宗旨：树先进办学理念，创成都一流品牌，亮西部小学教育窗口；我们的育人目标：全面发展打基础，培养兴趣出特长，适应社会促发展；小班化教育，教育方式先进，真正意义的小班化教育教学……"再度映入我的眼帘，历久弥新，熨贴心间。

"信念只有在积极的行动之中才能够生存，才能够得到加强和磨炼。"成都师范银都小学（以下简称"银都小学"）的这一份宣言与承诺，这一份责任与担当，鞭策着我们这支团队，在探索小班化教育特点与规律的道路上，在探索学校内涵发展、提升办学品质的道路上，有目的地学习，有创新地实践，有审视地反思，有互动地合作。我们一边学，一边行，一起思，一同悟，并将这一点点的收获与体会，以交"作业"的方式呈现。

我们的专著《银小印象——学校发展与小班化教育》于2007年8月由四川教育出版社出版；同时，小班化教育系列丛书的整体策划也一并完成。2009年3月《小班化教育课堂教学》《小班化教育班集体建设》由四川大学出版社同时出版；2011年5月《小班化教育爱的故事》由四川大学出版社推出；2012年，《小班化教育课堂教学》《小班化教育班集体建设》《小班化教育爱的故事》列入全国中小学馆藏图书目录，系列丛书中的《小班化教育课堂教学》一书，被华东师范大学教育学部教师教育学院教授、博士、博士生导师董蓓菲老师的由上海教育出版社出版的著作《小班化教育的中国模式》（此书被列入"教育部人文社科课题研究成果"）引用。十八年来，银都小学始终坚持行进在"理论研究与实践探索相辅相成"的路径上，始终保持着"激情追求与理性解析相伴相生"的发展状态……2018年，《小班化教育体育与艺术教育》即将付梓，这是年轻的同事们献给朝气蓬勃、英姿焕发的银都小学十八周岁的"成人礼"，也将是印在学校发展史上的新的拓进足迹！

　　人们常说：十年磨一剑。《小班化教育体育与艺术教育》这一"剑"磨了十八年。因为体育与艺术教育奠基孩子的终身发展，奠基学生的人生幸福，奠基民族的兴旺与发达，奠基祖国的强盛与伟大。体育与艺术教育在我的认知范围及教育、教学、管理、服务的实践体悟中，它是育人的目标、内容、途径、方法，更彰显育人的成果。而在学校教育、教学中，真正能做到科学定位体育与艺术教育的根本目标，准确把握体育与艺术教育的价值追求，让体育与艺术教育课程体系科学、规范、丰富、务实，让学校体育与艺术教育活动生动、活泼，充满趣味性、创新性、开放性，真正满足小学生身心发展的个体、群体、集体的成长需要，绝非易事。需要我们的团队成员坚持、坚守理想信念和道德情操，具备扎实学识，拥有仁爱之心。

　　当我这个退休离岗十年的师范老教师、银都小学老校长，认真捧读《小班化体育与艺术教育》手稿时，我被激动、感动包围着！这全员、全科、全程、全校、全域，用心、用情、用智地投入与参与，这激趣有方、培养习惯的妙招，这训练有法、多元评价的方式……生命互动、师生共长、灵动景象、美不胜收……让我对银都小学年轻的同事们由衷敬佩，也为他们而自豪！记得2014年8月，《刘丁瑞老师·师生美术作品选集》印发时，我曾试着对我校的艺术教育做过一次解读——

"让成长状态多彩，让生命发展多元"是成都师范银都小学"尊重生命，彰显个性"核心办学理念的"人本化"体现。银都小学坚持全面推行"小班化教育"，在育人实践中，"艺术教育"并非仅指"艺术学科教育"，而是以孩子们的广泛兴趣为基础，以艺术教育为载体，进而延展到对生命潜能的拓展、对生活情趣的培养、对创新思维的激活、对品德意志的磨砺以及对生命灵性的舒扬等广阔的育人时空，从而真正让每一名孩子发展的可能性变为发展的现实性，引领并促进教师和学生成长为具有全面发展"和谐美"以及差异发展"个性美"的现代人。因此，"艺术教育拓潜能，以美塑造现代人"是我们的艺术教育观，也是我们的整体育人观，更是我们的全面发展观。

今天，在这里引用这段话，是想以兹见证银都小学体育和艺术教育的价值追求没有变，发展的主线没有变。

"潮平岸阔催人进，风起扬帆正当时。"银都小学的十八年，是不断学习、传承、创新、发展的十八年。2002年，银都小学举办了第一届全国小班化教育研讨会。2005年，承办了成都市教育局小班化教育启动会，我校时任教导副主任的文莉老师做专题发言"小班化教育内涵研究与实践"。随后，学校又应邀在香港、南京、台湾、杭州、广州、大连、澳门等地举办的历届全国小班化教育研讨会，贡献"银小经验"；文莉校长做专题发言《小班化教育师生关系优化策略研究》《小班化教育心理健康教育探究》，时任德育处主任张俊勤、教科处主任赵笑梅老师专题发言《小班化教育促进小学生个性发展研究》，近10位教师就班集体建设、课堂教学、课程创新等进行交流、现场教学。如今，学校的发展力、成长力、公信力、美誉度与日俱增！

党的十九大报告提出"努力让每个孩子都能享有公平而有质量的教育"。银都小学将不忘初心，继续创新改革。学校新的中期发展规划中，"铸成都高新自主优质教育品牌，创中国小班化教育卓越典范"的学校发展定位，更高质量地育人，对我们的团队提出了更高远、更严格的要求。我坚信，成都师范银都小学在正高级教师、四川省特级教师、四川省名校长工作室领衔人、教育部中小学名校长领航工程成员、教育部"国培计划"专家——文莉校长和银都小学团队的共同努力下，一定是一路精彩，前程似锦！

四川省特级教师　　　　　　　　冯淑蓉
成都师范银都小学首任校长、现名誉校长
2018年8月6日

前 言

对于小班化教育,我们进行了十八年实践和探索。十八年来,我们不断学习小班化教育先进理念,借鉴国内经验,大胆尝试,勇于创新。以课题引领,开展小班化教育系列研究与实践,内容涉及管理、课堂教学、班集体建设、教师发展、小课题研究等方面。在学校省级课题"小班化教育环境下小学生个性发展研究"引领下,聚焦"关注每一位学生个性化发展",教师们积极探索,做了许多创造性的工作,并在探索的过程中不断进行理性思考,不断总结和提炼,逐步形成了我们对小班化教育的认识、实施小班化教育的具体操作策略。在此基础上,我们进一步从小班化教育的外显特征、内涵发展等方面进行梳理与总结,先后出版了学校小班化教育系列专著:《银小印象——学校发展与小班化教育》《小班化教育课堂教学》《小班化教育班集体建设》《小班化教育爱的故事》。

根据学校发展规划,我们对十八年来学校体育与艺术教育探究进行了梳理,形成了本书《小班化教育体育与艺术教育》。本书所呈现的内容,主要围绕小班化教育体育与艺术教育展开,其中有教师们在实践过程中的认识、教学案例、具体操作策略,其间不乏独到的见解和创造性的成果。在写作过程中,我们并不求全,而是着眼于从具体的实践和探索中总结并提炼出带有一定规律性、又有效的操作策略,突出我们小班化教育体育与艺术教育的特点。

全书共分五章。第一章"立德树人:体育与艺术教育的根本追求"，介绍小班化体艺教育的研究背景、历程，对小班化体艺教育的概念解读与根本追求的诠释。第二章"核心素养：体育与艺术教育的价值定位"，紧扣课程标准，重点阐述小班化体育与艺术教学的人文价值、素养目标。第三章"学校课程：体育与艺术教育的载体"，介绍了体育与艺术课程的体系构建、实施、评价，通过创新体育与艺术学科课程、指导学生个性化学习，以实现学生的优化发展。第四章"活动体验：体育与艺术教育的运作机制"，突出在小班化教育环境下，怎样开发和组织丰富多彩的体艺活动，指导学生个性化体验，满足小班学生个性化学习需求。第五章"特色展现：体育与艺术教育的成效释放"，展现学生体育与艺术学习成效以及通过体育与艺术学习带动的全面发展成效，希望通过实例，进一步思考、研究体育与艺术教育与学生全面发展、终身发展、个性化发展的联系，寻求能进一步普遍推广的有效策略。

我们衷心希望《小班化教育体育与艺术教育》这本书，在总结和展示我们探索成果的同时，能在某一方面，甚至是某一细微之处引起大家的共鸣。由于视野的局限，《小班化教育体育与艺术教育》肯定会有不尽人意之处，我们诚恳地期待大家对该书提出批评与建议！

微信公众号：

成都师范银都小学校长
正高级教师
四川省特级教师　　　　　　　　　　　　　　　文　莉
教育部"国培计划"专家
教育部第二期中小学名校长领航工程成员

2018年8月

目 录

第一章 立德树人：体育与艺术教育的根本追求

第一节 小班化教育简介 … 1
一、对小班化教育的认识 / 2
二、小班化教育让体育与艺术教育迸发活力 / 5

第二节 促进学生全面发展 … 7
一、促进真善美和谐统一，奠基完美人格 / 7
二、尊重差异，促进知情意有机交融，提升感受能力 / 14
三、尊重差异，促进口手脑完美结合，培养创造力 / 18
四、体育与艺术教育，回归生命 / 21

第三节 着眼学生终身发展 … 22
一、唤起学生的兴趣和情感 / 22
二、重视行为与习惯的养成性 / 28
三、增强知识与技能的实践性 / 32

第四节 关注学生个性发展 … 36
一、打基础与扬特长互促共进 / 37
二、规范性与差异化相辅相成 / 41
三、严要求与重自觉并行不悖 / 45

第二章 核心素养：体育与艺术教育的价值定位

第一节 凸显学科的人文价值 … 50
一、以文化人 / 51
二、以美育人 / 62
三、以健成人 / 68

第二节 确立学科的素养目标 … 83
一、聚焦健康素养 / 84

二、培养审美情趣／88

　　三、培育创新精神／92

第三节　发挥学科的特有魅力……………………………………… 96

　　一、寓教于乐，寄理于情／97

　　二、强本固基，怡养身心／101

　　三、润泽生命，张扬个性／105

第三章　学校课程：体育与艺术教育的载体

第一节　学校体艺课程的统筹……………………………………… 111

　　一、内容的统筹／112

　　二、环节的统筹／118

　　三、人员的统筹／120

　　四、阵地的统筹／122

第二节　学校体艺课程的践履……………………………………… 127

　　一、课堂教学／127

　　二、课程关联／132

　　三、课程融合／138

　　四、课程拓展／142

第三节　学校体艺课程的管理……………………………………… 147

　　一、提升体艺教师的专业素养／147

　　二、完善体艺教育的制度规范／153

　　三、改革体艺学习的评价方式／157

第四章　活动体验：体育与艺术教育的运作机制

第一节　组织丰富多彩的活动……………………………………… 168

　　一、体育健身活动／168

二、美术造型活动 / 174
　　三、音乐表演活动 / 180

第二节　选择富有情趣的形式 ··· 184
　　一、鉴赏与表达 / 185
　　二、游戏与训练 / 188
　　三、竞演与展示 / 192

第三节　激发积极健康的体验 ··· 200
　　一、愉悦感与审美体验 / 201
　　二、效能感与成就体验 / 208
　　三、归属感与道德体验 / 213

第五章　特色展现：体育与艺术教育的成效释放

第一节　全校性体育与艺术教育的特色 ······································· 219
　　一、学校体育教育的特色 / 220
　　二、学校艺术教育的特色 / 225

第二节　班集体体育与艺术教育的特色 ······································· 231
　　一、班级体育教育的特色 / 232
　　二、班级艺术教育的特色 / 240

第三节　个性化体育与艺术教育的特色 ······································· 249
　　一、凸显教学特色，教师专业成长 / 249
　　二、培养艺体素养，学生个性展现 / 258
　　三、家校亲密协作，艺体活动重参与 / 263

主要参考文献 ··· 269

后　记 ··· 271

第一章　立德树人：体育与艺术教育的根本追求

体育与艺术，是生命的形式，也是人类生存和发展的重要活动，以其特有的"美"滋养着生命的成长。体育与艺术课程，是体育与艺术教育的重要载体，是学校课程的重要组成部分，以"美"促进人的生命的全面发展。

健康，是人类生命存续和发展的最根本的基础。体育，是以发展体力、增强体质为主要任务的教育。体育与健康课程是增进学生健康的重要途径，对于提高全民族的健康素质具有重要而深远的意义。义务教育体育与健康课程遵循"健康第一"的指导思想，注重激发学生运动兴趣，引导学生掌握体育与健康基础知识、基本技能和方法，增强学生的体能，培养学生坚强的意志品质、合作精神和交往能力等，为学生终身参加体育锻炼奠定基础，培养学生健康、全面发展。

艺术，是人类文明的重要组成部分，也是人类重要的精神活动之一。艺术，丰富和延续人的生命和精神世界。艺术教育对青少年美感的形成、人格的陶冶、情感的丰富、创造力的开发具有重要意义和价值。

教育的本质是育人。立德树人是发展中国特色社会主义教育事业的核心所在，是培养德智体美劳全面发展的社会主义建设者和接班人的本质要求。体育和艺术教育的根本追求，就是要落实教育的根本任务，即立德树人。

第一节　小班化教育简介

成都师范银都小学创办于2000年，诞生在国家级高新技术产业开发区——成都高新区。2000年至今，学校将小班化教育作为全面实施素质教育的载体。学校秉持"尊重生命，彰显个性"办学理念，遵循"顺自然，强基础，重创新，促发展"育人思路，以"艺术教育拓潜能，以美塑造现代人"为育人观，以体育与艺术教育带动学生全面发展、终身发展、生动活泼的发展、个性化发展，为使学生做有民族精神、能走向世界的现代人奠定良好的基础。

"三课联动"，学校以课题带动课程、课堂的改革，以《小班化教育环境下学生个性发展》《小班教育环境下师生关系优化策略研究》《小班化教育教师个性化发展》系列课题，引领教育教学改革。

一、对小班化教育的认识

（一）小班化教育发展趋势

随着现代社会的发展和教育观念的变化，传统的学校教育和班级授课制在内容和形式上都在发生深刻的变化。其趋势之一是教育内容的整体化和个别化。即：教育内容一方面重视认知与情感、意志的整合，以塑造教育对象完整的健全的人格；一方面又针对每一个个体的差异提供最适当的教育，使每一个学生都能在原有的基础上获得最佳的发展。国际教育改革的经验告诉我们，为适应这种趋势，学校组织形态将进行大幅度调整。尤其是在学校办学规模上，一个重要的趋向就是学校的空间扩展、学校及学生班额小型化，班额大都下降到30名以下。为了提高基础教育质量，适应现代社会对人才的需求，美国、英国、日本、荷兰、韩国等国政府都对控制与缩小班级规模做出相应的规定，出台相应的政策，这些国家的初中及小学不仅学额呈下降趋势，而且学校内的班级数也呈下降趋势。

随着我国经济的持续快速发展，人民的物质文化生活水平大大提高，同时人民的精神文化生活水平也大大提升。不少家长希望子女能够从小就接受优质教育，这种优质教育表现在学生在学校的生活中有更多的活动机会，有更多的机会处于活动的中心地位，有更多的时间与教师交往，得到特殊的个别化教育。国际上所谓有效教育，其衡量要素之一就是学生与教师接触的时间。从近年来我国大中城市人们精神生活的发展与变化中，我们可以清晰地看到，提高每一个学生接受教育的充分程度，让每一个孩子享受高质量的基础教育，已成为进一步提高人民生活质量的新的增长点。小班化教育在全国部分大中城市和经济发达地区渐露风采，成为教育改革新的探索热点。上海、北京起步较早，成都、香港、台湾、南京、杭州、广州、长春、大连、澳门等地部分学校也参与改革。

2010年,《国家中长期教育改革和发展规划纲要》(2010—2020)提出:"深化课程与教学方法改革,推行小班教学。"2017年,党的十九大报告提出"努力让每个孩子都能享有公平而有质量的教育。"教育部《2017年全国教育工作会议工作报告》提出"要落实好消除大班额专项规划,统筹推进小班化改革。""通过小班化教学、选修走班等方式,创造条件和机会,让拔尖创新人才脱颖而出。"由此可见,随着国家教育改革,未来将深入推行小班化教育,为普及公平而有质量的教育、培养拔尖创新人才提供有益的借鉴。

(二)小班化教育促进每一位学生个性化发展

1. 小班化教育的优势

通过十八年来系列课题研究与实践,我们对小班化教育的认识逐步加深。

小班,班级学生人数明显低于传统班级,我校每班学生30人及以内。

小班化,是动态、实验的过程。小班化的实质是教育机会的变化,突出表现在每个学生教育资源有效占有率的变化,具体表现在:师生比变化带来教师对学生关注机会的优化,教育设施设备的人均占有率变化带来的教育机会的优化。

小班化教育,首先,从"班"是一种教育环境的认识出发,把前述优化了的教育机会转化为能被学生个体感受、吸纳的环境性教育影响,包括师生共存的班级和校园环境。其次,从关注每一个学生的个性化发展出发,把前述优化了的教育机会转化为有效满足学生个性化发展需求的教育支持。再次,从"班"是一种社会群体的认识出发,优化师生互动、生生互动、教师合作、家校联系。

个性,是心理发展的产物,一般指人的个别性、特殊性或个别差异。在学校研究中的个性是指积极的个性,个性发展是指个性品质的不断完善,包括积极个性品质的形成、发展和不良个性品质的矫正、克服。通过小班化教育,有意识地培育、发展学生积极的个性,使学生发展的潜能受到激发和强化后发生变化,个性优势得到充分发挥与强化,成为更显著的个性优势;学生的个性弱点受到个性优势的拉动,得到相应的发展;学生的个性潜质得以有效挖掘,逐渐表现为个性优势。逐步形成具有稳定性、整体性和社会性的心理特征,使学生的自我意识、学习动机、兴趣、认知能力、审美能力、交往能力等方面得到充分的发展。

个性化,包含多个层次的内容。主要指根据个人(个体)的个别差异性需求，给予相宜的支撑；也可指服务于不同事物的差异性而进行的学习或其他社会实践活动。个性化，着力于人或事物的个性个别性、差异性、特殊性，有特别的指向性。

素质教育是一个渐进的过程，它要求教育面向全体学生，关注每个学生的全面发展、持续发展、个性化发展，"为了每个孩子的幸福生活"。小班化教育就是要充分尊重学生的个体性、主体性和创造性，充分关注学生的生存状况、个性化成长经历和个性心理品质，将小班化带来的教育机会"化"为具体的措施，"化"为每个学生最优化发展的现实，从而落实素质教育。

2. 小班化教育的特点

（1）以学生发展为本

我们始终秉承"尊重生命，彰显个性"教育理念，坚持"顺自然、强基础、重创新、促发展"育人思路，为每个孩子创造多元自主的发展空间，让每个学生的最近发展区得到关注和利用。依据人的生命特性，遵循生命发展规律，促进生命走向更加"合理而完善"。

（2）实施"个性化教育"

个性化教育是小班化教育的核心理念。个性化教育在小班化教育中体现三个层面的内涵：促进全体学生全面和谐发展，促进全体学生主动地、生动活泼地发展，为学生提供符合个性发展的"差异教育"。

（3）追求更高层次的教育公平

"关注个体，阳光普照"，小班化教育坚持面向全体学生的教育，关注每个学生的和谐发展，要求教育教学中没有盲区，充分体现"有教无类""因材施教"的教育思想，充分实现学习机会均等与教育过程的个性化。每个学生都有平等参与各种教育教学活动和平等共享各种教育资源的权利。

（4）关注每个学生的生活经验

师生生命在小班化课堂教学、课外活动等特殊的生活实践过程中和谐互动、健康发展。教师通过创设情境、精心组织学习活动，让学生认识到课堂学习、课外活动都是特殊的生存和生活方式，是现实生活世界的重要组成部分。让学生在和谐互动中经历、体验、探究、感悟，把间接经验转化为直接经验，把间接经验整合、充实、提升为直接经验，使直接经验不断丰富、发展、升华，从而实现知识与能力的统一，让学习与生活水乳交融、相得益彰。

（5）师生"共构共建共创"丰富多彩的活动，共同成长、个性化成长

小班化教育提高了师生之间、家长与教师间的人际交往密度和频度，为促进学生个性发展提供了有利的机会；正是生命体个性的张扬，带来了生生互动、师生互动的深化，为优化师生关系提供了有利的条件。师生关系中蕴含着丰富内容，如情感的交融、合作的默契、共长的快乐等。我们通过课题研究与实践，形成了师生和家长"共构共建共创"丰富多彩的活动、共同成长、个性化成长的学校文化。

二、小班化教育让体育与艺术教育迸发活力

学校发挥小班化教育的时空优势，让体育与艺术教育迸发活力，促进师生生机焕发、生命花开七彩。

（一）尊重生命，彰显个性

1. "尊重生命，彰显个性"，致力于全体师生全面而和谐的发展

"尊重生命，彰显个性"，是银都小学的办学理念。

"尊重生命，彰显个性"，要求我们以人的发展为始归，尊重人的个体性、主体性和创造性，关注师生的生存和生活状态，体察个性化成长经历和个性心理品质，致力于全体师生全面而和谐的发展；为每一名师生创造多元、自主的发展空间，让每一名师生的最近发展区得到关注和利用；依据人的生命特性，遵循生命发展规律，促进生命走向"合理而完善"……那是一幅蓝图，是一种期待：教师群体和谐发展；师生和谐互动；学生和谐成长；家校和谐配合；学校与社区和谐共进。这既是学校发展的基础、发展的策略，也是学校发展的成就。

2. "尊重生命，彰显个性"，让师生生命花开七彩

（1）尊重每位学生，让生命花开七彩

尊重生命的本性。有人说，生命的本性是自由、创造和超越。我们坚信，每个孩子都愿意成为好孩子，每个孩子都有巨大的潜力，每个孩子经过努力都能获得成功。

尊重儿童发展的规律。教育家雅斯贝尔斯说：教育就是一朵云推动另一朵云。教育，必须尊重生命成长的规律，尊重儿童发展的规律。我们以欣赏、熏

陶、感染、浸润的方式，潜移默化，润泽每一个学生成长，彰显教师的魅力、示范性。"学高为师、身正为范"，以德育德，以美育美，立德树人。

尊重学生个体差异。每个学生都是独立的生命个体，有其特别的成长需求，有其生命成长、生命状态的独特的"美"。

尊重每位学生的成长过程。公正、公平地关爱每个学生。发现学生的优势，发现学生的最近发展区，以优势带动暂时弱势，培养学生自信，帮助学生不断创造，超越自我，持续发展。每一位教师都要细心发现并鼓励每个学生的点滴进步。

（2）尊重每位教师，让教学百花齐放

对教师而言，"尊重生命"，其意义在于致力于改善教师的生命状态，提高教师的生命质量，促进其核心价值观的确立，使每位教师的道德素养、科学素养、人文素养、创新精神和实践能力得到普遍提高。"彰显个性"，意指大胆促进教师个性发展，充分释放每位教师的教育才能，爱护并尊重每位教师的教学风格。

在银都小学，教师各有专长，多才多艺。体育教师，各有专长，能文能武，足球、篮球、排球、垒球、健美操、街舞、双手同时毛笔书法、单口相声、诗歌朗诵、国学研读……艺术教师，各有专长，版画、油画、水粉画、国画、线描、纸艺、舞蹈、文学……众多教师，在学科专长外，还多才多艺。数学教师也是健美操队总教练，还是摄影师，用爱的镜头记录下校园里各种美丽的瞬间；语文教师，喜爱打击乐，一直学习架子鼓；数学教师，从小练习书画，会一手漂亮的书法；英语教师，硬笔书法自成风格……

（二）艺术教育拓潜能，以美塑造现代人

"艺术教育拓潜能，以美塑造现代人。"这是学校的艺术育人观，也是学校的整体育人观。我们认为，"艺术教育"并非仅指"艺术学科教学"，也不是一定为培养未来的艺术家，而是以学生的广泛兴趣为基础，以体育与艺术教育为载体，进而延展到生命潜能的拓展、生活情趣的培养、创新思维的激活、品格意志的磨砺以及生命灵性的舒扬等广阔的育人空间。学校发挥小班化教育的优势，通过体育与艺术教育，发现每位师生的潜能，关注每位师生的个性化成长。

（三）木秀于林是一种景观，秀木成林是一种壮观

"木秀于林是一种景观，秀木成林是一种壮观。"小班化教育，关注人人发展，人人优化发展，人人个性化发展。通过课题"师生关系优化策略研究"，学校逐步形成"众筹式"管理文化，教师、学生、家长"共构共建共创"教育教学活动，人人参与，"众筹"创意，"众筹"力量，人人成长。体育与艺术教育，更激发师生生命的创造力，人人有兴趣爱好，人人有学习机会，人人有展示平台，人人有个性优势，呈现出"花开七彩""秀木成林"的生命状态。

第二节 促进学生全面发展

学校的育人目标，需要层层分解、细化，既有长远的目标，又有可见或可量化的短期目标，才能逐步落实，高质量地达成。银都小学的校训"健康、聪慧、高尚、快乐"，将学生"全面发展"的目标，具体化为学生内外显现的积极向上的生命状态。

我们发挥小班化教育优势，构建学校体育与艺术教育课程体系。创新校园环境文化课程；创造性实施国家课程，艺术课程主要为音乐、美术学科课程，体育课程主要为体育与健康课程；创新校本课程，开设选修课、特长队等；全面渗透体育与艺术教育。尊重差异，促进学生德智体美劳全面发展，为生命的真善美和谐统一、知情意有机交融、口手脑完美结合奠基。

一、促进真善美和谐统一，奠基完美人格

体育与艺术，存在于人类生命与生活中，既反映生命与生活中的真善美，也促进人类生命的真善美的和谐统一。

体育，通过身体的各种运动，强健身体，强健心理，为人类生命存续与发展奠定基础，为生命走向"真善美和谐统一"奠定基础。

艺术，是用形象来反映现实但比现实有典型性的社会意识形态，包括文学、绘画、雕塑、建筑、音乐、舞蹈、戏剧、电影、曲艺等。艺术，源于生活，又高于生活，以生命对"美"的感受、再现、创造，促进生命走向"真善美和谐统一"的精神世界。

（一）把握真善美的精髓

教育的本质是育人。体育和艺术教育的根本追求，就是落实教育的根本任务，即立德树人。立什么样的"德"？树什么样的"人"？如何发挥体育与艺术教育的优势、特点，促进"立德树人"？

德，指道德、品行。道德，社会意识形态之一，是人们共同生活及其行为的准则和规范。道德通过人们的自律或通过一定的舆论对社会生活起约束作用。品行，指有关道德的行为。

立德树人是教育的根本指向。教育的本原就是培育健康完整的人。健康完整的人包括健全的人格、良好的公民道德素养，以及从对自己开始逐步到对他人、社会、民族、国家的责任秉持和信念坚守。无论什么时候，教育都应该把培育健康完整的人视为己任。

人所能达到的最高境界，就是真善美统一的完美人格。培养真善美统一的完美人格，便是教育的终极目标。真善美的和谐统一，是人类发展的永恒目标。体育与艺术教育，通过独具魅力的活动，促进学生体美、人美、心美，求真、向善、尚美。

（二）实现真善美人格化的建构

作为教育终极目标的真善美统一的完满人格的形成，即集真善美于一身的自由个性的全面生成，具体到作为完满人格主体的个人的发展，就是个体精神世界中的包括完满的智慧人格、道德人格、审美人格三个既相对独立又密不可分的方面的所有精神因素——理性因素与非理性因素，在充分协调发展的基础上，形成一个有机统一的整体。

1. 求真，培养完满人格的智慧特性

完整意义上的真，不仅仅指对"自然界的规律性"的认识，还包括对"善的规律"与"美的规律"的准确把握。求真，目标之一是教人探求真知。所谓真知，就是与客观事实相符合的、正确反映了客观规律的知识，即真理。所谓教人探求真知，就是培养受教育者探求真理的能力和热情。求真，目标之二是教人坚持真理，即教育受教育者不迷信权威，不屈从传统，无私无畏，不论是在探求真理的过程中还是在获得真理之后，都要始终不渝地坚持真理，捍卫真理的尊严。

在北师大版小学语文课文顾拜旦的《体育颂》里，我们能感受到，体育以其特有的魅力，促进人类生命走向真善美的和谐统一。

体育颂

啊，体育，天神的欢娱，生命的动力！你猝然降临在灰蒙蒙的林间空地，苦难的人们激动不已。你像是容光焕发的使者，向暮年人微笑致意。你像高山之巅出现的晨曦，照亮了昏暗的大地。

啊，体育，你就是美丽！你塑造的人体，变得高尚还是卑鄙，要看它是被可耻的欲望引向堕落，还是由健康的力量悉心培育。没有匀称协调，便谈不上什么美丽。你的作用无与伦比，可使人体和精神和谐统一，可使人体运动富有节律，使动作变得优美，柔中含有刚毅。

啊，体育，你就是正义！你体现了社会生活中追求不到的公平合理。任何人不可超过速度一分一秒，逾越高度一分一厘，取得成功的关键，只能是体力与精神融为一体。

啊，体育，你就是勇气！肌肉用力的全部含义是敢于搏击。若不为此，敏捷强健有何用？肌肉发达有何益？我们所说的勇气，不是冒险家押上全部赌注似的蛮干，而是经过慎重的深思熟虑。

啊，体育，你就是荣誉！荣誉的赢得要公正无私，反之便毫无意义。有人要弄见不得人的诡计，以此达到欺骗同伴的目的。他内心深处却受着耻辱的绞缢。有朝一日被人识破，就会落得名声扫地。

啊，体育，你就是乐趣！想起你，内心充满欢喜，血液循环加剧，思路更加开阔，条理愈加清晰。你可使忧伤的人散心解闷，你可使快乐的人生活更加甜蜜。

啊，体育，你就是培育人类的沃地！你通过最直接的途径，增强民族体质，矫正畸形躯体；防病患于未然，使运动员得到启迪；希望后代长得茁壮有力，继往开来，夺取桂冠和胜利！

啊，体育，你就是进步！为了人类的日新月异，躯体和精神的改善要同时抓起。你规定良好的生活习惯，要求人们对过度行为引起警惕。你告诉人们遵守规则，发挥人类最大能力而又无损健康的肌体。

啊，体育，你就是和平！你在各民族间建立愉快的联系。你在有节制、有组织、有技艺的体力较量中产生，使全世界的青年学会相互尊重和学习，使不同民族特质成为高尚而和平竞赛的动力。

2. 向善，培养完满人格的道德特性

向善的最高境界，是个人以社会的进步和人类的幸福作为自己的"善"，在利益上超越狭隘的自我欲求，真诚地把为他人幸福和社会进步贡献力量视为自己的崇高使命。

善，总是与真、与美同行。生命的成长过程，即是真善美积淀的过程。通过体育与艺术教育，让儿童在体验中，逐步向善、行善。

【案例】

儿童文学创作与生命成长

2008年至今，银都小学持续"读创行"课程研究与实践。语文教师万庆华，每次担任一个班教学，都带领全班30个学生一起创作一部长篇儿童小说。十年，她带领6个班的学生，原创并出版7本儿童小说。

一、每一本小说都寄托着一个美好的愿望。

孩子们创作出版儿童小说，希望将义卖书款捐赠贫困山区的小伙伴们，帮助他们生活、学习。

二、每一本小说都贯穿着"真善美"的主题。

2008年出版的《福娃使命》，表达了中国儿童对世界各国人民的友好。故事主要讲述北京奥运会吉祥物五个福娃受奥运之父——顾拜旦委托，历经艰辛，克服重重困难，团结协作，到五大洲邀请文学名著中的人物到北京参加奥运盛会的故事。

2012年出版的《古蜀部落历险记》，表达成都儿童对家乡历史文化的热爱与探索。故事主要讲述小学生沙月皓与高中生姐姐沙月容、大学生金阳城在金沙博物馆内穿越到古蜀国，遭遇战争、地震等灾难，与古蜀王国后人一起逃生转移的故事。

2015年出版的《牧羊犬亚力》，讲述了牧羊犬亚力历险故事，展示了重病儿童心灵深处对生命的渴求。主要讲述牧羊犬亚力被患病小主人童童抛弃荒野，却从未放弃寻找小主人的念头，历经苦难，奔越千里回到小主人童童身边，并唤醒手术后一直昏迷不醒的童童。

2016年出版的《蟑螂博士》《会说话的小布猴》，都是揭示班级问题孩子心灵成长的故事。《蟑螂博士》，讲述了性格孤僻、外号"蟑螂"的男孩意外穿越平行宇宙来到蟑螂星球，历经苦难回到地球，倍加珍惜同学友情，变得自信勇敢。《会说话的小布猴》，讲述霸王男孩高阳用足球砸晕他一向看不起的山村转学来的女同学沈迪，犯错后心怀恐惧，坐卧不安；后来在新年礼物"小布猴"的帮助下，穿越沈迪大脑空间，认识到沈迪的善良美好，并主动向沈迪认错。

2017年出版的《寻》，表达了城乡儿童手拉手，共同寻找"未来"和"爱"的主题思想。故事主要讲述城市男孩莫枫不远千里陪同边远山区结队男孩左双吉寻找多年不见的双亲，并得到莫枫同学、同学父亲、爱心团队的帮助。

2018年出版的《和儿子同班》，表达儿童对科技发展与网络安全的认识。故事主要讲航天科学家夏天在科考中被黑洞吸引失踪，一年后重返地球以同桌夏满身份和儿子同桌，帮助顽皮儿子夏至成长。故事中的同学情、师生情、父子情正是问题儿童需要重新认识的情感。

三、每一次创作过程中，孩子们都与小说里的人物一起成长。

小说里的人物，原型均来自班级里的同学。孩子们写故事里的人物，写同学，写自己。将自己的成长与小说故事里的人物成长融于一体。与故事里的人物一起成长，求真、向善、尚美。

四、每一本书的插图，都传递着真善美。

每本书的插图，或由孩子们原创，或精心琢磨。风雪雨露，花草树木，鸟兽虫鱼，人物的表情，都应该符合故事发展，都传递着美好与善良。

五、小说出版后，用义卖书款帮助山区小伙伴成长。

每一次小说出版后，教师和孩子们、家长们都会组织更多的志愿者,一起义卖书籍,书款用于捐赠帮助贫困山区的伙伴们成长。

2017年,捐赠方式有了创新。孩子、教师、家长们,了解到九寨沟县草地乡小学师生的愿望——希望有一间多媒体教室。于是,孩子们一起策划组织,有的设计图纸,有的与企业的志愿者协商希望对方能给草地乡小学捐赠一体机。多媒体教室建成了,它架起了彼此之间的桥梁,城乡孩子一起远程学习、活动、沟通,共同成长。

(文莉)

3. 尚美,培养完满人格的审美特性

美,是一切事物的起点,包括道德。在人的心里发生的感动,会让德行很自然地存在。美,应是社会里最基础的部分,就是从心里发生的部分。以充分发展的欣赏美和创造美的能力为核心的、完满的审美人格,会自觉按照美的规律去塑造自己的形貌、行为和心灵,从而使自己成为一个身心完美的人。美,回归到本质,是最基本的对生命的认知过程。对自然、生命的美的感受、体验,需要从小开始,在成长中不断积淀。

体育运动,强健身体,强健心理,通过身体运动之美,彰显生命的健康、力量、内心之美。所有艺术的终极,都是为了完成美,是一种美的欣赏,是一种美的感受。我们通过体育与艺术教育,呵护儿童的纯真,帮助儿童积淀声音之美、视觉之美、情感之美,从而感受并创造生命之美。

【案例】

成长即美

雪儿喜欢画画,喜欢写诗。画画和写诗,是雪儿乐此不疲的游戏。

雪儿会静静地画好多彩色的小人儿,她们穿着各色美丽的舞裙,翩跹起舞。雪儿把自己画的彩色小纸人儿剪下来,摆放在家里的小摆设——那只金色的小鹿的长长的鹿角上的小杯子里。于是,鹿角的每一只杯子里,都有一个或两个小彩人儿微笑着,舞蹈着……家里,成了童话里的仙境。

放假了,全家去旅行,雪儿少不了要随身带上画板、画笔。机场里,博物馆门口,广场一角,游船上,铺满鲜花的草地上……无论到哪儿,雪儿都会用画笔画下许多美丽。房子好美,鲜花好美,有尖尖房顶的宫殿好美,广场上的鸽子、来来往往的行人好美。不是"作业要求",也没有"参赛获奖"的目的,雪儿就喜欢画画。因为,世界很美。

朋友在微信里感慨:"这是我喜欢的奥地利画家Friedensreich Hundertwasser的作品。有个叫雪儿的小妹妹,却天然有他的画风,相识就是幸运啊。"画家的大作和雪儿的小画,都美。

雪儿,是我们银都小学二年级的学生。

有人说,儿童是天生的画家。因为,孩子们充满了纯净的热情和无限的想象,探寻着世间的美,并用自己的方式去创造着美……

每天午休,校园里的操场上,树荫下,花丛边,坐着的,趴着的,蹲着的,好多孩子画画,当然旁边有一群欣赏者。公主和王子,小小人儿的战斗,大海深处的村庄……孩子们总沉浸在自己创造的童话世界里。大厅里,有孩子弹奏着钢琴;还有孩子好奇地研究,三角钢琴琴板下,那些精致的木条一上一下,怎么就能发出那么美妙的声音呢?

老师们总笑呵呵地,和孩子们一起编故事,一起写小诗,一起捏泥人儿,一起放纸飞机,一起踢球,一起编乐曲,一起研究花花草草的秘密……

在银都小学,孩子们和老师们用"健康、聪慧、高尚、快乐"的成长状态,展现着生命之美,诠释着学校"艺术教育拓潜能,以美塑造现代人"的美育信念。

"尊重生命,彰显个性",是银都小学的办学理念。每个生命的成长,都有着独特的美。正如每一朵花,都有着自己独特的色彩,独特的姿态,独特的绽放。

银都小学的老师们,以艺术之美、生命之美,滋润着孩子们成长。师生相伴,一路花开,飞扬七彩……

(文莉)

二、尊重差异，促进知情意有机交融，提升感受能力

全面的教育是同时兼顾人的知情意三方面的教育，对于一个完整的人来说，这三者并行才能完成真善美的理想。

罗恩菲德说："艺术教育对我们的教育系统和社会的主要贡献，在于强调个人和自我创造的潜能，尤其在于艺术能和谐地统整成长过程中的一切，造就出身心健全的人。"

目前，体育与艺术教育，更多地是在运动、艺术的技能形成方面进行研究。作为生命发展来讲，需要从心理学层面，不断研究体育与艺术教育的心理机制、学科特点、突出优势，以此促进生命体知情意的有机交融，逐步达成真善美的理想。

（一）了解心理差异，提升对生命的感受能力

人们常说，儿童是天生的诗人、画家、音乐家、哲学家。我们学习、观察、研究儿童体育与艺术学习的心理特征，尽可能地呵护儿童对艺术的天然、纯真、天马行空的创意表达；同时提升儿童对体育、艺术的感受与表达。

1. 每个学生智力结构不同，后天发展也存在差异

（1）智力的结构

关于人的智力结构，学术界众说纷纭。其中，大家普遍认同的是加德纳的多元智能学说。加德纳在1983年出版的《智力的结构》一书中提出关于智力结构的新理论——多元智力，确认了音乐节奏、视觉空间、身体动觉等人类智力中的普遍形式。每个学生都或多或少地拥有不同的智力：语言智能、数理逻辑智能、空间智能、音乐智能、身体运动智能、人际交往智能、自我认识智能、自然观察者智能。这些智能代表了每个人不同的潜能，这些潜能只有在适当的情境中才能充分地发挥出来。

空间智能，指的是人对色彩、形状、空间位置等要素的准确感受和表达的能力。表现为个人对线条、形状、结构、色彩和空间关系的敏感，以及通过图形将它们表现出来的能力。

音乐智能，指的是个人感受、辨别、记忆、表达音乐的能力，表现为个人对节奏、音调、音色和旋律的敏感，以及通过作曲、演奏、歌唱等形式来表达自己

的思想或情感。

身体运动智能，指的是人的身体的协调、平衡能力和运动的力量、速度、灵活性等，表现为身体表达思想、情感的能力和动手的能力。

加德纳描述的空间智能、音乐智能、身体运动智能，分别就是美术、音乐、体育的知识和能力。

（2）智力是可以发展的

心理学家加涅在《教学设计原理》一书中，从心理学的角度对学生的素质作了全面论述。其中提到，由于先天素质和后天习得素质在维度上的多样性和在程度上的差异性，因而每个学生逐渐发展而成的智力和人格特质也就千差万别。如先天音乐节奏感良好的个体，如果从小就不断地学习大量乐理（智慧技能）和发声技能（动作技能），那么长期的积淀就可能使他表现出较高的音乐智力。

2. 每个学生情感体验不同

艺术的核心是情。

"情动而辞发"。人们用音乐、绘画、舞蹈等形式表达对生命、生活之美的感动。有人认为，从本质上讲，音乐天然自然，不带有任何功利，是属于情感和心灵的。圣桑名言"音乐始于词尽之处""音乐能说出非语言所能表达出的东西，它使我们发现自身最神秘的深奥之处；它能传递出任何词所不能表达的那些印象和心灵状态"。这种心灵状态，是由感情所滋养出来的，情感——心灵——音乐，就是这样三位一体呈现出来的奇迹。

"情动而辞发"，感受美——再现美——创造美，需要知情意的反复交融过程。在这个过程中，我们特别关注激发每个学生的情感，尊重每个学生不同的情感体验，鼓励个性化的表现和表达。

【案例】

思 乡

风起，纸舞，谱乱，七色音符零落在时光深处。竖笛缓缓地吹出第一个音："拉……"

竖笛课上，在李寅老师的指挥下，全班吹奏着大家熟悉的乐曲《故乡的亲人》。清脆而略带忧伤、凄凉的音符一个接着一个流淌，美妙的旋律似乎可以唤醒花瓣中沉睡的仙子。她们随着音乐，慢慢地跳着华尔兹……这首乐曲的美，不仅仅在于它的旋律、音符，更在于这首乐曲触动吹奏者、听者的内心。我吹奏着旋律，脑海中浮现出一幅画面。

福斯特独自身在异乡，坐在窗前，望着窗外的细雨。雨中街上，一家人挤在一把小伞下避雨。虽然挤，小伞遮不住雨，可是一家人毫不在意，仍旧一脸幸福往家走，那个小小孩儿幸福地走在爸爸妈妈中间，仰头笑着，看着慈爱的爸爸妈妈。望着这一切，福斯特的泪水夺眶而出，一滴滴冰凉的泪水顺着脸颊滑落，滴在手背上。他的心，感觉好空荡，好痛。他想家，想妈妈和她做的饭菜，想再听爸爸讲故事……

我们继续吹奏着，笛声悲伤、凄凉，继续诉说着福斯特对故乡和亲人的思念，也诉说着我们心底的感伤……

（2009届三班学生曾旎）

（二）突出学科学习特点，提升对生命的感悟能力

体育与艺术学科的学习，都是知识引领、情意融入、意志克服的过程。通过体育和艺术教育活动，寓教于乐，潜移默化地影响学生。

1. 在体育运动中感悟生命

身体，是我们毕生的朋友，也是生命的起始和终结。有人说，身体是个内存，蕴藏着先人的经验和智慧，蕴藏着无法言说的本能。身体的自由律动，可以让孩子透过深呼吸，消除内心的焦躁；也引导孩子发挥想象力，让身体感受生命体的和谐。

体育，是有力量的运动，是不规则的运动（规则只是为了使人的力量得到更自由、更奔放的表现才设置的），是为争第一、为超越的运动。体育，也是一种习惯，在体育课中，更在生活中。

体育教学具有实践性、紧张性、竞争性、公开性、协同性和集体性等特点，以此促进学生心理发展。学生在参与体育活动中，探求知识，参与竞争；既要与人交往合作，又要承受挫折的磨炼，克服困难；既体验成功，又有经历失败的感

受,以此磨炼了意志品质。对于有心理障碍的学生,运动能锻炼心理承受能力,帮助增强自信心,有效调节心理情绪。

2. 艺术教育是语言教育,也是一种感悟教育

(1) 艺术教育是一种语言教育

美术以视觉形象承载和表达人的思想观念、情感态度和审美趣味,丰富人类的精神世界和物质世界。音乐是人类最古老、最具有普遍性和感染力的艺术形式之一,是人类通过有组织的实现思想和情感的表现与交流必不可少的听觉艺术。线条、形状、结构、色彩和空间关系,节奏、音调、音色和旋律,都是独具魅力的艺术语言。

(2) 艺术教育是感悟教育

艺术语言交流的是感受。从本质上讲,首先,艺术教育满足人们能从艺术语言中获得共鸣,间接抒发自我情感,学会欣赏艺术语言所表达的感情和意境;其次,才是运用艺术语言表达自己的感受和情感。感受的程度,决定了精神世界深刻和广泛的程度。

艺术教育提高感性能力。从辞源上来分析,艺术教育的初始含义就是感觉教育或感官教育的意思。1750年,美学创始人鲍姆加登写了一本专门研究感性认识的著作《Aesthetic》,英语"Aesthetic"原意为"感性的"。因此,最初意义上的艺术教育就是开发个体感性能力的教育。感性能力,是视、听、味、嗅、触、情绪、情感等所有感觉的总称。在个体成长过程中,感性能力和智力、道德情操一样,从小就应该得到训练和培养。儿童在听音乐、演奏乐器过程中,感官的感受能力得到了训练,感性能力得到提升,对整个人生发展产生深刻的积极影响。

艺术教育是感性教育,开发了人类感性的智慧。艺术教育最深刻的价值,就是通过丰富人的感觉体验,来提高生活质量。

用艺术的语言进行艺术教育。艺术的核心是情,艺术语言的本质是抒情,艺术教育的本质是传情。艺术教育中,听懂或看懂艺术语言的欣赏教育,比能运用艺术语言更基本、更现实、更重要。艺术教育,要重视感性能力的培养,丰富生活情趣,增强对生活和生命的体验能力。个体发展过程中,身心均遵循"用进废退"的原理,感觉和感官因为训练而得到提升、变得敏感。因此,要让学生有机会接触尽可能多的音乐、绘画、舞蹈、雕塑等作品,感受艺术语言的丰富多彩,

领略艺术语言的绰约多姿。

三、尊重差异，促进口手脑完美结合，培养创造力

体育与艺术学习的生理与心理机制，都是目前和未来研究的话题。就目前来看，较为系统的成果很少。我们只能借鉴一些脑科学研究成果、其他学科研究成果进行探究。

脑，是个体一切学习的生理基础。脑科学研究发现，经过练习、经验和心理操作，我们的脑通过扩展、矫正和巩固神经网络来形成智力。脑能够生长出新的神经元，这与情绪、记忆和学习有着密切的关系。由于环境刺激的输入，脑可以自我重塑。

体育、艺术活动，通过身体协作，促进脑部神经元、神经网络的发展，对培养人的创造力有着极其重要的作用。

（一）体育，促进身心协调，为创造力奠定基础

1. 运动，提高学习和记忆

脑科学研究发现，学习者在运动时，脑更加活跃。运动向脑输送了带有额外能量的血液，并使得脑能够激活更多长时记忆的区域，从而帮助学生在以往的学习和新的学习之间建立更多的联系。另外，研究证明，锻炼与脑容量的增加、细胞增殖、认知加工以及情绪调节有很强的联系。

2. 运动，形成空间的自我定位

我们通过视觉、听觉、触觉、嗅觉、味觉这五种感觉对环境汇总的信息进行探测。所有感觉刺激均以电冲动的方式输入人脑，再转化为脑所感知的图像和声音。脑科学研究认为，游戏、假扮和想象是儿童成长、发展和学习中最基本的部分。游戏是建构个体各方面发展的桥梁，是在脑成熟的基础上学习各方面关系的中介。儿童攀爬、平衡、摇摆、旋转及倒立，都有助于获得平衡感和空间意识，从而促使形成空间的自我定位。

3. 动作技能中有认知成分和肌肉协调成分

动作领域的学习结果是习得动作技能。它含有的运作步骤，被称为程序性知识。运动技能必须借助个体的躯体、四肢和其他部位的肌肉协调才能完成。所以，在运动领域，规则用于支配个体的骨骼和肌肉协调。

动作技能中有认知成分和肌肉协调成分，其学习阶段包括认知、动作练习形成、动作执行自动化三个阶段。

第一阶段，学生观察正确的操作步骤，并在头脑中形成正确表征。

第二阶段，将局部动作联系起来，其练习是重复练习，不是变式练习。有时也可在头脑中重复思考动作的进行过程，这叫心理练习。

第三阶段，是动作技能执行自动化，局部动作的意识控制程度下降、抗外界干扰能力提高，甚至可以一心二用。

（二）艺术，是通向创造力的入口

1. 尊重儿童身心发展规律，呵护儿童"原创"

（1）珍视儿童的"涂鸦"

我们会发现，儿童喜欢信手涂鸦，乐此不疲。线条、圆圈、"火柴棍"小人，逐步变化，从毫无头绪到逐步赋予意义。

通过涂鸦，锻炼手对线条的控制，为以后画更复杂的形象打下生理基础。儿童肢体的发展规律是"由近及远，由粗到细"，上臂的大肌肉群发展先于小臂以及手指等较为灵活的小肌肉群。因此我们发现，处于一至两岁的儿童绘画发展初期的涂鸦画是从大到小的连续圆圈（大臂带动小臂的大肌肉群运动）逐步发展到封口的光滑的圆圈（标志着指尖的运用，小肌肉群的介入），这一点正符合儿童对手臂的控制发展规律。这个阶段，任由儿童进行无目的的涂鸦，充分运用自己的手臂，在涂鸦中逐渐寻找到灵活控制自己肌肉的方法，才能为今后的发展铺平道路。

通过涂鸦，逐步自由、自主表达。一岁半之前的儿童，通过手臂的往复运动涂鸦，以此锻炼和学习熟练运用手部肌肉。一岁半之后的儿童可以画连续的圈，两岁开始可以画封口的圆，此时儿童的绘画是不具有意义的。从两岁半左右，儿童开始为自己的画赋予意义，但每次都会有所不同，因为此时的儿童心理发展处于"我想……""我要……"的阶段，会对自己的线条做出释义。三岁，儿童心理发展更为成熟之后，才会对画赋予同样的意义，画什么就是什么。

珍视涂鸦，呵护创造力的萌芽。小学阶段，学生依然处于手臂、手指等肌肉、骨骼发育阶段，我们依然会发现学生喜欢自由涂鸦。虽然有了较为明显的形象轮廓，但常常还是"火柴棍"小人儿的故事。但开始逐步传递儿童内心对自我、他人、自然和社会的独特感受。对于这些线条、小人儿故事的解说，经常也是不同的。这份纯真、自由、鲜活的感受与表达，都是他们自己独到的体验和感知世界的方式，是未来创造力的萌芽，需要倍加呵护。

（2）珍视儿童的"音乐原创"

儿童学习用声音感受与表达，从聆听自然界动物的叫声、聆听器物发出的声音开始，从婴儿的咿咿呀呀开始。与美术中的视觉感受与表达发展一样，儿童的听觉感受与表达也是逐步发展的。

儿童常常沉浸在各种自我游戏中，以此感受、认识世界，也传递认识世界的喜悦。如，尝试拿各种器物敲击，或独自哼哼唧唧地"唱"，从杂乱无章，逐步到有简单节奏、轻重、反复。这是儿童通过听觉、声音，认识和表达自己的感受。如前所述，感受能力是艺术学习的第一要义，值得我们珍视。

2. 学科融合，培养学习能力和"艺术思维习惯"

儿童的创造力，基于知识、能力、情感的积累，基于大量的体验、实践、感悟积累。我们要珍视呵护儿童对艺术的热情，尊重儿童艺术学习过程中的各种问题，鼓励儿童大胆试错，反复实践，提升艺术素养。

（1）艺术，培养学习能力

艺术在改变学生学习和培养想象力、创造力和创新能力方面起着重要的作用。艺术教育合作组织前任主任Deasy将艺术所培养的学习能力定义为：

◆对一项任务的持久而集中的注意力

◆利用多种方式来交流想法以达到符号理解

◆克服挫折和失败的心理弹性

◆全神贯注于内容的投入式学习

◆作为小组成员获得和展示认知过程中的合作学习

（2）艺术，培养"艺术思维习惯"

研究者发现，与完成仅需传统思维的任务相比，在完成高创造性的任务时，人脑中有更多的区域被激活。即兴表演和合作可能是培养儿童创造力的强大工具。

研究者指出，艺术会对思维技能产生一定的影响，视觉和表演艺术为学生提供了表现出新思维和新的学习模式的机会。

参与了完整艺术项目的学生有其发展的主要心理习惯。学生们除了可以通过艺术学习获得技艺外，艺术所教授的重要的心理加工过程，或者"艺术思维习惯"也会对学生创造性思维的各个方面能力有所帮助。这些专门的技能包括：

◆在一段时间里坚持做某一项工作
◆表达个人主张
◆把学校任务与外部世界联系起来
◆运用心理表象来以新颖的方式进行感知
◆通过对周围世界的探索来进行革新
◆通过反思性的自我评价来对项目进行分析、判断和重组

四、体育与艺术教育，回归生命

体育、艺术，都是生命成长的不可或缺的组成部分。

（一）体育，回归生命

运动，是生命个体的本能。身体健康，心理健康，更多的是生命个体自发、自觉、自动的行为。通过体育，使学生了解自己的身体体质体能、心理状况，通过科学的、有组织、有计划的学习，养成终身锻炼的习惯，根据个体差异和环境状况，恰当选择适合自己的锻炼方式。通过自己喜爱、适合自己的运动，缓解学习、生活带来的身心疲倦和心理压力。

生活律动，让我们回归身体，回归生活。目前的体育，更多地是关注外在的体态健美、锻炼形式，更重要的应该是通过动静结合的运动，向内关照身体、内心。云门舞集舞蹈教室的林怀民先生，结合运动、舞蹈，尝试开设"生活律动"活动，通过呼吸、专注、安静、跌倒、拥抱等活动，让人们回归身体，由内而外关注身心健康，关注生命的状态与境界。这是运动回归生命的一种有益尝试。

（二）艺术，回归生命

艺术，无处不在。诗是流动的音乐，绘画是凝固的诗；舞蹈是流动的建筑，建筑是凝固的音乐。艺术语言丰富多彩，蕴藏在生活各个领域。

艺术，传承民族文化，也连接着世界。无论是民族的，还是世界的，艺术都

传递着人们对生命中"美"的感悟。

让体育、艺术，成为我们生命成长中的好伙伴；像吃饭、睡觉、阅读一样，成为我们生活中每天的自然、本能。那么，生命将更加美好。

第三节　着眼学生终身发展

健康体魄是青少年为祖国和人民服务的基本前提，是中华民族旺盛生命力的体现。国民的健康对国家的发展、社会的进步和个人的幸福都至关重要，而体育课程则是增进国民健康的重要途径。义务教育《体育与健康课程标准》中，课程基本理念明确提出：激发运动兴趣，培养学生终身体育的意识。

音乐教育的基本任务之一是奠定学生终身享受音乐、学习音乐、发展音乐能力的坚实基础。学生热爱音乐、对音乐产生浓厚的兴趣，并奠定学生在音乐方面的可持续发展的基础，包括享受音乐、学习音乐、发展自身音乐能力的坚实基础，才是音乐教育基础性的要义所在。

美术教育，必须坚信每个学生都具有学习美术的潜能，能在他们不同的潜质上获得不同程度的发展，美术课程适应素质教育的要求，面向全体学生，选择基础的、有利于学生发展的美术知识和技能，并通过有效的学习方式，帮助学生逐步体会美术学习的特征，形成基本的美术素养，为终身学习奠定基础。

一、唤起学生的兴趣和情感

兴趣和情感，是非智力因素。智力因素具体表现为观察力、记忆力、想象力、思维力、注意力、创造力等各种能力，其中以抽象能力为核心。非智力因素，包括认知因素以外的所有因素，如动机、兴趣、情感、意志、性格等因素，非智力因素表现为态度，它们不是直接介入学习，而是以动机作用为核心，调节着学生的认知和学习实践活动。

孔子曾说："知之者不如好之者，好之者不如乐之者。"兴趣是学生开启艺术殿堂的金钥匙，也是他们遨游艺术王国的翅膀。兴趣不是天生的，要靠后天的引导和培养。

游戏是儿童表现生活、学习的重要方式，是儿童喜爱的一种活动。他们常在游戏中以最自然的游戏方式抒发情感、表现自我。艺术课程如果只停留在让学生被动地听听、唱唱、画画的层面,那必然会让学生感到索然无味。教师要根据学生身心发展规律和审美心理特征,以丰富多彩的教学内容和生动活泼的教学形式,激发和培养学生的兴趣。

(一)兴趣与情感的动力性

1. 兴趣和情感,对学生的学习有动力作用

兴趣是最好的老师,是学生学习的动力。学生对学习感兴趣,积极的情绪与情感占主导,会产生一系列的正面效应,刺激大脑皮质的兴奋点,从而表现出更高的学习热情与更强的学习动力,产生积极的学习行为,教学效果自然事半功倍。

2. 兴趣与情感,需要不断发展稳定,融入终身发展的动力系统

兴趣与情感的发展有规律可循,从乐趣到情趣,从情趣到志趣,逐步趋向稳定的心理特征。对运动和艺术,学生逐步从关注外在,到理解内涵,再到愿意终身研究、探索、创造。最终,运动和艺术融入生命,成为每个人生命的一部分。"艺术教育拓潜能",由体育与艺术学习形成的心理成长过程,会自动迁移到其他学科领域,拓展不同的潜能,融入终身发展的动力系统。

(1)艺术,终身相伴

音乐课程目标的设置以音乐课程价值的实现为依据,通过教学及各种生动的音乐实践活动,培养学生爱好音乐的情趣,发展音乐感受与鉴赏能力、表现能力和创造能力,提高音乐文化素养,丰富情感体验,陶冶高尚情操。义务教育阶段《音乐课程标准》在总目标"情感态度与价值观"中明确指出:1. 丰富情感体验,培养对生活的积极乐观态度。即通过音乐学习,使学生的情感世界受到感染和熏陶,在潜移默化中建立起对亲人、对他人、对人类、对一切美好事物的挚爱之情,进而养成对生活的积极乐观态度和对美好未来的向往与追求。2. 培养音乐兴趣,树立终身学习的愿望。即通过各种有效途径和方式引导学生走进音乐,在亲身参与音乐活动的过程中喜爱音乐,掌握音乐基本知识和初步技能,逐步养成鉴赏音乐的良好习惯,为终身爱好音乐奠定基础。

美术课程强调通过发挥美术教学特有的魅力,使课程内容与不同年龄阶段的

学生的情意和认知特征相适应，以灵活多样的教学方法激发学生的学习兴趣，并使这种兴趣转化为持久的情感态度。美术课程应注重内容与学生的生活经验紧密联系，发挥知识和技能在帮助学生提高精神生活和生活品质方面的作用，让学生在实际生活中领悟美术的独特价值。

（2）体育，终身相伴

学校体育是终身体育的基础，运动兴趣和习惯是促进学生自主学习和终身坚持锻炼的前提。无论是教学内容的选择还是教学方法的更新，都应十分关注学生的运动兴趣，只有激发和保持学生的运动兴趣，才能使学生自觉、积极地进行体育锻炼。

（二）兴趣与情感的发展性

学习兴趣是学习动机中最活跃的因素，而其他非智力因素如情感、意志、性格等也对学习动机起着维持、调节、内化和升华的作用。

如前所说，兴趣与情感的发展，从乐趣到情趣，从情趣到志趣，逐步趋向稳定的心理特征。学生内在的知识与能力发展，外在的环境、师生关系等都将影响兴趣与情感的发展。

1. 知识与能力，影响兴趣与情感的发展

学习兴趣的形成与知识掌握的程度是密切联系的，学生掌握的知识越多，兴趣形成的可能性就越大。

心理学研究表明，不仅学习兴趣可以影响学习效果，学习效果也会反作用于学习兴趣。如果学习效果好，主体在学习中所付出的努力与所取得的收获成正比，主体的学习兴趣就会得到加强，从而巩固了新的学习需要，使主体以更高的学习积极性去从事今后的学习活动，使学习更有效果。学习需要与学习效果相互促进，从而形成学习上的良性循环。

学习兴趣是有效进行学习的前提，但学生学习兴趣的巩固和发展则依赖于学习效果，即知识与技能的掌握情况。要想使学习上的恶性循环转变成良性循环，关键在于：改变学生的成败体验，使学生持续获得学习上的成就感。

2. 了解学生差异，以情动情，促进兴趣与情感的发展

赞可夫说："教学法一旦触及学生的情绪和意志领域，触及学生的精神需

要，这种教学法就能发挥高度有效的作用。"在培养学生学习的兴趣时，注意和其他非智力因素的和谐统一，充分发挥各个因素的积极作用，相互整合，共同发展。当学生获得成功的体验时，会感受学习的快乐，从而推动学习兴趣的形成和发展。

马斯洛关于人的需要的学说告诉我们，每个人都有被人爱和受人尊重的愿望。人的潜意识里都存在一种积极向上的潜质，教师要充分寻找学生的闪光点，给予鼓励，赋予他们真挚的爱。一旦学生觉得自己被理解和接受，就会产生极大的感召力和推动力。针对学生的个别差异，使每个学生均能获得成功的体验，让学生在努力之后获得满足，从而肯定自己的价值。

【案例】

尊重差异，以情动情，培养音乐学习情趣

关心、爱护每一个学生，是师生情感交流的前提。能够得到教师的关爱是每个学生最起码的心理需求。师爱对学生来说是一种激励，对学生的成长和进步有很大的推动作用。

一、微笑，开启美妙的音乐之旅

每一节音乐课开始，当孩子们听着音乐拍手进教室，我总是一边弹琴一边对着他们微笑。优美的旋律，美丽的微笑，开启孩子们每一次的音乐之旅。孩子们快毕业了，有的孩子在作文中写道："我最难忘的是一、二年级时教我们音乐的陈老师，每次上音乐课的时候，她总是坐在钢琴旁弹琴，笑眯眯地看着我们……"

银都小学的过道墙壁上，有一幅画，画上有一句话："微笑，是最美丽的花朵。"微笑，是银都小学的标志。校园里，大家微笑问候，温馨快乐每一天；课堂上，老师微笑面对每个孩子，和孩子成为亲密的好朋友。老师的一言一行，影响着孩子的成长，哪怕是不经意间流露出的动作、语言、态度、情感，均会影响学生。

二、手把手，弹奏美妙的人生旋律

中澳音乐教育实验项目，每个班的孩子每周都有一节电子琴课。一

年级有个小男孩儿引起了我的注意,他非常喜欢唱歌,唱歌的时候表情丰富,极富表现力。也非常喜欢听音乐,并且可以随着音乐的节拍、情绪做出相应的动作以表现音乐。

可是一上电子琴课,他就判若两人,懒懒地坐在那儿,动也不想动。别的孩子练习时,他就在那儿听音乐,或者是东敲敲、西玩玩,小组长检查的时候,他也是一副爱理不理的样子,要不就干脆一句话:"我不会!"小伙伴们束手无策,只有不断地来告状。刚开始我批评他,可是不管用。

于是,我在上课时留心观察,下课时总要和他聊几句,时间长了,我也了解了他为什么会这样了。原来孩子以前从来没有接触过任何乐器,刚开始上电子琴课的时候,又因为生病缺了几节,刚好把基础部分给错过了,当他再上课的时候,他发现自己听不懂老师在讲什么。他自尊心极强,不愿意小朋友笑他不懂,又不问老师,只有做出自己不喜欢的样子。

弄清原因后,我与这个孩子约定,有什么不懂的地方随时可以来问老师,并告诉他我相信他是一个聪明的孩子,一定能行!孩子受到鼓励,学习的兴趣被调动起来了。上课时,当别的小朋友自己练习时,他主动跑到我身边,我帮他在键盘上找到并记住每个音的位置。我一个音一个音地唱,孩子一个音一个音地弹。反复几次,当孩子比较熟练时,再慢慢连起来练习。我问他:"会了吗?"他满面笑容地回答:"会!"有时下课了,他还会弹几遍给我听了再出教室。到了期末,他的水平在原有基础上有了较大的提高。

(陈黎琳)

心理学认为,赞扬、勉励可鼓舞勇气,提高信心。我们要把信任和期待的目光洒向每个学生,把关爱倾注于整个教育教学过程。一般说来,优秀的学生比较容易受到老师的关爱,而那些学习困难、一时表现较差的学生更需要老师付出更多的爱心和耐心。发现每个学生差异,分析症结,和学生一起解决问题,帮助学生进步,能促进学习兴趣和情感的发展。

(三)兴趣与情感的导向性

1. 儿童兴趣与情感的特点

兴趣,表现为情感。情感是人所特有的一种心理现象,是人的社会需要能够满足而产生的体验。其特征表现为稳定、持久,带有一定的思想倾向性。小学生的情感兴奋性表现较为突出,在外因的影响下,情感很容易激动,喜怒哀乐溢于言表,自我调节控制能力比较差。也正是因此,他们率真坦诚,天真可爱。

根据儿童的兴趣和情感的发展特点,我们需要引领儿童的兴趣和情感逐步走向正确、科学的道路。

2. 以趣激趣,以情生情

学习兴趣是与情感密切联系着的,人的情感可以相互感染,可以"以情生情"。因此,情感教育十分重视情感环境的作用。营造愉快的教学情境,能引起学生的好奇心,能给学生以美的享受,培养学生积极向上的情感。教师对学生生活及学习习惯加以关注和引导,往往会引起学生强烈的反应。同时,良好的学习氛围对学生的学习也有很大的促进作用。

"亲其师,信其道。"良好的师德、深厚的专业底蕴、创意无限的课堂,能唤起孩子们的情趣。银都小学的体育、音乐、美术老师各有特色,是孩子们心目中的偶像。体育老师幽默中建规范,微笑中练技巧,篮球、足球、棒垒球、健美操、街舞、啦啦操等运动项目吸引着学生热爱锻炼、各展所长;音乐老师多才多艺,器乐进课堂,课课有创编,竖笛、管乐、手风琴、电子琴、口风琴等器乐课堂成就了一班一乐队的艺术常态;美术老师各有所长,美术课程丰富多彩,装饰画、版画、摄影、彩铅、国画等教学不拘一格,创意无限。

在平时的教学过程中,教师们精心创设情景,使学生身临其境,丰富的表情、生动的形象、精彩的点评和描绘,会给学生心灵的触动及美的震撼,起到"此时无声胜有声"的效果,让学生在轻松活泼的氛围中掌握知识。

3. 以意志巩固兴趣和情感

学要有所得,只有热情,没有踏踏实实的态度和不懈的努力,往往会半途而废。只有兴趣和努力相结合,才能发挥积极的作用,释放出巨大的能量。因此,否定兴趣的意义,不重视兴趣的培养是错误的,但若只强调兴趣,不注意引导学生做出必要的努力也是片面的、肤浅的。成功的教学，需要的不是强制，而是激发兴趣，让学生自觉地启动思维的闸门。而情感的强化和意志的巩固必然会使兴趣更稳定、更优质。

二、重视行为与习惯的养成性

我国教育家叶圣陶先生说过："教育是什么，往单方面讲，只须一句话，就是要养成良好的习惯。"英国教育家洛克也认为："事实上，一切教育都归结为养成儿童的良好习惯。"一方面，说明帮助学生形成良好的学习习惯的重要性；另一方面指出，培养良好的学习习惯是教育者的重要职责。

小学时期更是培养学生养成良好习惯的关键时期，养成良好的习惯会让学生受益终生。行为习惯的养成，是学习、训练、强化、巩固的过程，是一个由低到高、由简单到复杂的长期过程。要求教师对学生行为训练的内容一定要由浅入深、由近及远，对学生行为训练的策略要反复抓、抓反复，形成一个科学的循序渐进的模式。

（一）行为与习惯的习得性

1. 集合站队好习惯

课堂纪律是完成教学任务、实现教学目标、提高学习效益的前提和基础。所有好习惯的习得均需日积月累、循序渐进。

体育实践课多在室外进行，集合、站队，是体育课的必修内容，需要从一年级开始奠定良好基础。

【案例】

体育游戏中养成好习惯

学生聪明、好胜、好奇、好问、好动，老一套的整队方法让学生感到乏味、厌倦，集合站队的效率低下。今天学生才进行了练习，下次上课排队又是闹哄哄。怎么办？"角色扮演"来帮忙。

还是排传统的四路纵队，不过先把每组学生分四种学生喜欢的"小动物"，如：小鸭子、大螃蟹、小白兔、小猴子。集合时各组必须按照模仿本组扮演动物的动作排队，这样学生很容易找到自己的位置。同时教师与学生一起数数，教师喊1学生喊2，一直数到10，看哪组队伍站得快又直。形成了这种制度，学生互相督促，四路纵队很快排好。达到快、静、齐的"小动物"组，教师奖励小红星，集合、站队也就变得轻松愉快。

又比如：穿运动服和运动鞋的习惯很难培养，怎么办？可以利用低年级学生喜欢被表扬的心理。每次上完课，我都请穿运动服和运动鞋的学生站在前面，奖励他们漂亮的贴纸。得到奖励的学生在大家面前兴高采烈，享受到了穿运动服和运动鞋的喜悦。

（舟旭东）

生动有趣的教学方式，赏罚分明的小妙招，帮助一年级的小朋友快速养成上好体育课的基本习惯。音乐课要到专用功能房去上课，安静、有序的队列也是最基本的要求。体育老师训练的好习惯，其他老师也要继续保持，当所有老师对队列的要求达成一致，更有利于学生良好习惯的习得与保持。

2. 课前准备好习惯

美术课有绘画，也有手工科目，需要准备大量的资料和许多工具。如上绘画为主的课要带颜料、纸，剪贴课要准备彩色卡纸、双面胶、剪刀，国画课要准备毛笔、水墨、宣纸、调色盘，等等。这些工具材料都是上好美术课的保证，若是材料不足就使得课堂效果大打折扣。因此，学生提前认真准备用具是美术课堂教学的基本条件。教师要讲清楚让学生在上课之前准备好哪些工具，并说明对美术课堂的重要性，所提出的要求一定要清晰、简明。

3. 上课专注好习惯

上课专注，也是保证学习效果的基本好习惯之一。小学生好奇喜动，注意力不稳定、不持久，如果没有专心听讲的能力和习惯，会直接影响学习的效果。专心包括了看、听、想、说、做的习惯：

看，就是看教师和同学的演示、动作。体育课练习中，注意看身体各部位的相互位置、动作幅度，了解动作标准；美术课绘画时，要注意看笔法的使用、力度等。看时做到不动口，不分心。

听，就是听教师的讲解与同学的发言。体育练习中，要注意听教师讲解注意事项，避免运动中受伤；音乐学习时，更要听教师歌唱的发音或乐器的特有声音，从中得到不同的体验。

想，就是通过教师的启发，思考自己能有什么特别的构思。真正掌握知识是在学生经过自己的思考而获得的。

说，是回答问题、发表意见。在小组内交流自己的看法，培养学生把话说完整。在低年级，要求学生能完整地把自己的想法表达出来，鼓励学生在交流时勇于提出自己的看法，敢说才能会说。

做，就是具体的操作。在音乐学习中、在绘画过程中能感受到美，找到艺术的乐趣；在体育的练习中了解更多的体育知识，形成更多的体育技术技能。

（二）行为与习惯的一贯性

1. 尊重差异，逐步要求

对学生行为与习惯的培养，要从学生实际出发，要求学生长期保持，要用专业的态度去支持并协助学生自觉地在学习活动的全过程中培养、形成良好的习惯。

2. 坚持评价，持之以恒

将行为与习惯的培养与学生的评价相结合，制定相应的评价细则，将平时表现与期末检测相结合评定期末成绩，给予学生较为全面、客观的评价，促进良好的行为习惯得以延续。

【案例】

持之以恒，以评价养成好习惯

在小班化音乐教学中，根据学生身心特点，从五个方面制定了平时评价的内容：音乐态度、音乐知识、音乐表现、音乐活动、爱好与特长。

音乐态度：安静有序地排队到功能教室；保持端正的坐姿；安静有礼地聆听音乐，聆听老师讲解与同学的发言等方面进行评价，记录加分、扣分。

音乐知识：积极举手发言，教师根据学生回答予以评价。音乐具有

"不确定性"特点，即同一首作品，有多少听众就会有多少种不同的感受。这一特征对于培养学生的创造能力具有比其他学科更大的优势。因此，音乐不谋求统一答案，只要学生说得在理即可加分。

音乐表现：根据演唱、演奏及综合性表演能力进行评价。

音乐活动：积极、认真参与小组活动与集体活动，参与音乐游戏，教师根据学生实际表现予以评价。

爱好与特长：鼓励有特长的孩子展示，通过"班级音乐会"的形式展示师生音乐作品、音乐小评论、演出照片、录音录像等，达到相互交流与激励的目的。

（陈黎琳）

通过评价，复习巩固了良好习惯与原有知识，提高了学生学习的兴趣。体育与艺术教育不是技术教育，不能只是单纯教给学生技术技巧，更要培养学生的审美情趣与激发学习兴趣，提高他们对艺术的鉴赏力，培养学生终身体育意识、审美意识。

（三）行为与习惯的内发性

凡是好的态度和好的方法，都要使它成为习惯。养成了习惯，好的态度才能随时地表现，好的方法才能随时随地应用，一辈子受用不完。

1. 熟练技能，自觉锻炼

虽然学习形式多种多样，但学习的最终结果是使每个学生获得一定的知识和技能，因此学习的过程也是每个学生自我努力奋斗的过程。现代教育提出终身学习的思想，养成自觉参加体育锻炼的习惯是对学生进行终身体育教育的需要。培养学生自觉参加体育锻炼的习惯，不仅要培养学生体育锻炼的意识，还要帮助学生掌握体育锻炼的技能。因此，体育教学中，应加强学生体育技能的学习，对每一次技术教学，都要让他们领会动作要领，通过反复练习，掌握正确的技术动作。教师还可以通过体育专项课等办法，帮助学生掌握一些大众化体育项目的活动方法，如篮球、足球、排球、乒乓球、羽毛球、游泳等体育活动，教给他们正确的技术动作、活动组织方法、比赛的规则等，培养学生的一技之长，从而激发学生参加体育活动的兴趣，进而养成自觉参加体育锻炼的习惯。

2. 习惯成自然，受益终身

"艺术来源于生活，高于生活。"教师要有目的地通过大自然启发孩子的想象力。要引导学生去观察生活、体验生活、认识生活，指导学生捕捉生活中最有表现力的一瞬间，久而久之，学生就会自主从身边人和事物中去寻找美、发现美、创造美。学校教学楼大厅配置有三角钢琴，学生可以在课间自由弹奏。学校定期举办管乐音乐会、合唱音乐会等，邀请校外艺术家进行音乐讲座，让孩子们在课堂内外都能够感受艺术之美。

古人云"少若成天性，习惯成自然"。当一切习惯内化为行为，终将为学生终身学习、享受音乐、形成基本的美术素养、培养运动兴趣和爱好奠定良好的基础。

三、增强知识与技能的实践性

体育与艺术课程是中小学教育中活动性、实践性最强的课程。因此，中小学体育与艺术课程不应该理性化、学术化，而应该在一定程度上生活化，让学生在参与丰富多彩的实践活动中，愉快地掌握基本的知识和技能，获得审美体验，增强进一步学习的兴趣和信心，即在一定程度上做到让学生"做中学""乐中学"。

（一）知识与技能的活动性

1. 体育，运动中学习

运动中学习是体育学习的特有方式，运动参与是学生发展体能、获得运动技能、提高健康水平、形成乐观开朗的生活态度的重要途径。促使学生主动参与体育活动的关键，是通过形式多样的教学手段、丰富多彩的活动内容，培养爱好，提高参与体育活动的兴趣，养成坚持锻炼的习惯，拥有终身体育锻炼的意识。在促使学生积极参与体育活动的基础上，还应使学生懂得科学锻炼身体的方法。

2. 艺术，实践中学习

小学美术有直观、形象、生动、易学的特点。以点、线、面、黑白、色彩等诸多造型因素，以不同的工具颜料，构成平面或立体的美术作品。美术作品，通过视觉感官，直接地传送到人的大脑，作用于心灵，从而达到激发学生对真善美事物的向往。学生在美术创作中，感受美、再现美、创造美。

音乐课的教学过程就是音乐艺术的实践过程。因此，所有的音乐教学领域都应重视学生的艺术实践，积极引导学生参与各项音乐活动，将其作为学生走进音乐、获得审美体验的基本途径。

音乐课有其自身的特点，每首歌曲、乐曲更有其自身的音乐情境。教师应根据教学需要，创设合乎实际的教学情境，通过语言描绘、图画再现、音响渲染、扮演体会、设悬置疑等多种教学活动，引导不同层次的学生积极参与到教学活动中，使学生乐此不疲，并在活动中扎实知识和技能。

【案例】

自然现象与音乐学习

音乐课，上《雨点》一课。教师首先从天气入手，选择了不同的风声、雨声和打雷的声音，先让孩子听，问：听到什么？仿佛看到怎样的景象？有什么样的感受？当学生说出感受后，再让孩子看画面：刮风的、下雨的和雷雨交加的（配有音响效果）加以印证。学生的兴趣一下被激发了，迫切想知道今天要学习的内容。

接着教师选了三首曲子：古筝《战台风》片段、管弦乐《雷鸣闪电波尔卡》和贝多芬第六交响曲中的《暴风雨》片段。让学生听一听音乐是如何表现天气的。他们边听边说感受，知道了音乐中可以通过不同的速度、力度、音色、音区来表现不同的场景。

最后教师设计了两个画面：春雨蒙蒙（画面比较美、亮）和夏天的雷雨（比较暗）。两幅画面均是只有动画没有声音，请学生用《雨点》主旋律给它配上合适的音乐或音响。这时学生已是跃跃欲试，迫不及待地想一显身手。在小组活动中，大家热烈地商讨要表现的内容及表现的方式。最后，小组在集体中汇报，每组的表现方式各不相同，都较好地体现了自己选择的情景。

通过这一单元的教学，让学生在刚开始学习音乐时，就能注意到自己身边的各种声源、乐器、音响、音乐，引起学生对声音的高低、长短、强弱的兴趣和思考。这样的编排，抓住了音乐的本质——声音。

音乐活动本身就需要丰富的想象力和创造力，教师要有意识地运用音乐活动来激发、鼓励、扶植、培养儿童的想象力和创造力，使学生在主动参与中展现他们的个性和创造才能。

（陈黎琳）

（二）知识与技能的练习性

艺术与体育学科均属专业性较强的学科，无论音乐、美术还是体育，对学生都有一定的基础知识与基本技能的要求，任何基础技能的习得均需不断练习、强化、巩固。根据学生的年段特点，巧妙地设计练习的方式，科学地把握教学内容和教学要求，按照学生能力发展规律建立知识技能体系，长期坚持，帮助学生掌握。

【案例】

反复练习，提高音乐素养

在音乐课堂中，教师按照音乐课程标准要求完成音乐知识教学。在四年级的教学过程中，我要求学生熟记《小小少年》《我是少年阿凡提》等歌曲的情绪；熟记演唱歌曲中出现的各种记号、术语：中速、慢速、渐强、减弱；熟悉歌曲、乐曲的表演形式，是合唱还是独唱；听赏中外乐曲歌曲《新疆舞曲第二号》《划龙船》《彼得与狼》《打字机》等，能说出有特性的演唱或听赏歌曲的国籍、地域、种族或体裁等。在声乐表演特长队的训练中，对视唱旋律进行巩固，加入二、三声部的合唱训练。

熟能生巧，创造源于积累。小学生学习音乐，需要大量的鉴赏和反复的基本试唱、练耳等练习，为将来的音乐创作奠定良好的专业基础。

（陈黎琳）

体育与健康课程是以身体练习为主要手段、以增进中小学生健康为主要目的的必修课程，是学校课程体系的重要组成部分，是实施素质教育和培养德智体美劳全面发展人才不可缺少的重要途径。

在体育教学中，教师要设计学生独立练习的内容，充分锻炼学生独立练习的能力。教学过程中，要留给学生独立练习的时间和空间，鼓励学生通过自己积极的探究掌握技术要领，获得知识和技能。

（三）知识与技能的表现性

表演，是实践性很强的音乐学习领域，是学习音乐的基础性内容，是培养学生音乐表现能力和审美能力的重要途径。教学中应注意培养学生自信的演唱、演奏能力及综合性艺术表演能力，发展学生的表演潜能及创造性潜能，使学生能用音乐的形式表达个人的情感并与他人沟通、融洽感情，在音乐实践活动中使学生享受到美的愉悦，受到美的熏陶。

美术课程中的"造型·表现"学习领域是指运用多种媒材和手段，表达情感和思想，体验造型乐趣，逐步形成基本造型能力的学习领域。表现，是通过多种媒介进行美术创作活动来传达观念、情感的过程。造型与表现，是美术创造活动的两个方面，不以单纯的知识、技能传授为目的，而是要贴近学生不同年龄阶段的身心发展特征与美术学习的实际水平，鼓励学生积极参与造型表现活动。在教学过程中，应引导学生主动寻找与尝试运用不同的材料，探索各种造型表现方法；不仅关注学生美术学习的结果，还要重视学生在活动中参与和探究的过程。

【案例】

模拟场景　鉴赏美术

在美术欣赏课中，需要把学生的学习活动由被动接受的过程，变成主动参与的过程。学生直接参与，才能激发学生对作品的真切感受，也才有利于学生欣赏能力的养成。之前的欣赏课，学生也有参与，但只局限于搜集资料，课前讲一讲。学生已熟知各种资料收集的方式，比如下载图片与视频、图片影片的修改和编辑。对孩子们来说，最大的动力莫过于自己站在讲堂上,有模有样地当老师。这种成就感远远大于绘画课画了一张好画。

高段的孩子热衷于自己搜集资料,自己制作PPT,然后把提炼过的知识通过表演等形式分享给大家。结合小班的分组,孩子们还把整个讲述过程编排得生动有趣,幽默搞笑。比如,六年级欣赏课《探索文明的遗迹》,孩子们扮作导游和游客,导游带着游客游览世界各地的名胜古迹,小导游手里拿着自己手工制作的旗帜,时不时还组织大家集合,指引大家行走的方向,介绍历史背景,说点奇闻趣事,等等。扮演游客的同学也会提些有趣的问题,引出下边的知识点。全班同学被这种学习形式所吸引,他们纷纷提问"为难"导游,看着同学的风趣表演哈哈大笑。这样的欣赏课一定难忘,顺带记牢的还有那些世界文明。

美术欣赏课,重视学生对作品的独特的看法和评价。在课堂教学中,教师要积极创设生动和谐的氛围,鼓励学生展开想象的翅膀,发挥创新的潜能,做到敢想、敢说、敢做、敢画。教师要充分发挥教学激励的功能,培养学生的创新意识。

(邓然)

课堂是孩子的课堂,未来是孩子的未来。我们的孩子从小就应该有一颗对未知事物充满好奇的心,大胆地去发现、探索和研究。我们在课堂上就是要为孩子创设自主探索的氛围,让他们在自由的天地里快乐学习。

第四节 关注学生个性发展

生命存在的方式是多种多样的,丰富多彩的世界造就了人们多种多样的性格,丰富多彩的世界又需要人们多种多样的个性。

银都小学从诞生之日,"全面实施小班化教育,争创素质教育精品"。学校在"关注个体、阳光普照"的小班化教育理念的基础上,把育人的核心切入到"生命"与"个性"的本质,明确提出了"尊重生命,彰显个性"的办学理念,在开放和谐的小班化生态教育环境中，实践"尊重生命成长需求，促进个性化发展"的教育追求。

尊重和保护人的个性是现代社会的基本特征。在艺术学习过程中，对艺术学习内容和方式的选择，必然受到学生个性的影响，所以艺术课程是最尊重学生个性的课程之一。艺术课程在引导学生形成社会共同的价值观的同时，也努力保护和发展学生的个性。

通过体育与艺术教育，着力培养学生的个性、创新精神以及合作意识；陶冶高尚情操；发展创造力；并为其他方面的学习创造有利的条件，以促进学生的全面和谐发展。

一、打基础与扬特长互促共进

学校充分发挥教师、学生、家长的自主性，在开齐开足国家艺术课程的基础上，因地制宜，结合民族文化、家乡文化、学校文化、教师特长、学生爱好、家长资源等等因素，创造性地研发艺术校本课程，实现艺术课程的丰富多元。坚持"人人参与、人人成长"的原则，力图创新与突破，力争做到人人有特长、班班有特色、队队出成绩，让每一个儿童健康成长。

"我看到了我梦中的学校。"教育部前基础教育司司长马立女士在参观银都小学校园时曾发出这样的感慨。初来学校参观的小朋友在五彩的跑道上唱着、跳着，开心地向父母宣布："我就要读这所学校！"毕业多年的学生返回校园习惯性地在艺术长廊驻足，安静地坐在小花园的某一角落发呆，他们说："银小很小，但就是哪儿哪儿都舒服！"银都小学，是什么让初来的嘉宾喜爱？是什么让毕业已久的孩子感到舒服？

首任校长冯淑蓉女士说："银小是根据儿童身心发展的特点来精心营造学校环境的。"是的，银都小学一草一木、一画一景都尽可能地被赋予了陶冶和教育意义，更有钢琴平台、绘画摄影长廊等专门的艺术空间，师生在这样的空间里享受着"无限的美育"，并且将这种感受逐步"化"为自身内外兼美的素养。

（一）优质课堂，奠定体育与艺术之基

小学体育与艺术教育，不是面向少数尖子生的专业艺术院校的体育与艺术教育，也不是一种职业培训教育，而是一种面向全体学生的基本素质教育。通过提

供给学生感受、表现、创造的机会，使学生主动参与到体育与艺术实践活动中，并在实践活动中结合着学习相关最基本的知识，以培养学生的体育与艺术兴趣和爱好，使学生获得审美的体验和享受成功的欢愉，奠定其终生享受、学习、发展体育与艺术的坚实基础。

从儿童的生理和心理特点来看小班化教学，在人数少和空间相对大的有利条件下，在师生互动、生生互动中，激发了学生学习的热情，增强了学生的自主性，使学生主动地学、生动活泼地学、和谐地全面发展，使每个学生都能享受到学习的乐趣。让每个学生都有展示自己的机会，培养了每个学生的自信和表达能力。

（二）缤纷社团，拓展体育与艺术特长

学生社团是体育与艺术教育的重要组成部分，是校园生机、活力和魅力的重要体现，是培养学生综合素养和个性化发展的重要载体。学校充分利用教师专业，吸纳校外志愿者加入，组建了常年80个左右"专业化、特色化"的师资团队，持续有效地开展学生社团工作。学生根据自己的兴趣、爱好、特长、个性等，通过自愿报名、社团招募，由社团辅导员共同参与组建起来的体育与艺术类社团达到30多个，各个社团在长期的常规训练及各项比赛中形成了"健康向上，个性七彩"的特点。

1. 学生需求＋教师特长，各展所长，构建体育与艺术社团

小班化教育旨在促进师生个性化发展。课外社团活动，师生共同成长，开掘潜能。

（1）艺术社团

社团名称	教练	学生人数（常年）
银杉健美操社	7人	300人左右
银帆管乐团	3人	100人左右
银铃竖笛社	2人	50人左右
银晓合唱团	4人	50人左右
银蝶美术社	5人	50人左右
银杏国学社	4人	50人左右

续表

社团名称	教练	学生人数（常年）
银河创客坊	4人	50人左右
电脑科幻画、未来之城、舞蹈、话剧社等小社团常年开展活动		

（2）体育社团

社团名称	教练	学生人数（常年）
银峰足球队	3人	170人左右
银晖棒球队	2人	60人左右
银鹰篮球队	3人	100人左右
银海游泳队	2人	120人左右
银豹田径队	6人	120人左右

2. 体育与艺术特长+志愿者岗位，各尽其能，发展体育与艺术社团

银杉健美操社团、银帆管乐团均已形成队员梯队，有完善的梯队管理制度，促进学生专业逐级成长。银铃竖笛社、银晓合唱团、银杏国学社、银蝶美术社等社团也都有"大带小""老带新"等举措，让新老队员在社团活动中实现双赢。同时所有社团成员在社团中都有志愿者岗位，在艺术成长的道路上也收获服务他人的意识、与人合作的能力。所有社团均在省市区，乃至全国范围有一定的影响力，获奖无数。银帆管乐团、银晓合唱团还应邀走出国门，在世界的舞台上奏响和平的乐曲，唱出中国旋律。银峰足球队也出访欧洲，进行交流比赛。

丰富多彩的体育与艺术社团活动遵循了学生身心发展规律，关注和尊重了学生发展的内在需要，不仅培养了学生的艺术特长，更使他们能在自主、自信、自立中不断体验生命快乐，实现生命成长，享受生命之美。

（三）多彩活动，激发体育与艺术潜能

活动是少年儿童快乐成长的源泉，学校充分利用小班人数少、人均享受教育资源丰富的优势，从学生的现实生活出发，深入挖掘具有体育与艺术教育意义的素材，引导学生参加各级各类的活动，在活动中激发体育与艺术潜能。

1. 常规艺术活动，人人参与，人人发展

【案例】

学校常规艺术活动

类别		艺术活动名称	参与人数
校内	学校	每周一大舞台展示	各班轮流，人人参与
		元旦社团展示	社团人人参与
		六一文艺汇演 （超级童声、银小出彩娃……）	全校人人参与
		学校艺术节 （音乐、美术、摄影……）	全校人人参与
		志愿者进校园活动 （川剧、人艺、歌手、演员、主持人、古琴、非遗……）	全校人人参与
	班级	各班特色活动（朗诵、插花、每周一歌、每周作品展等等）	全校人人参与
校外	市区	大型艺术节每年一届	相关社团人人参与
	省市区	每年数十项专项比赛	相关社团人人参与
	社区	志愿者演出	相关社团人人参与
	研学	维也纳音乐节、德国汉堡管乐节、友好学校艺术交流活动等	相关社团参与

【案例】

搭建平台，让每位师生发现自己的潜能

在银都小学，每一个孩子都能找到适合自己的一项艺术活动。极为内向的涛涛同学，只因常常偷偷观望街舞队训练被老师留意，从此走上了敞开心扉的街舞之旅，到现在已成为所在中学的文艺和宣传骨干；有自闭倾向的天天同学每天沉浸在自己的世界里，直到银帆管乐团招募新生，他被大号浑厚的声音所吸引，在家人和老师的鼓励下勇敢地报名，为了成为社团的首席大号手，他不断刻苦训练，还慢慢地开始与他人交流……

甚至教师和家长也从中受益。有位教龄近30年、自述被小学老师评价为"五音不全"的老师，在带领学生参加学校"超级童声"活动后，感叹："我从来不唱歌，但如果我的小学就有这样的活动，能遇到这样的老师，我想我一定会喜欢上唱歌，我现在就有唱歌的冲动……"一位全职妈妈因为陪同孩子参加书法学习，自己也爱上了书法；还有许许多多的老师为了更好地为学生的全面发展奠定基础，自发地提升自己的艺术修养……

（曾亮）

2. 常规体育活动，人人参与，人人发展

【案例】

学校常规体育活动

活动内容	参与学生	时间	负责人
大课间	全校	每天一小时	体育教研组长
学校运动会	全校	每年四天	体育教研组长
班级联赛（足球、篮球）	全校	每年一届	项目组长
班级亲子运动会	班级人人参与	每期班级自主确定	班级家委会志愿者

学校开展"每天锻炼一小时"活动，所有学生每天锻炼一小时。学生在毕业前至少掌握一至二项日常体育锻炼的技能，形成良好的体育锻炼习惯，体质健康水平切实得到提高。

二、规范性与差异化相辅相成

个性化教育是小班化教育的核心理念。学生个性发展，并非仅仅指各个方面的发展都很出色。有的学生也许有一个或者几个方面发展得很好，有的学生也许各个方面都很一般。判断学生个性发展的标准是"发展是否与他（她）的个性相宜"。"相宜"指与实际情况一致，也就是说，学生的个性优势得到充分发挥与强化，成了更显著的个性优势。如何使学生的个性弱势受到个性优势的拉动，得到相应的发展？如何让学生的个性潜质得以有效挖掘，逐渐表现为个性优势？只有利用小班的时空优势，为学生提供符合其个性特点的差异性教学方能实施。

什么是差异化教学？它是立足于学生个性差异，满足学生个别学习需要，以促进每个学生在原有的基础上得以充分发展的教学。

小班的教学环境优于大班，在充分体现教育的均等性、个体性、主体性基础上，小班化教学把学生之间的"差异"视为有效教育赖以进行的基础、资源和动力。教师充分尊重学生个体的差异性、独特性、自主性和创造性，依据学生的志趣、才能、资质、特长与爱好，加以引导，促进其和谐发展。

在小班化教育研究中发现，小班化教育与传统的大班授课制相比，教师的"关注面"明显扩大，"关注点"明显加深，能更全面深入地了解学生的个性差异，实现有效的个别化教育。在尊重学生主体选择基础上，努力实现全员、全程分层教学，在教学设计、课堂教学过程、个别指导、教学评价各环节实施因材施教。

（一）分析学情，了解差异

1. 尊重个体差异

学生的个体差异是客观存在的，艺术的天赋、身体的条件各不相同，学习的能力强弱有别，既有知识积累方面的差异，也有学习方式等差异。由于小班教学的时空扩容，增加了师生间、学生间关心交往的密度和融洽度，事实上为教学的个别化创造了有利条件。因此，教师教学时要承认差异、适应差异，分层预设教学目标，有区别地要求，运用不同的教学方法，使学生在最适合自己的学习环境中得到最佳发展。

2. 分析个体差异

如何测查学生的差异？教师首先要分析学生的实际情况，结合课堂学习观察、阶段性测查，了解学生的差异。及时与班主任或家长取得联系，找准学生出现差异的主要原因，是性格上的问题还是学生所处的环境的问题。分析清楚后，根据学生的具体情况制定有针对性的措施。在实施教学活动过程中注意学生的信息反馈，及时进行调整，并分阶段进行情况评估。

3. 密切关注差异

针对学生的具体差异，实施分层教学，及时调整和应对，确保每一位学生的安全与发展。

【案例】

体育教学，关注个体差异

一、学期初，与班主任沟通，了解学生差异

体育教师在每个学年初与班主任老师沟通，深入了解每位学生的身体情况，如发现特殊情况时还会与家长进一步进行沟通，最终汇总所授课班级学生的健康情况，为课程内容安排提供第一手参考资料。

我们的初衷是建立学生身体情况的档案，尽可能对每位学生进行针对性教学设计，在课堂中设置有效监管措施与突发应急程序，将伤害的发生可能性降至最低，给孩子们健康、快乐的体育课堂。

二、备课时，根据学生差异，教学目标分层、个性化

在每次备课过程中，每项教学内容的运动强度、练习密度、达成标准等具体的目标设定时，我们会根据所授课班级学生的实际情况，多层次的设计学练方法并体现在课堂的各个环节中，从而让教学能够更符合学生的身体情况，使学生能在最大程度得到身体锻炼的同时又能尽可能的规避伤害事故的发生。

三、课堂上，进行分组教学，密切关注差异

在课堂教学进行的过程中，密切关注学生的情况反馈，及时、准确地做出合理反应，这是课堂管理最为关键的环节。动态的课堂有很多变化因素会超出课前预设，所以，适时进行运动负荷的监测是很有必要的。然而，在"一对三十"的现实情况下，教师要保持对每位学生的高关注度，是需要"外援"的，我们的做法是："结对子"。教师引导学生自由进行分组，结成2-3人一组。而这个小组在课堂中不仅仅能起到互帮互学、相互激励的作用，它还能及时反馈给教师组内同学的身体突

发情况，使得教师能迅速做出应对反应。

（冉旭东）

（二）精心筹划，设定目标

我国中小学课堂教学的目标，一般情况是基于全班学生的普遍情况而定，基本属于整齐划一的目标。这较忽视学生个体情况，忽视了学生个体在课堂教学中的最优化发展。教育的理想极致是让每个个体尽可能地得到最优化的发展，尽可能地发挥每个个体的最大潜力。理想的课堂，希望发挥40分钟的高效，达到或超越个体的最近发展区。对教师来说，就是在课堂教学中要充分关注每个学生的发展。

1. 预设差异化目标

每个学生的学习力不同，学习心理各异，生活经历更是存在差异，因此，在小班化课堂教学中，应针对不同层次的学生，针对问题突出的学生个体，预设教学目标。

【案例】

根据差异目标分层

音乐老师李寅在《故乡的亲人》器乐课教学时，结合班级学生特点，将知识与能力教学目标进行了分层设定：A层学生，能用音乐要素的知识对乐曲进行编创，表现不同场景所表达的不同情绪，并能准确地演奏；B层学生，通过聆听不同形式的演奏，了解音乐要素的改变对音乐情绪表现所起到的作用，并在教师指导下演奏出乐曲情绪的变化；C层学生，通过聆听，能够正确表述乐曲情绪并能基本演奏乐曲。在教学实施过程中对每一层的学生进行指导，有效地进行评价与反馈，让所有学生在原有基础上均有提升。

（三）尊重差异，发展特长

当今社会是一个多元化的社会，多姿多彩的社会。社会需要的人才是一专多能,甚至多专多能。小班教学,确立了育人为本的思想,把学生视为一个个具有独立人格、文化背景、知识积累、兴趣爱好等不同特点且客观上有差异的人;人数的减少有利于教师在充足的时空下培养学生各方面的素质,学生的个性得到充分的发展。

【案例】

尊重学生学习方式差异,发现闪光点

在学习方式上,要尊重学生差异。尊重学生独立思考,就要承认学生的个性差异,允许不同的学习方法的出现。给予空间,让学生放飞思想,画出心中的画,让孩子在原有的基础上获得提升。因此针对学生的差异,我成立了学生"超人小分队",针对不同学生的不同状况,实施差异性的教学,促进每一位学生的发展。

"超人小分队"里,有一位学生,人称"蜘蛛侠"。从一年级开始,他就酷爱蜘蛛侠。起初,他上美术课总是懒洋洋的,每次作业都是寥寥几笔。但我在这寥寥几笔中发现了一个亮点——每一幅画中都有蜘蛛侠的影子,于是我跟他说:"原来你也喜欢蜘蛛侠喔!真有眼光!蜘蛛侠太酷了,勇敢、正义。也是我的偶像!"他眼睛一亮。接着,我在他的图画本上速写了一个蜘蛛侠。他惊呼起来:"老师,你画得好精彩,好厉害!"我说:"你多练习也可以画这么好!"从此以后,他就开始画蜘蛛侠,一发不可收拾,每一次作业里的主角都是蜘蛛侠。我不停地鼓励他,常常把他的作品在班上或其他年级展示,让他有足够的自信和激情。偶尔我也在他面前露一手,敲击敲击他,让他明白画得很好了但还可以更好。四年过去,他画的蜘蛛侠已经初具个性,连高年级的同学都佩服他。

(董涓)

三、严要求与重自觉并行不悖

人具有社会性,而社会生活有许许多多的规则是必须要遵循的。一个有能力遵守纪律规则的人，才能是一个有能力适应群体和社会生活的人，才能更好地有利于自身的发展。对学生提出纪律和游戏规则的要求，是养成学生秩序感的有效方法，而秩序感本身就是美感的一个重要组成部分。因此，每一个从事教学的一线教师都应该自觉承担起这方面的责任。

（一）严格要求，重视规则的内化

1. 高标准，内化于心

学校特长队精彩纷呈，深深吸引了全校学生积极参与，在激情四溢的管乐队，有不少学生性格张扬、好动好强。但自从参加了管乐队，经过训练，他们调皮的身影不见了，演奏表演中，他们一本正经的绅士样儿，令人欣喜。乐团的学生无论是去参加比赛还是在校内演出，展现出良好的精神面貌，令人赞叹。如此显著的变化，离不开指导教师们严格的要求与有效的引导。高标准、严要求，培养了学生自觉遵守规则的好习惯。

【案例】

用心坚持，苦尽甘来

管乐，必须团队高水准合作。讲究的是孩子们之间的互相协作与配合，通过一次次训练磨合，共同完美演绎管乐作品。孩子们通过参与，不仅可以学习专业知识、加强自身的专业技术能力，还可以通过合作与配合提升自身素质，培养良好学习品质。

在整个学习过程中，不是每个孩子都很顺利。孩子们有过失落，有过沮丧，也有过想放弃的种种念头。毕竟，学习乐器本来就不是一件可以速成的事，它靠的是勤奋和坚持。起初孩子们对学习乐器都比较新鲜和积极，可到了中期以后，孩子们的学习水平参差不齐，开始有差距了。部分孩子表现出了倦怠，也就是我们所说的新鲜劲已过，以各种理由表达自己学习乐器的抵触情绪。我通过详细沟通，了解到大多是因为练习太少。没有坚持练习，哪里能找到学习的兴趣？我们认真思考其中缘由。其实，这背后的原因有很多。例如：乐团排练的方式过于枯燥？孩子找不到继续学习的兴趣点和存在感？家长抱着试一试的态度让孩子重在参与……我们执着于不放弃,耐心地对待每一位孩子,从解决问题的角度出发直达内心。通过提高他们对音乐作品的表达及表现水平以增强自信,从而使其顺利渡过难关,真正地爱上管乐团,用心去练习吹奏自己的乐器,去实现学习的意义及价值。

学习,没有什么人天生就会的,也没有什么是一看就懂的。就如同郎朗这个世界级的"天才演奏家",也是付出了无比多的时间去坚持练习,才成就了如今的他。就如同他说:"没有勤奋就没有一切,至于天才,我将其理解为一种无限的伸展性,也许一个人只要具备一丁点天才,就可以扩展很大。"

(李寅)

2. 重细节,外化于行

银帆管乐团建立伊始,教练团队的教师们就如何训练孩子们的团队意识与如何提高团队的凝聚力做了大量的研究与实践工作,从乐器的摆放、拿乐器的姿势、进教室的规矩、离开教室如何整理等方面对乐团成员们进行了严格的要求。"冰冻三尺非一日之寒",在教师们长期的严格要求与训练下,银帆管乐团无论去参加比赛或演出均展现出良好的精神面貌,团队精神愈加凸显,规则意识内化于心,外化于行。在学校每一届校本课程展示活动中,银帆管乐团的同学们在李寅老师的指挥下,为大家演奏经典曲目,在六月的炎炎烈日下,孩子们始终坐得端端正正,赢得全校师生热烈的掌声。

(二)磨炼意志,培养自律意识

1. 不轻易选择,不轻言放弃

"不轻易选择,不轻言放弃。"这是学校健美操队的理念。

常有人有这样的曲解:意志力培养与发挥孩子自由天性相悖。培养意志力是不是与释放孩子的天性,让孩子自由发挥冲突呢?问这样问题的人显然片面地曲解了自由发挥孩子天性与意志力培养之间的含义。孩子自由发挥天性,不是指让孩子随性选择,然后随便地放弃,而是指让孩子按照自己的喜好随意选择自己想要做的事。

2. 尊重身心发展规律，越过"瓶颈"

给孩子一段时间体验，之后孩子仍然想要做这件事情，那么教师、家长就要开始有意地培养孩子的意志力，也就是要培养坚持把这件事做下去的能力。告诉并督促孩子不要半途而废；在孩子遇到"瓶颈"，坚持不下去的时候，师长要对其进行适当的引导和施加一些压力，帮助孩子坚持不放弃。渡过这道坎，意志力就已经在不知不觉中培养起来了。

学校健美操队是一个强大的团队，队伍庞大而教练人员相对较少，特长队训练时间常常看到队员们自发组织训练，严寒酷暑从不间断。

长期坚持并不是一件容易的事情，"不轻易选择，不轻言放弃"谈何容易，中途不断有孩子因不能坚持而退出，可也有不少孩子从一年级坚持到了六年级。这些孩子收获的不仅是健康的体魄，更是那一份坚强的意志力，对于孩子的终身发展益处多多。

（三）合作学习，形成集体观念

1. 合作学习，成为常态

合作学习是以学生为中心，以小组为形式，为了共同的学习目标采取共同学习、互相促进、共同提高的一种学习方式。它强调在完成学习任务的同时，重视对小组成员合作能力的培养。实施合作学习，不仅是一种教学形式上的简单转换，而且是一种教育观念上的深刻转变，因为它将学生真正视为学习的主体。

在小班化课堂教学中，经常采取小组合作学习的方式，既可以弥补一个教师难以面对众多有差异学生的不足，又可以让学生在课堂参与学习活动的机会大大增加。我们充分利用合作学习中学生之间的相互交流、相互启发、相互帮助，因势利导地培养学生的合作意识和合作能力。

2. 合作学习，差异化发展

现代社会竞争日益激烈，学生从小就具有很强的竞争意识，但相对的，合作意识却非常淡薄。但事实上，由于社会分工日益精细，在这样的社会中要生存、要发展就离不开大家的团结合作，而合作学习正是要求学生之间相互合作、互相帮助，充分发挥团队精神，才能取得好的学习成果，发展学生的整体、大局观。

一位体育老师说："在体育教学中展开合作学习时，学生要进行相互评价，感受别人的体验,学会与不同水平的学生合作,以完成学习任务。在此过程中学生能学会理解他人,提高人际交往能力。"

在集体生活中,学生之间、师生之间的合作交往,是学生个性发展不可缺少的养分。学生在合作学习实践的过程中成长,慢慢体会到合作的乐趣。当合作学习成为学生的一种习惯时,合作也就真正走进了学生的生活。

第二章 核心素养：体育与艺术教育的价值定位

我国教育的根本任务是立德树人，决定了学校教育中体育与艺术教育的独特价值定位在于育人，在于学生的发展。体育与艺术教育具有丰富和发展学生生命的意义。

体育与健康教育的价值定位主要是增进学生身体健康，提高心理健康水平，增强社会适应能力，获得体育与健康知识和技能。《义务教育艺术课程标准》明确了艺术学科的总目标是"实现艺术能力和人文素养的综合发展"；同时提出了"艺术能力"和"人文素养"两个目标，突出了艺术教育强烈的人文审美情怀和价值定位。

体育与艺术教育的育人目标各有侧重，但又不可分割，体育的力与美和艺术一脉相承，共同培养人的核心素养——健康素养、审美素养和人文素养。

第一节 凸显学科的人文价值

苏霍姆林斯基谈美育：美是人的道德财富的源泉。学校的任务就是要在孩提时期，在神经系统的幼年期，使美成为德育的有力手段，成为真正人性的源泉。学校美育追求"艺术教育拓潜能，以美塑造现代人"，赋予艺术教育重要的意义，让学生在艺术学习与实践中形成完善的人格和素养。

学校的体育与健康课程坚持"健康第一"的指导思想，培养学生热爱生命、热爱健康、热爱锻炼，并在体育运动中内塑人文品格，外显健康精神，真正成为德智体美劳全面发展的社会主义事业建设者和接班人。

一、以文化人

文化是一个国家、一个民族的灵魂。习近平总书记指出："我们要坚持道路自信、理论自信、制度自信，最根本的还有一个文化自信。"文化自信是一个民族、一个国家以及一个政党对自身文化价值的充分肯定和积极践行，并对其文化的生命力持有的坚定信心。

文以化人，文以载道。体育与艺术朝向健康与审美，表现文化。从根基上看，体育与艺术本身是一种文化，是文化的重要载体和形态，也是文化的重要组成部分。从某种意义上说，教育是"以文化之"的过程，而文化则通过体育与艺术的具体样态予以呈现，因而体育与艺术在教育中必然占有重要地位。

学校小班化教育用人文统领体育与艺术教育，将体育与艺术教育还原到文化中，以文领体，以文促艺，实现几者的和谐统一。

（一）涵养文化底蕴

银都小学创办之初，首任校长冯淑蓉说，在她的理想中，学校的孩子是活泼聪慧、能歌善舞的；学校的教师是多才多艺、德才双馨的；学校的氛围是人文的、有艺术品位的。所以，她常常在美术专家叶茂涵先生的陪伴下，亲力亲为设计布置校园的环境，校园里每一个角落都倾注着他们的爱与艺术创造，校园环境美、文化底蕴厚、艺术氛围浓。

校园鸟语花香，生机盎然，清新优雅。绿色的教学大楼点缀着橘色、白色，大气中透出清新活跃的童真童趣；彩色的校训"健康、聪慧、高尚、快乐"，和谐中传递着活泼亮丽的韵味，入眼入心。

教学楼里一步一景，有开放温馨的阅读区，有怡情小坐的沙发和地垫，也有开阔的回廊小厅……当你驻足时，跃入你眼帘的或是琴台上的一盆小花，或是角落处的那盆小树，抑或是墙壁上一句温婉的提醒……钢琴平台、绘画摄影长廊、音乐赏析等专门的艺术空间，让师生浸润其中，享受着"无限的美育"，并且将这种感受逐步"化"为自身内外兼美的素养，熏陶出艺术范儿。

艺术承载着文化，充满校园的每一个角落。学校小班化教育的班级环境文化建设，在人文化德育的统领下，低段童趣化，中段规范化，高段自主化，力求营造干干净净、整整齐齐的家园，安安静静、生机勃勃的学园，雅致精致、丰富多元的乐园，追求艺术美，从而涵养学生的文化底蕴。

建设一个富有艺术气息的小班班集体，是全校班主任的共识。小班班集体外显的特征是环境美、学生言行美，内涵表现为孩子追求艺术美，乐于沉浸在艺术的氛围中，有丰富的艺术兴趣爱好和特长，最终能涵养出高品位的文化底蕴。

【案例】

"桃源"之美

如何创建一个艺术氛围浓厚的、有文化味的班集体呢？

我们的办法是人人参与、民主决策，老师、学生、家长共建、共创、共享。

1. 投票产生艺术的班名

家长、学生、老师根据自己的愿望拟出理想的班名，班队活动时，无记名投票产生出班名——桃源。孩子们刚刚学习了《桃花源记》，向往那个美丽的理想家园，期望我们的班名典雅而富有内涵。虽然老师觉得"春园"富有生趣，"探索秘密园""奇幻梦想"有童趣，可"民主"的原则之一就是要尊重绝大多数人的意见。

2. 自己创作艺术的班级名片

景星同学创作了两周，最后她以童话的方式把全班孩子的生活都展示在了班级名片上，构思之巧妙，内容之真实，画面之可爱，让人百看不厌。此名片成了班级的特色logo，用在班级系列书稿上以及班级各类活动现场。

3. 共同创建艺术的班级环境

站在桃源班级的教室门口，望见对面窗台上娇艳的玫瑰、彩色的多肉；靠窗摆着一排棕色的实木书柜，温暖光滑，里面整齐摆放着各类图书。长长的灰蓝色沙发倚靠着书柜，几个图案活泼的抱枕与沙发颜色协调。洁白的矮桌上铺着淡雅的桌布，象棋、围棋静静呆在桌上，等待着同学们下课。桌下垫着灰色地毯，是为了让孩子们坐在米色坐垫上下棋时更舒服。教室后的办公桌上，摆着可爱的布偶、小熊。书包柜上的相框里，装着小组评比表，一组造型各异的作品——陶俑、陶罐掩映在绿萝丛中，小金鱼在透明鱼缸里摆着尾巴。教室里充满生机，书香满溢，雅致干净，这是我们的班级环境，是家长、孩子、老师共同营造的家。每一个细节都有孩子参与其中的创造，他们最能体会其中的美并乐意珍惜它。

4. 共同创建艺术课程

家长到校为班级上课，开设了音乐、建筑、电影、电视、陶艺、茶艺等课程，班主任与美术、音乐、科学教师一起开设"农历的天空下——24节气笔记"课程，将文学与绘画、音乐有机结合，通过朗诵、音乐、戏剧表演等形式宣传节气文化。学生自主开展"戏剧周"活动，撰写剧本，准备道具，组合排演……全方位的艺术课程，涵养出学生浓浓的艺术气质，各类艺术人才在各级各类比赛中获奖，班级师生自编自导自演的舞台剧《心愿》，代表学校参加区艺术节比赛获得一等奖。

自创班级名片

（洪敏）

美好的教育是充满艺术的。作家、画家蒋勋先生说："美是看不见的竞争力。"学校每一学期开学第一周就是"班级环境美"比赛周，各班师生家长人人参与，创建班级环境文化主题，打造独特的艺术的班级环境，目的就是让孩子们在艺术的环境中熏陶，在美的教育中涵养文化底蕴。

（二）培育民族精神

我们是中国人，是龙的传人。中国新时代的伟大复兴，需要传承民族文化，弘扬民族精神。因此，中国今天的教育必须引领学生学习、内化，传承中国的民族文化、民族精神。

顺应时代发展的需求，学校从2000年建校起就把育人目标定位为"培养有民族精神、能走向世界的现代人"。民族精神是指中华民族精神，它是中华民族在漫长的社会历史发展过程中逐步形成的，是中华各族人民社会生活的反映，是中华文化最本质、最集中的体现，是各民族生活方式、理想信仰、价值观念的文化浓缩，是中华民族赖以生存和发展的精神纽带、支撑和动力，是创新社会主义先进文化的民族灵魂。在五千多年的发展中，中华民族形成了以爱国主义为核心，团结统一、爱好和平、勤劳勇敢、自强不息的伟大民族精神。

1. 中华体育

中华体育悠久辉煌。

西周射礼比肩希腊竞技，战国蹴鞠可谓足球发端。唐人热衷打马球，两宋流行蹴鞠。元代捶丸早于欧洲，明代武术流派并起。更有相扑争夺锦标，武举志在状元，健儿龙舟喧逐江湖……与古希腊罗马相比，中国古代既有制度严密的竞技，也有大规模的全民体育狂欢，且历经数千年从未中断，不少中国传统体育项目，如相扑、武术、导引、龙舟、围棋等，还传播至亚洲很多国家和地区。

学校体育教育应该继承和发展中华体育，培育中华健儿。

【案例】

有趣的传统体育活动

一些传统体育活动简单、有趣、安全，不受场地限制，而且能很好地锻炼体能，形成技能，健身健心。颇受学生欢迎，值得推广。

踢毽子，起源于汉代，盛行于南北朝和隋唐，至今已有两千多年的历史了，是中国民间体育活动之一，是一项简便易行的健身活动。我们鼓励学生自己手工制作"鸡毛毽子""纸毽子"等,在课间开展踢毽子活动。

抖空竹。空竹一般为木质或竹质,中空,因而得名,是一种用线绳抖动使其高速旋转而发出响声的玩具。抖空竹,是中国传统杂技中,以简单小巧、信手可得的物件,练出高超技艺的代表节目。抖空竹最受男孩子欢迎,有的班级开展抖空竹比赛,选出高手在"银小大舞台"上表演,成了一道靓丽的体育节目。

滚铁环。铁环是用较粗的铁丝做一个直径五十厘米左右的环,整个铁环有一定的硬度,结头尽量要小些、光滑些。再把一根弯成"U"形的铁丝绑在一根小木棍上,手握木棍推动着铁环在"U"形铁丝圈内滚动着行走,可以听见铁圈发出"哗啷哗啷"的声音。这个活动适合家庭锻炼,我们鼓励学生与家长、同伴一起玩,可以在社区运动场,进行竞速、绕障碍物等比赛的游戏,也倡导班级开展滚铁环活动。

学生还自发开展一些传统的体育游戏活动,比如踩高跷、跳皮筋、跳房子等等,既锻炼了身体、愉悦了身心,还增进了学生之间的人际交往。

(张俊勤)

2. 民族音乐

民族音乐是我国劳动人民智慧的结晶,是中国文化艺术的基石和瑰宝,它继承了我国悠久的文化历史,承载着音乐教育与民族教育的历史使命,对弘扬新时期中华民族的传统文化有着重要的作用。

【案例】

传承民族音乐　树立文化自信
——小学音乐课堂中民族音乐教法的实践研究

作为一名音乐教育工作者,必须在教学中培养学生的审美能力,加深他们对音乐美的理解。而民族音乐的独特美,一定能够引起学生的共鸣，加深他们对民族音乐的认识，来传承中国民族音乐文化。落实在课堂中，我从以下几个方面进行民族音乐教学的实践研究。

一、分析作品创作背景，树立民族自豪感

大多数民族音乐作品都承载着民族、群体或个人的创作背景，适当地介绍作品的创作背景、分析作品内容，不仅能够加深对作品的理解，更能够唤起学生对于音乐作品的情感体验，开阔视野。如在《歌唱二小放牛郎》的学习中，先让学生聆听，感受音乐情绪，说一说自己的感受。然后向学生介绍歌曲的创作背景：1942年，年仅13岁的王二小在反"扫荡"中，把敌人引进八路军的埋伏圈，被敌人枪杀。词作家方冰、曲作家劫夫被王二小的故事深深打动，创作了歌曲《歌唱二小放牛郎》。再聆听、演唱主题旋律，加深对作品内容及音乐特点的理解，增强音乐感受。学生在这首歌曲中了解国家历史和中华子孙不屈不挠的精神，树立民族自豪感。

二、参与音乐体验，提高学习民族音乐的兴趣

1. 在方言学习中感受民歌韵味

民歌来自于民间，是人民在生活、劳作时即兴创作，口口相传而产生的。而民歌中方言的运用能够更好地凸显歌曲的地方韵味和特色。

以苏州民歌《苏州风光》为例，民歌中有"上有呀天堂"，其中"上"字就被读作吴方言"sun"，"有"就被读作"yu"，天堂则被读作"titang"。其充分运用了苏州方言的行腔归调，以吴侬软语式的语音打造了传统民歌的风格特色。学习民歌时，用地方方言去演唱，既有趣又使歌曲产生了独特的艺术效果，学生喜欢学、喜欢唱，成为民族音乐的小小传承者。

2. 在创作中寻找音乐根基

小学生对新颖的事物充满好奇，喜欢流行音乐，对时尚前沿的事物具有独特的敏锐感。我在教学中抓住学生的这一特点，引导学生创作，帮助他们了解音乐的根基，寻找音乐之魂。例如，在聆听陕北民歌《信天游》之前，我给孩子们先播放了《华阴老腔一声喊》的演唱视频——2016年春晚舞台上，随着歌手谭维维刚直高亢、磅礴豪迈的一声呐喊，

一首带着浓郁陕西韵味的《华阴老腔一声喊》震彻肺腑，瞬间把宏阔的黄土高原铺展天地。舞台上小镲、月琴等乐器的加入，更是彰显了民族乐器的独特魅力。孩子们受到歌曲情绪的感染，教室里响起热烈的掌声和欢呼声。我趁热打铁向孩子们介绍了华阴老腔的历史渊源，鼓励孩子们运用这种表演方式来创编歌曲《信天游》。孩子们兴趣大增，学着使用打击乐器为歌曲即兴伴奏，教室里学习氛围浓厚。

3. 在研学中感受民族文化

我国少数民族人口众多，由于地理位置、方言、性格的不同，每个民族的民歌在曲调、节奏上也都大不相同。北方民歌大多曲调悠长，节奏自由，具有山歌的特点；新疆民歌轻快、活泼，表现了新疆人民热情、能歌善舞的特征；蒙古族民歌字少腔长，富有装饰性，音调嘹亮悠扬，节奏自由，反映出辽阔草原的气势与牧民的宽广胸怀……鼓励学生在假期参与研学，进行体验式学习，通过对民族人文地理、风俗人情的了解，加强音乐要素的理解，从而更加深入地了解民歌的内容与表现的情感。

（汝晓清）

3. 中国画

中国画是在中华民族的土壤中孕育、发展、成熟起来的，它具有悠久的历史和优良的传统。中国画在世界美术领域中自成体系，别具一格，放射出灿烂的光芒。小学美术课中的国画教学有利于对学生进行审美教育，提高学生的审美素养，培养学生的形象思维能力、创新精神和实践能力。更能充分发扬我国民族、民间优秀的文化艺术传统，增强学生的民族自豪感，培养民族精神。

【案例】

画　梅

美术老师董涓在教学实践中立足小班化课堂，顺应童心，让国画走进课堂，走进生活，使孩子在快乐学习中体会中华艺术的无穷魅力，热爱中国画，传承国粹。

一、镜头一：赏析名画，感受画家的笔墨情趣

董老师出示国画大师齐白石的写意画《梅》，带着学生一起了解齐白石的人生，她娓娓道来："齐白石一生勤奋，作国画无数，所画的题材无数，为后世留下了为数不少的妙品佳作。他笔下的事物，造型简洁拙朴，构图单纯，色彩明丽。画面给人可居可游的美感，还有可亲之感。白石老人有句非常经典的画论'作画妙在似与不似之间，太似为媚俗，不似为欺世'。"

接着，董老师利用多媒体循环播放齐白石的花鸟国画，以悠扬的古筝曲作为背景音乐，为孩子们营造空灵舒畅的氛围。孩子们很快就被画面吸引，融入白石老人花鸟国画的赏析之中。

最后，董老师以齐白石老人的国画《梅》为例，让孩子们跟着大师学画梅花。随着循环播放的白石老人的系列梅花画作，董老师引导孩子们欣赏、发现，并对画的构思、笔墨勾画、晕染点缀等特点发表看法。董老师鼓励孩子们大胆用笔，尽情发挥，体会水、墨、色相互渲染、混合所达到的效果。

董老师通过引导孩子们向国画大师学习国画，激发了孩子们学习的兴趣，孩子们学得情趣盎然，爱上画国画。

二、镜头二：自然写生，感受国画的艺术魅力

董老师在《梅》第二学时的教学中，第一步采用观察法。让学生观看在现实生活中的梅花和竹子，分析花的形状色彩和叶子的颜色、纹理等，注重启发学生从各个方面及多个角度观察梅的特点。

第二步示范国画中的几种画法：勾勒法、点虱法和没骨法。董老师在示范绘画时只做局部演绎，她给学生留了更大的创作空间。比如在写生梅花时，董老师引导孩子们根据自己的感受和想法，用不同的笔墨夸张地表现梅花，使梅花的造型更个性鲜活。

第三步采用小先生的互动法。董老师请擅长国画的孩子当小先生作范画，充分利用孩子们学习国画的差异资源，发挥小老师的能动性，同时激发其他孩子学习的好奇心，让课堂教与学成了一池活水。在董老

师巧妙地安排下，小老师给全班作画示范，其他孩子对梅的画法有了基本了解；再分小组完成一幅有趣的作品。孩子们在共同作画中，取长补短，绘画水平得到提高。

这样的自然写生、小先生教学、小组合作，让孩子们的绘画兴趣高涨，孩子们学得更有滋有味了，更爱充满艺术魅力的国画了。

（张俊勤）

按照国家课程标准要求，学校体育与艺术课程将民族的文化遗产自然融进课堂教学，营造有趣的学习环境，介绍优秀的民族体育与艺术文化，学习民族体育与艺术文化内涵，传承并创造优秀的体育与艺术，让民族体育与艺术发扬光大。

（三）拓展国际视野

体育与艺术，是人类共同的语言，越是民族的越是世界的。我国的艺术国粹京剧走出国门，在世界各地都非常受欢迎。美国报刊评价：京剧是世界上第一流的艺术。《法兰西报》说：京剧既是古老传统的艺术，又是最年轻而富有生命力的艺术。我们也在学习国外艺术，我国艺术家、教育家李叔同先生是最早将西洋作曲法引入我国的学者之一，他创作的《送别》《春游》至今传唱。

学校培养"有民族精神、能走向世界的现代人"，在国际理解教育、国际交流学习方面一直走在前沿，重视拓展师生的国际视野。建校以来，体育与艺术交流持续不断，到了美国、日本、新加坡、德国、奥地利等国家。同时，也接待了世界各国团队来学校进行体育与艺术交流。

【案例】

聆听世界的声音
——浅论东西方童声合唱的异同

2017年，学校童声合唱团"银晓合唱团"开启了世界和平合唱节的维也纳之旅。师生参加了六场演出和比赛，共同经历了与世界各国合唱团同台比赛和表演、教堂音乐会、联合国路演、养老院义演等各种不同形式的合唱演出，用自己的眼睛看世界的模样，用自己的耳朵聆听世界的声音，感受着音乐盛宴带来的愉悦，用心体验着合唱艺术的魅力，感受中外合唱艺术的异同，相互学习，走向美好的未来。

合唱是声乐的一种高级表现形式，是和谐、平衡、完美的音响运动方式，它能培养学生的音乐素养、集体意识、聆听习惯与合作意识等。童声合唱不仅可以反映出一个国家的国民教育水平，也可以显示出青少年一代的艺术修养和精神面貌。近年来，国内教育加强了对童声合唱内容的教学力度，几乎每一个学校都拥有自己的童声合唱团，我校也不例外，"银晓合唱团"在建校之初应运而生。

银晓合唱团经历了维也纳合唱艺术之旅，收获颇丰。我们将民族音乐带出国门，搬上了著名的国际大舞台，让世界进一步了解和认识了中国民族音乐，同时我们也接受大量国外音乐的艺术熏陶。相比之下，我们觉得，国内外童声合唱艺术还是有着较大的区别和不同。

一、从童声合唱的声音角度分析

国外有很多国家的语言发声习惯非常适合歌唱，他们发声位置很深，有共鸣，声音有宽度，这样的语言习惯正好和科学的发声状态契合。合唱训练时，声音融合度高，容易"抱成团"，容易统一。再加之欧美音乐会合唱耳濡目染，合唱的群众和专业根基都很深，因此合唱的深度和广度都走在了世界前列。

我国贵州等少数民族地区，来自民间的原生态的大合唱，和声自然和谐，代代相传，是中国民族艺术瑰宝，也是世界合唱瑰宝。但合唱未得到更大众、更生活化、更高品质的普及。原因之一，各地方言众多，发声迥异。有的方言发音时普遍喉部肌肉比较紧张，喉头较高，声音容易受到挤压，进行声部合作时容易相互干扰，造成合唱效果不和谐。因此，国内合唱教学，首先要帮助学生从语言和歌唱建立正确的发声状态，然后进行合唱训练。

随着我国对童声合唱的重视，国内合唱界同仁们的不懈努力和国际国内交流的深入，国内童声合唱水平进入了飞速发展时期，甚至在国际上频获大奖。这说明国内童声合唱团正一步步克服自身语言习惯的障碍，在科学发声方法和多声部音乐的合作演绎中突飞猛进。

二、从童声合唱指挥角度分析

合唱团的整体水平很大程度上都是由指挥决定的。在指挥手法的表现上，国内外合唱团指挥技术在学术上的要求都是一致的，国内外没有太大区别。

国外指挥演绎过程中主张"个性"和"特点"，因此国外指挥在指挥过程中身体幅度很大，手势起伏充满力量和节奏感，夸张并富有极强的感染力。例如，我们在维也纳与国外合唱团同台演唱歌曲时，现场的国外指挥为了追求声音的高位和统一，似乎使出了浑身解数，挥着大臂"拉"着学生的声音向演唱大厅穹顶"扔"出去，孩子们被他的激情感染，声音、情感随之变化。从这次国内各队演出看来，国内指挥表现相对比较"中规中矩"。我们认为，国外的这种在坚持基本指挥功能下的夸张和放松，值得我们国内童声合唱团学习借鉴。它会使学生保持积极、放松的歌唱状态和富于流动与变化的音色。

三、从合唱团的表演设计分析

从童声合唱的表演设计来说，国外注重对合唱音响的塑造，用声音的细腻处理来表达情感，表演形式较为单一。中国歌曲合唱外在表现力强，表演形式更为丰富。

在维也纳交流中，我们看到欧美合唱队在队形和表演形式上比较单一，少有变化，合唱团的主要精力用于声音表现，整个合唱声音的呈现效果不错。国内合唱团注重音乐的内在与外在的和谐统一，能力强的队伍演唱形神皆备，外在和内在完美统一，得到欧洲观众高度认可。例如，当我们在维也纳音乐厅演唱完高山族民歌《杵歌》时，观众被这种活泼的、在劳动的律动中歌唱的表演方式打动了，现场响起了经久不息的掌声。

艺术无止境、无国界，"银晓合唱团"将继续聆听世界的声音，在学习中不断与国际接轨，持续生长。

（蔡静）

近年来，体育与艺术国际交流更是丰富多样，银帆管乐团、银晓合唱团、银峰足球队等社团已经先后到十多个国家交流参赛，拓展了师生的国际视野，促进了学校学生社团更加健康、有力地发展。

二、以美育人

2015年国务院办公厅《关于全面加强和改进学校美育工作的意见》指出：美育是审美教育，也是情操教育和心灵教育，不仅能提升人的审美素养，还能潜移默化地影响人的情感、趣味、气质、胸襟，激励人的精神，温润人的心灵。美育与德育、智育、体育相辅相成，相互促进。

"以美塑造现代人"的育人追求顺应时代的发展、教育的发展、人的发展，凸显了学校艺术教育的地位。学校美育注重以艺术学科为主阵地，激发学生的兴趣，扎实艺术双基，发展想象力和创新意识，帮助每个学生发展一、两项艺术特长和爱好，培养学生健康向上的审美趣味、格调。学校全方位、全过程贯穿美育，注重各学科渗透，加强美育与德育、智育、体育相融合，与各学科教学和社会实践活动相结合。挖掘不同学科所蕴涵的丰富美育资源，充分发挥班级活动、语文等人文学科的美育功能，挖掘其美育价值。大力开展以美育为主题的跨学科教育教学和课外校外实践活动，将相关学科的美育内容有机整合，发挥各个学科教师的优势，围绕美育目标，形成课堂教学、课外活动、校园文化的育人合力，以美育人。

（一）以美育美，传承文化

中华文化的基因，融化在每个中国人的血液里。至圣先师孔子给学生定的"六艺"课程"礼、乐、射、御、书、数"，其中的"乐"就是最早的美育雏形。中华五千年的文化之美源远流长，代代相传。

贯彻党的教育方针，促进青少年全面发展，要从加强思想政治工作、落实立德树人根本任务、传承和弘扬中华文化、增强文化自信等多个方面高度重视和加强美育，准确把握美育改革发展方向。用社会主义核心价值观育人，把优秀传统文化教育融入学生学习生活中，让学生在接受优秀传统文化中体验、笃信、践行社会主义核心价值观。

1. 特色班级课程

家乡成都的人文、民俗、艺术文化源远流长、博大精深，银都小学"人文化德育"引领师生因地制宜，充分利用家乡文化、艺术等资源，开展特色班级课程建设，培养学生热爱家乡，热爱祖国，传承家乡文化。

【案例】

"小小成都迷"艺术之旅

我们开展的"小小成都迷"活动，渗透艺术教育，滋养孩子们成长。

活动过程中，孩子们迈开稚嫩的脚步，丈量着成都著名景点的每一寸土地，实地考察了天府广场、锦里、水井坊、将军街等地方，用童眼看成都，拍摄了许多照片；用童心识成都，收集了许多图片和文字资料。

为了把这些图片、文字变成可收藏的记忆，孩子们尝试做小报。在家长和老师的帮助下，孩子了解了小报的主题、选材、布局、设计、装饰……孩子们筛选实地考察的照片、图片、文字资料，再精心设计，把它们做成了观赏性强、有收藏意义的小报。在制作小报的过程中，有的孩子学会了用美术字做主标题，醒目又美观；有的孩子学会了在小报外围用花边装饰，小报更有整体感，更协调；有的孩子明白了图文结合更吸引人……

为了宣传家乡文化，孩子们编排了舞台剧"成都惬意之旅"，在"银小大舞台"上表演。在走访的二十多处景点中选出最具代表性的六个景点，创设了小导游带领游客参观的情景进行表演。孩子们分工合作，有的介绍天府广场的今昔变化；有的介绍浣花公园、浣花夫人，以及杜甫草堂；有的介绍望江公园；有的介绍华西坝、锦里……其余的孩子或是扮演拍照留影的游客，或是扮演公园里打太极的老人，或是在锦里走访的学生……

孩子们初次体验在一千多名观众的舞台上表演，在语言、动作、表情上都有自己的体会和收获。孩子们在日记中留下了许多自己的感慨——

天添：当"旅游大巴"一开，"我将带领大家参观成都著名的旅游景点"这句台词一说出来，我就无比兴奋，因为我明白，这将是一次难忘的"旅行"。

瑞浠：该我介绍浣花溪和杜甫草堂了，走向舞台中央，看到台下的观众，我声情并茂地介绍着，大方、自然地做着手势，心中无比自豪。

寿潼：我虽然表演的是文化图腾柱，没有台词，没有动作，但我知道太阳神鸟追求光明、理想、和谐、智慧，是生机勃勃、开拓创新的时代精神的象征，川西文化令我自豪。所以，哪怕只是站在台上不动，甚至观众连我的脸都看不到，我也要把这个角色扮演好。

在"小小成都迷"活动中，孩子们传承着家乡文化，接受着艺术的熏陶。

（李薇）

2. 学科教学渗透

学校"人文化德育"整合学科教育资源，拓展学科教学，开展有趣的美育艺术活动，学生在活动中欣赏美、创造美，学习文化，传承文化。学校语文学科教材里有"音乐""岁寒三友（题画诗）""民族之花"等单元，语文老师拓展教学内容，课后开展"了解中华民族最强音""走进中国植物君子""学编中国结"等活动。

【案例】

中国结的魅力

学习语文《中国结》一课后，孩子们了解到中国结变化无穷、寓意深刻、是炎黄子孙心连心的象征，更喜爱中国结了。为了让孩子们进一步学习传承文化，我带着孩子们学编中国结。

孩子们兴致勃勃地在网上查找学习，照书中编结，拜访艺人，向周围的人学习，和父母拆开现有的中国结研究……我们买来了红丝绳，用班会课的时间学编中国结。

巧手云帆成为大家的小老师。瞧，她正在教我们编代表团圆美满的球结。球结看起来就是一个小球形，十分简单，可学起来还不容易呢！云帆先站在黑板前演示，大家看不清，同学们马上建议她到实物投影仪上演示。大家跟着屏幕上云帆的动作学习，一双双小手牵着丝绳——绕、压、挑、拉……球结打好了，一细看，哈哈，孩子们手里没有出现球结，攥着的都是一团乱麻。云帆告诉大家要耐心细致慢慢调整，就会看到一个可爱的球结。但同学们早乱成了一团，有的着急地把绳子扯成了疙瘩，有的拉开后还是一根绳子，连球结的影子也看不到。叫云帆帮忙的，要我去看看的……声音此起彼伏。我请同学们不要着急，再仔细看云帆编一次。这一次，云帆放慢速度，我在旁边解说，大家都静静地边看边编。基础打好后，我先演示了慢慢调整成球结的过程，然后同学们再开始调。一会儿，昌杰就最先拿着编好的球结给我看，我夸他学得快，昌杰露出了开心的笑容。我和云帆又来到有困难的同学们桌前，手把手地教。渐渐地，会的同学越来越多，教室里不时传出"我编出来了"的惊喜声。看到孩子们的一张张笑脸，我赶忙拿出相机及时地拍下大家手持杰作的照片，那一张张笑脸上写满了幸福与自豪。小乐甚至马上把自己编好的中国结挂到了胸口，作为中华儿女的骄傲不言而喻。

（杨筠）

培养"有民族精神、能走向世界的现代人"是银都小学的育人目标，更是教师的教育情怀。因此，拓展教学内容，延伸课堂，开发"以美育美，传承文化"的课程，已经成为学校艺术教育的常态。

（二）审美创美，启迪智慧

创造能力是人类能力系统的重要内容，也是考察一个人可持续发展的重要标志。因为艺术思维更侧重于直觉，具有跳跃性、非线性，因此在任何类型的发明创造的过程中，会起到画龙点睛的关键作用。从这个意义上说，当"人转向艺术时，就进入了创造活动的实验室"。康德对此做了这样的描述："艺术是神圣的，它比科学更高深、更深刻。它揭示的真理超越了科学的范畴。"这句话从一个侧面揭示了艺术创作具有原创性，是一个发明的过程。

【案例】

岩彩画的秘密

小学高年级的学生在绘画中，模仿只是提高创造能力的一个方面，之后仍然需要自己创造。所以在高年级的模仿过程中，我要求学生必须要有自己的想象和创造。同时还积极组织学生参加各种比赛，这也是锻炼学生创作的好机会，让学生能力得到彰显与认可，树立自信。

另外，在美术教学中，我注重针对学生存在的问题进行引导。比如在线条和色彩的运用方面还是显得有些墨守成规，特别是涂色的形式显得比较单一，仅仅局限于水彩笔和油画棒。为了启发学生创新，我引导学生运用特别材料来创作，让作品呈现不同的效果。

例如，在模仿毕加索的作品时，采用岩彩画的形式进行表现。这里所提到的"岩彩画"是从传统的壁画制作延伸出来的绘画技法。其中在材料的使用方面，考虑到在学校学习的可行性，采用了丙烯颜料替代专业的矿物质颜料。首先是在画底制作时，采用细沙、白乳胶、水等材料，按照一定的比例在油画框上进行平铺制底。接下来是等画底晾干后再在上面进行构思、起稿，起稿完成后采用丙烯的深色进行轮廓的勾勒。最后是在勾勒的形象上用丙烯颜料进行皴擦上色，最终完成制作。在岩彩画创作中，我全程引导学生参与制作，不仅仅是希望学生掌握岩彩画的基本制作过程和技法，更重要的是希望学生通过学习能够感受到岩彩画的丰富与精彩，结合名家的表现风格，进而呈现出一种全新的视觉效果，激发学生的学习兴趣和创造思维。材料虽不是决定性的因素，但不同的材料可以带来不同的视觉冲击力，培养学生的创新能力。

（刘丁瑞）

（三）爱美乐美，陶冶情操

艺术教育不仅让人学会创造，也能够让人学会合作和交往。首先，在艺术学习的过程中，通过使用一系列视觉的、听觉的、动觉的语言，来表达自己的想法、意见和建议，这对沟通与表达能力的形成具有重要作用。其次，参加艺术学科的集体学习过程，就是合作和交际能力得到提升的过程。这些素质，对学生当下的和未来的生活都极为重要。第三，学习艺术让孩子学会欣赏，懂得欣赏的目的是对美好事物和人的理解，从而培养出孩子健康的心性、宽广的胸怀，成长为大度、大气的人。

1. 少先队活动

为实现学生爱美乐美，陶冶情操，艺术教育融入学校的方方面面，真正让学生浸润在美育中。少先队活动的仪式感、艺术性很强，学校重视并积极开展少先队活动，大队、中队辅导员通过少先队活动开展艺术教育，培养少先队员的审美、合作等能力。

【案例】

少先队体育与艺术活动提升队员素养

少先队活动能提升少先队员的素养，促进学校体育与艺术教育蓬勃发展。因此，我们积极开展少先队体育与艺术活动，培养少先队员的综合能力。

一、丰富体育与艺术活动，增强团队协作

根据学校课程安排，每周各中队都会开展形式多样的少先队活动。在开展少先队体育与艺术活动过程中，辅导员根据队员的兴趣，指导队员开展不同形式的体育与艺术活动，比如：太极表演、书法交流、音乐欣赏、美术作品创作及展示等。在活动中，队员们通过认真准备，积极参与，体验到多种多样的体育与艺术活动，既能满足个人兴趣爱好，又丰富了审美体验，还增强了交流与合作。

此外，每学年，学校都会定期开展各项体育与艺术活动，为学生搭建多样的特长展示平台。比如："班级足球赛""班级跳绳比赛""超级童声""戏剧节""特色班级展演"、书法作品展、假期小报展、创意美术作品展等。这一系列固化的体育与艺术活动,在普及体育与艺术教育的基础上,锻炼了队员们的团队协作能力。

二、搭建体育与艺术平台,播种真善美

每周"银小大舞台"体育与艺术活动中,各中队队员们的才艺得到了充分展示,在展示中得到了家长以及老师和同学的认可。班级光荣,队员自豪,队员更爱班级、爱同学、爱老师,班级凝聚力增强。

除了校内的经常性展示外,学校也积极探索班级、社团校外展示和比赛机会。一方面是通过与社区合作,在社区内开展少先队体育与艺术展示活动。比如:社区书画作品展、社区公益演出等少先队活动。培养学生服务社会、快乐他人、成长自己的意识。另一方面,是由各个社团积极组织队员参加各级体育与艺术比赛活动,提升学生体育与艺术水平。在区、市、省以及全国的各项比赛以及展示活动中,学生付出汗水,锻炼意志,收获成果,收获自信。学校的体育与艺术教育成果也得到家长、社会的认可,从而提升学校体育与艺术教育的品质。

(陶涛)

教育艺术就是要在学生稚嫩的心田播种美好。学校重视学生的体育与艺术的能力和人文素养的整合发展,并把它作为总体追求目标,通过全程、全员、全时空的体育与艺术教育途径,浸润生命,陶冶情操,培养学生成为有健康审美能力的合格公民。

三、以健成人

(一)健康,承文明基因

中国的体育运动随着国家的不断发展壮大而得以迅速发展和广泛普及。增强人民的体质,提高全民族的健康水平,已成为社会主义体育事业的首要任务。中华民族不但要从精神上站起来,也要从体质上站起来。这才是我们教育应承担的最伟大的使命。这个使命的实现必须要从教育开始,从孩子们抓起,坚持培养每一个学生的终身体育观念,养成锻炼身体的习惯,促进身心健康地发展,传承文明的基因。

【案例】

锻炼，陪伴孩子一生

学校体育的主要任务是培养学生的终身体育观念，养成学生锻炼身体的习惯，促进学生身心健康的发展。如何让孩子们养成锻炼身体的习惯，成了每一位体育教师和家长的重要课题。

一、耳濡目染，教师和家长良好示范

小学阶段，教师和家长的观念与习惯必然影响孩子。特别是体育运动，如果教师和家长对体育锻炼都非常重视并积极参与，长此以往，孩子对锻炼有浓厚的兴趣，又具有良好的锻炼态度和习惯，就会以一种积极的态度，精神饱满地参加锻炼。

记得在上五年级体育与健康课《跨越式跳远》，当全班大多数学生在认真练习时，我发现有一位学生在一旁玩，我微笑地问他："你为什么不练呢？"他用敌视的目光看了看我，回答的口气十分强硬："太累，无聊，我不想练。"我用商量的口气问："那老师陪你练，好不好？"他用疑惑的目光看着我，当他牵着我的手时，我分明看到他的目光变得友好起来，然后和我一起练起来。其实他跳得不错，我抓住这个时机表扬了他并和他进行了交流，了解到他上课不积极，故意跟老师过不去，我给予了适当的批评。从此，上体育课他都非常认真，并积极参加活动，每期开学都要跟我主动聊聊假期锻炼情况。

现在孩子们就会视我如朋友，我的一言一行就会成为孩子们行动的指南，教学思想就会被学生自觉地接受，学生也就会在课内课外强化练习，自觉提高自我锻炼能力。

二、活动项目多样，组织形式丰富多彩

教师在体育课的组织形式和教学内容上的多样化，教学方法和练习手段的新颖多变，会使学生有新鲜感，从而能调动学生的学习积极性。例如，跳短绳练习。在学生学会动作后，举行小型的跳绳比赛，比比谁跳得最多。然后，经常在课上开展向第一名挑战的活动，每个人都可以向第一名挑战。这样学生就会经常在课后自觉积极地练习，达到持之以恒、自觉锻炼的目的。并且，我把跳短绳和花样跳绳结合起来编成游戏，让学生能在课间以游戏的形式进行活动，身体不知不觉得到了锻炼。

三、发挥学生的特长，发展学生的体育爱好

体育项目很多，但并不是每个学生都能全部掌握并且优秀，可能他在某一项很差，而另一项却很好，甚至很优秀。例如，有的学生可能跑步不行，怎么跑都跑不及格，但是他在投掷和足球方面却很优秀。基于此，我在课堂上开展本领"大比武""大展示"活动，让他们把自己最擅长、最值得骄傲的本领拿出来展示、表演，并当场进行表扬和鼓励，使学生有了一定自信心和心理满足感。这样既鼓励发展了他们的体育特长，又让他们愉快锻炼。

我在教学过程中主要采用分层、分组教学，根据学生的运动能力进行分组，对不同的组别提出不同的要求。对基础好、接受能力强的学生提出改进措施与提高动作难度的要求，使其兴趣得以回升。而对基础较差的学生，根据他们的实际情况，耐心辅导，积极鼓励，帮助他们克服畏惧心理，鼓励与激励相结合，树立自信。这样，充分发挥其个性，让学生在轻松氛围中自信地参加体育锻炼，养成习惯，传承体育精神。

（游霜）

（二）健康，育心理品质

生命因健康而美丽，而真正意义上的健康是一个人的身体健康、心理健康和较强的社会适应能力的综合，教育应以每一个人的后天的健康为最终目标。因此，老师在教育学生强身的同时，同样也会强调"强心"。健康教育的核心是教育学生树立健康意识，养成良好的行为生活方式，以减少或消除影响健康的危险因素。

良好的心理品质是一个人取得成功的基本条件，是心理健康的重要标志，更是人生幸福的精神条件。因为孩子的心理健康会"连动"其他方面的健康。心理健康了，还会让身体更健康，学习更优秀。

1. 三课联动，构建心理健康教育体系

【案例】

心理健康教育　三课联动　全程育人
——成都师范银都小学心理健康教育创新与实践

成都师范银都小学心理健康教育特色鲜明，学校荣膺教育部2017年"全国中小学心理健康教育特色学校"称号。

学校心理健康教育实行"课题-课程-课堂"三课联动，全程育人。

一、以德育科研为引领

学校以德育科研为引领，根据学校发展的实际需要，借助课题研究，持续推进心理健康教育。既有学校层面全面推进、全员参与的序列课题引领心育工作，如国家级课题《小班师生关系优化策略研究与实践》、四川省教育科研资助金项目《小班化教育环境下学生个性发展研究》和《儿童"爱的习惯"养成教育研究》；也有教师们自发进行的24个校级微型小课题对心育工作进行深入探索，人人争做研究型教师，专业成长充满活力，心理健康教育研究向纵深发展；更有心理专项课题作为心育工作的支撑，如国家级课题《小班化教育环境下心理健康教育校本教材》和市级课题《"沙盘游戏进课堂"促进儿童身心发展的实践研究》。

学校心育特色课题《"沙盘游戏进课堂"培养儿童良好心理品质的实践研究》，于2014年11月由成都市规划办予以立项。沙盘游戏可以促进孩子身心和谐发展。鉴于沙盘游戏本身的游戏特点深受孩子们的喜爱，结合学校小班化特色，每个班额不超过30个孩子，学校创造性地制作了抽屉式小沙盘，并且成立专门的沙盘游戏室，陈列沙具10000多件，教室内30个小沙盘、5个标准沙盘，保障了课堂上能够人手一个小沙盘或者6人共享一个大沙盘，让孩子们在课堂上能自由或者有主题地进行沙盘游戏，从而促进心理健康，提升心理品质。

二、以课程创设为核心

学校以生为本，遵循学生身心发展规律，坚持科学性与实效性相结合，发展、预防和危机干预相结合，面向全体学生和关注个别差异相结合，教师主导性与学生主体性相结合，充分利用小班化教育优势，形成了完善的心理健康教育课程体系，如下图所示：

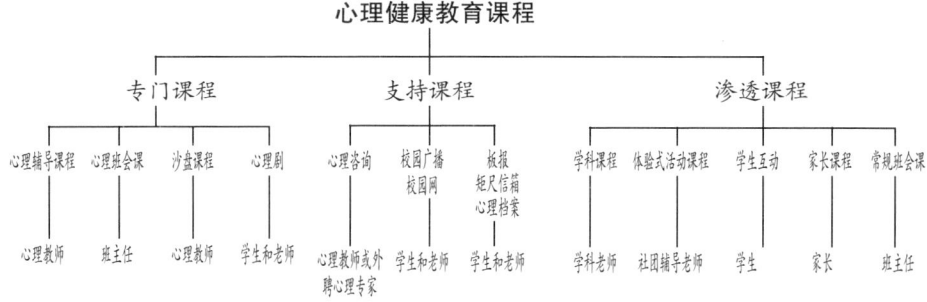

1. 创新心理健康专门课程

（1）常态心理辅导课

心理教师根据学生实际情况，结合国家和地方课程《品德与生活》《品德与社会》《生命·生态·安全》，每班每周开设一节心理课。低段以入学适应和注意力训练为主，中段以人际交往辅导和智能训练为主，高段以自我认识、放松训练为主。

（2）心理班会辅导课

学校每一位班主任都会利用班会课对学生进行团体心理辅导，开展有针对性的心理班会课。

（3）沙盘游戏课程

沙盘游戏课程按年段侧重主题，低段以规则、朋友陪伴、注意力训练为主；中段以人际交往、认识自我、发挥想象创编故事为主；高段以了解与沟通、放松心情、友情为主。沙盘按课堂类型可分为自由沙盘、主题沙盘、亲子沙盘，按沙盘的操作方式可分为个体沙盘、组合沙盘、团体沙盘。

（4）校园心理剧

开展心理剧"创、编、演"活动，相信"每个人都是自己生活的演员"。通过在课堂上征集个案，分享成长故事，角色表演，讨论成长与收获来达到自我心灵成长。

2. 坚持心理健康支持课程

（1）丰富多彩的心理宣传教育

定期开展丰富多彩的心理宣传教育活动，例如，进行校园广播、开设"知心信箱"、咨询热线、校园心理网页等，并定期更新心理宣传板报，组织班级制作心理手抄报，同时制作并印刷了精美的心理宣传手册《心灵宝典》。

（2）青春期教育讲座及辅导

在五年级下、六年级上开设青春期教育课程。课程将辅导的重点锁定在以下4个方面：生理变化——看录像；心理变化——听讲座；亲子沟通——心理辅导课；异性相处——心理辅导课和心理剧。

（3）家庭教育指导

开办家长学校，长期聘请家庭教育专家，发挥校级、班级家委会和家委会作用，各学科教师通过上门家访、电话交流、班级博客、家校联系手册、微信、QQ、钉钉等交流方式与家长沟通，随时反馈孩子的表现，构建起家校共育体系。

3. 深入学科渗透课程研究

心理课题组对全校1至6年级学生的"课堂心理需求"进行了抽样调查（每个年级任意选取2个班的学生），结果如下：

排名	一年级	二年级	三年级	四年级	五年级	六年级
第一	学到新知识	学到新知识	学到新知识	心情愉快	学到新知识	学到新知识
第二	心情愉快	想法受到老师重视	和同学一起参加活动	学到新知识	学得轻松	解决了难题
第三	得到老师表扬	和同学一起参加活动	老师公平对待每个学生	学得轻松	心情愉快	心情愉快
第四	和同学一起参加活动	不被同学嘲笑	得到老师表扬	和同学一起参加活动	得到老师表扬	回答老师的提问
第五	老师喜欢我	在黑板上做题	想法受到老师重视	解决了难题	解决了难题	学得轻松

根据以上调查结果，学校在日常教学中融入心理辅导的元素，全面关注所教班级全体学生及个别学生的心理状况，满足学生的心理需要，有针对性地进行心理辅导。在平时的学科教学之中，尤其注意发掘教材内容中的心理健康教育因素，培养学生健康心理。

三、以课堂教学为保障

1. 学校的心理健康教育贯穿于教学全过程

心理教师普及心理健康知识，帮助学生树立心理健康意识，了解心理调节方法，认识心理异常现象，掌握心理保健常识和技能。沙盘游戏课让学生认识自我，增进生生间、学生与家长间的相互了解。学科教师自觉遵循心理健康教育规律，将适合学生特点的教育内容有机渗透教学活动中。

2. 一年级新生的入学适应教育

为了帮助一年级新生消除紧张感，建立安全感，开学前开设了一年级新生培训课程，帮助孩子们尽快适应小学校园的学习生活。

3. 六年级毕业课程

六年级学生进入青春期，加上"小升初"的学习压力，因此特别容易浮躁，学校设计毕业班学生序列课程。课程包含军训磨炼意志品质、走进名校树立良好愿景、体验初中名师课堂、毕业学长经验分享等等，为六年级学生的中小学衔接打下了良好的心理基础。

4. 低段儿童健康课

心理组老师在实践基础上编写了《健康与心理健康》第一册教材，经过实践检验，所选内容适合学校一年级学生心理特点。教材图文并茂，富有童趣，其内容包括"好习惯要保持""安全记心中""想象的乐趣""体验情感"等四个方面。

5. 高段儿童放松训练

心理组创编了《小学高段儿童放松训练教师用书》，该书收录了儿童放松训练指导语3个，增强自信、集中注意力、克服考试焦虑、释放压力、超越自我、增强记忆力、提高效率等指导语11篇，以及学生的体会文章若干篇。

学校学生问卷调查显示：心理健康教育成为学生最受欢迎的课程之一。未来，学校将在原有心理健康教育工作的基础上，继续三课联动，全程育人，开阔新思路，寻找新举措，最大程度上促进学生的终身发展和幸福。

【发表于《教学实践·小学生》2018.05（节选），张俊勤　曾亮　刘桂】

2. 创新课程，构建沙盘游戏系列课程

【案例】

"沙盘游戏进课堂"的实践与创新

成都师范银都小学（以下简称银小）2014年率先提出"沙盘游戏进课堂"，将沙盘游戏引入课堂进行教学，使其适用领域扩展到普适性教育，直接指向儿童发展性需求，旨在培养良好心理品质。2015年将其立项并成为成都市课题开展研究，这在国内属首创，是一种创新型的教学实践。

其实践与创新的策略如下：

一、制作抽屉式个体小沙盘

改良咨询室中的沙盘，创新地制作了比课桌稍小的便携式个体沙盘，使沙盘游戏设备进入教室，保证每个学生一个小沙盘。同时为了方便全班每一个小朋友都能快速取放沙具，小沙盘的最下层增加一个抽屉，内放200个小沙具。沙盘尺寸由此变为48cm×38cm×16cm。这样也方便课后搬挪所有的沙盘及收拾小沙具。沙盘材质选择松木，内壁涂为蓝色，可想象为海洋和湖泊、河流。沙提供海沙、白沙两种。这样适用于儿童畅想的小沙盘，更容易在课堂中呈现"一沙一心境"。

二、沙盘游戏进课堂建模

目前，国内外尚无40分钟的"沙盘游戏课"模式，也没有相关课例。我们探索出沙盘游戏进课堂的实践模式。主要包括：

1. 建立沙盘游戏课的课堂公约

低段沙盘课公约（儿歌）：沙盘游戏真有趣，安静进行要牢记；轻拿轻放手势低，沙子回收桌面净，沙具回家真高兴。

高段沙盘课公约（承诺）：a. 认真倾听，积极参与，真实表达，主动分享；b. 沙盘与沙具摆放轻轻，回收干净整齐；c. 安静专注，借用沙具用手势，征得同意方可行；d. 堆沙造景时扬起的沙子在10cm以下；e. 尊重他人已摆放好的沙具和已造好的场景。

2. 建构课堂活动流程

明确游戏活动规则1分钟；故事或者冥想引入4分钟；主题的探索与思考3分钟；学生个体制作沙盘15分钟；同伴分享沙盘故事5分钟；学生代表分享故事5分钟；学生相互提问、解答、交流5分钟；教师总结提升2分钟。

3. 创设学生分享方式

学生讲故事、学生分享最喜欢的部分、学生写话、学生填写制作过程记录表、学生与学生相互问答的方式等。

4. 创建教师指导方式

教师用写分享提纲、现场提问、提醒学生调整沙具等方式启发学生对沙盘进行探索与分析。但是，要特别注意课堂预设需要微妙的提问与引导。因为沙盘游戏会使孩子们率真的一面暴露无遗，可谓形之于沙，应之于手，得之于心，因此课堂上的分享和讨论容易问题丛生。这需要老师善于抓住时机正确引导，而且整个过程还需要注意保护学生个体。比如，作品中暴露了残忍、单亲、孤单等个人不愿分享的或者对个人有负面影响的隐私，要及时调整规避；分享者本人在分享时有哭泣、难过等负面情绪的宣泄，要进行及时安抚，并让全班给予他支持的力量；倾听者在谈自己对作品的理解时歪曲想法时及时点拨指导等等。

三、按培养的心理品质类型建设序列课程

心理品质类型	课程名称（课例）	适用年段	适用课堂	课时
创造力	自由沙盘（创造）	低段	心理	1
	海洋世界	低中段	心理	1
	安全岛	低中高段	心理	1~2
专注力	自由沙盘（专注）	低段	心理	1
	选择	中高段	心理	2
	我喜欢的是？	低中高段	心理	1~2
观察力	自由沙盘（观察）	低段	心理	1
	拼音复习	低段	语文	1
	沙盘游戏习作	低中段	语文	1
想象力	自由沙盘（想象）	低段	心理	1
	特殊的体育课	低中高段	心理	1~2
	我的旅游故事	低中高段	心理	1~2
规则意识	自由沙盘（规则）	低段	班会	1
	运动会	低中段	体育	1
	勇敢参赛	低中高段	体育、心理	1~2
言语表达	自由沙盘（言语表达）	低段	心理	1
	我的家	低中高段	心理	1~2
	梦想	低中高段	心理	1~2

续表

心理品质类型	课程名称（课例）	适用年段	适用课堂	课时
认识自我	自由沙盘（认识自我）	低中高段	班会、心理	1~2
	我的世界	低中高段	班会、心理	1~2
	独特的世界	中高段	班会、心理	2
亲子关系	自由沙盘（亲子沟通）	低段	班会、心理	1
	心意相通	中高段	班会、心理	2
	我和家长摆沙盘	低段	班会、心理	1
表达情绪	自由沙盘（表达情绪）	低段	心理	1
	快乐时光	低中段	心理	1
	放松心情认识自己	中高段	心理	2
团结合作	自由沙盘（团结合作）	低段	班会	1
	了解与沟通——团体组合沙盘	高段	心理	2
	有你有我真温暖	中段	心理	2

四、分层次进行课堂指导

教师面对30个沙盘作品，需要在有限时间内作出选择，并视学生的实际需要分层次提供指导。第一层次是自由自在不被打搅地制作沙盘，主要针对高段有些想保护隐私的学生，教师巡视时不刻意靠拢；第二层次是安静陪伴，教师守护在身旁安静地观看，并不时给予一些点头、注视作品、给对方一个微笑表达对该生作品的欣赏和肯定，针对制作很投入并且沙盘呈现积极、祥和、美好等情况时；第三层次是帮助解读，针对学生作品快完成并且在产生思考时，用提问"你第一个摆的是什么""你最喜欢哪个沙具""为什么这样摆"等等来让该生清晰地了解自己所想所思所悟；第四层次是做转化和提升，针对问题沙盘、分享暴露者进行积极的言语肯定其成功之处、改进之处，帮助其发现好的方面，也引导学生认识自己卡住、发哽的地方的背后缘由，让学生能直面问题，然后在沙盘中去美饰作品，进而调整内心，让不合理的合理化。

五、适时跟进课后延伸辅导

利用沙盘游戏的筛查功能，发现班级群体中出现的特殊沙盘作品、摆放的特殊沙具、有价值观偏差的主题以及学生个体言语分享中暴露的存在心理问题隐患情况等，对这些个案进行课后延伸辅导。课后延伸辅导涉及以下内容：单独找学生沟通了解其真实情况，对该生进行心理辅导（包括单独的沙盘游戏辅导），在后续的沙盘游戏课堂持续跟踪关注该生等。同时，根据班主任反映或者教师提前了解到的存在焦虑、注意力集中困难、言语沟通困难、适应困难、儿童创伤后应激障碍（PTSD）、攻击性行为、自闭症等问题的学生也需跟进课后延伸辅导。

六、实施检测，反馈结果并调整方法

1. IRS反馈器现场反馈检测

IRS反馈器具有针对性强、现场生成快、信息反馈及时等特点。IRS反馈器答题、统计、设定答案运用IRS反馈器主动答题，教师统计结果，准确了解全班学生的情况，了解其思考过程、内心感受、得到的收获，以及这些情况呈现的普遍概率。

2. 过程性检测

制作课堂记录表，让学生在沙盘游戏结束时填写记录表。记录表中涉及描述自己的作品，作品与自己的心理特点的联系，在制作作品的内心体验，自己的成长改变，给自己的作品用十分制打分等要素。教师进行统计，并根据生成的数据结果及时调整辅导方法。

3. 阶段性MHT检测

用《中小学心理健康教育检测》（MHT）进行量化研究（MHT适用于小学四年级～高中三年级）。前测，在沙盘游戏课之前先对4~6年级学生实施MHT检测，统计分析学生心理健康情况。后测，在连续实施沙盘游戏课六次及以上的班级进行MHT检测，统计分析学生心理健康情况。前后测进行对比，检验是否有显著性差异，并根据数据调整上课、辅导等的方法。

我们将继续"沙盘游戏进课堂"的实践与创新，培养儿童良好的心

理品质，为儿童健康成长创建更优化的心理课程。

（发表于《中小学心理健康教育》2018.15总第362期（节选），张俊勤　刘桂）

3. 体育课程，时时处处融入心理健康教育

体育塑造人格，培养健康的心理。在体育运动中，每个人都要学习合作，学会竞争，以平常心态去面对成功和失败，这种体验就是今后在社会中的真实体验，体育就是最好的人生和职场模拟体验。

【案例】

输了就是赢了

这是发生在2017年全国全民健身操舞大赛总决赛上的故事。

比赛当天，高强度的有氧舞蹈三级、四级两曲连比。有氧三级比赛结束，由于得分不如预料，甲组孩子们看到分数后集体委屈落泪。但竞技体育就是这样，是比赛就有输赢，这是最好的挫折教育，最深刻的历练，这一刻的成长与懂得，是再多的书本知识和说教都替代不了的。今天，他们因自己比分没有达到预期而难过落泪，此时此刻，输了就是赢了！

抹去上一场的泪水之后，再次上场竞技四级有氧舞蹈，孩子们灿烂依然，活力无限，爸爸妈妈的呐喊和乙组妹妹的加油声响彻全场。最终她们的表现征服了裁判，获得本组别第一名，充分证明了自己的实力。甲组孩子们赛出了实力，赛出了风格，受颁奖晚会总导演邀请参加第二天晚上颁奖晚会的表演，大家一片欢腾。生活往往就是这样：泪水之后伴随欢笑！

四级比赛下来后，有位队员伤心地告诉我："卢老，对不起，我做错了一个动作。"

我回答："那你后面有没有用更灿烂的笑容和有力的动作去弥补？"

她点点头。

我说:"这就对了,错误、挫折时有发生,关键看我们如何面对。"

(卢金萍)

永不言弃,失败了再站起来,应该成为人一辈子的品质。健康的心理品质是学生将来幸福人生的基础,教师人人都是德育工作者,人人都是心理健康老师,时时处处以"健康育健康",帮助学生选择有益于健康的言行,形成"阳光心态",积极面对生活中的酸甜苦辣,成为心理健康的人。

(三)健康,强身体素质

"少年强,则国强!"健康体魄是青少年建设祖国的基本前提,是中华民族旺盛生命力的体现。学校以健康第一,以小学普及体育活动为内容,以全员参与为基本特征,以终身体育为目的,采用多种快乐体育形式,全方位设计学校的体育活动内容,深入开展学生阳光体育运动,推进了学校素质教育。

1. 快乐锻炼——校园生活常态

【案例】

丰富的体育课堂

我们根据体育课程的目标与内容,以使每个学生至少掌握一项终身喜爱的体育项目,进行课程教学资源开发,改革体育课教学,调动学生活动积极性,形成"阳光普照,关注个体;尊重生命,彰显个性"的体育课堂。并将足球、棒垒球、健美操和无线电测向、数棋、国际象棋教学纳入学校课程,确定课时,保证师资和时间。在教学的同时,开展班与班、年级与年级之间的足球赛、篮球赛、拔河赛等,在普及的基础上得到提高。将各种体育活动引入课堂,培养学生坚忍不拔的意志和毅力,促进学生形成健全的人格。

多彩的大课间活动

每天大课间活动是最受学生欢迎的课程,一年四季风雨无阻,晴天在操场"阳光运动",雨天在教室"室内悦动"。

我们认为大课间活动是学生的一种体育生活,是学生在校园中重要的体育文化活动之一,是学生养成终身体育习惯的关键起点。我们通过论证筛选,根据学校场地、器材、学生的身心特点和体育教师的特长情况,构建了有利于学生个性发展与张扬的体育活动,每天轮换一位体育教师率领全校师生进行"1+x"锻炼。"1"是指每天一操,从周一到周五,包括:阳光操、健美操、街舞操、武术操、青春律动操等;"x"是指每天一项体育技能或体能训练,包括:队列训练、军姿练习、跑步、跳绳、体育游戏等。

快乐的体育游戏

体育课程鼓励学生自编自练,孩子们自创体育游戏,在课间玩得很嗨。午休30分钟,他们呼朋引伴、三五成群地玩转了体育。看,足球、篮球、踢毽子、跳皮筋、踩高跷、滚铁环、乒乓球、羽毛球、滑滑梯、捉迷藏、下棋……运动的欢乐弥漫在校园的每一个角落。

丰富的体育课堂,多彩的大课间,快乐的体育游戏,顺应学生的心理与生理特点,满足学生身心发展需求,养成体育锻炼的习惯,真正落实阳光体育精神,让孩子们每天锻炼一小时,快乐生活一辈子。

(张俊勤)

2. 特长项目——学生自主选择

学校培养学生体育"1+1"特长,为学生开出了"常规体育项目+自选特色项目"的菜单,供学生自选锻炼,家长督促。

【案例】

体育特长"1+1"菜单

一、内容

1. 常规体育项目及"优秀"标准

一、二年级:短绳(每分钟90个)、立定跳远(1.30米)、坐位体前屈（前伸12厘米）、仰卧起坐（每分钟35个）。

三、四年级：短绳（每分钟140个）、立定跳远（1.60米）、坐位体前屈（前伸12厘米）、仰卧起坐（每分钟45个）、高抬腿（每30秒60个）。

五、六年级：短绳（每分钟170个）、立定跳远（1.75米）、坐位体前屈（前伸11厘米）、高抬腿（每30秒70个）。

2. 自选特色项目

每个同学选择一项自己喜爱的体育运动，如：篮球、乒乓球、羽毛球、足球、游泳、跑步等。

二、要求及注意事项

1. 每天坚持在家锻炼累计20分钟以上。
2. 常规项目争取达优秀标准，并有自己的特色。
3. 在家校联系册上每天学生自评，家长签字，班主任落实情况。
4. 体育教师每月统计，了解各班学生锻炼情况。

（成都师范银都小学体育组）

体育与艺术教学为学生的全面发展、终身发展、幸福生活奠定身体与精神的"双基"。体育与艺术并重，凸显其人文价值，让每一个孩子有一项体艺特长，有多种体艺爱好，成为全面发展而有生活情趣的人。

第二节 确立学科的素养目标

学科的素养目标，是学科教育价值的根本所在，是学科教学的落脚点，也是学科育人的集中体现。

课程标准中，体育学科从健身育人的学科本质出发，以运动能力、健康行为、体育品德三方面的学科素养为目标，聚焦学生的健康意识和健康的生活方式。音乐学科从音乐教育的性质、价值和"以美育人"的目标要求出发，确定审美感知、艺术表现和文化理解三方面的素养目标。美术学科凝练出图像识读、美术表现、审美判断、创意实践和文化理解五大核心素养目标，体现了鲜明的美术学科特色。

体育与艺术教育的学科素养目标，既具有鲜明的学科特色，又相互联系，并聚焦于：健康素养、审美情趣、创新精神。

一、聚焦健康素养

健康素养是个人获取和理解健康信息，并运用这些信息维护和促进自身健康的能力和基本素质。学校教育，就是要遵循学生身心发展的规律，有目的、有计划、有组织地引导学生获得知识技能，陶冶情操，发展智力、体力，从而将学生培养成社会所需要的人。其出发点和归宿是学生的健康成长和全面发展。因此，聚焦健康素养是落实学科素养目标的根基。

（一）乐于锻炼，强健体魄

苏格拉底曾说："身体的健康因静止不动而破坏，因运动练习而长期保持。"作为正在快速成长的小学生，养成乐于锻炼的好习惯，有助于打好健康基础。

学生乐于锻炼，这一切源于学校体育活动能够有效激发学生的锻炼热情。

【案例】

注重策略，让学生乐于锻炼

喜欢运动的同学，不仅身体素质越来越好，性格也变得阳光、乐观、勇敢，让人随时都能感受到他们浑身的朝气。因此，我针对班级实际情况，采用以下几个策略让学生乐于锻炼。

一、正确认识体育的重要性

在学生和家长的意识里，都觉得体育锻炼就是跑步、玩，没有关注到体育与孩子的体质健康有着密切的联系，所以容易忽视体育锻炼。而事实上，学校体育教育，一方面有助于提升学生的身体素质，另一方面注重意志品质和行为习惯的培养，对促进孩子的健康成长和全面发展有着重要作用。所以，我在家长会和主题班会中多次开展以体育锻炼为主题的专题活动，引导家长和学生注重体育锻炼。

二、有效组织班级体育活动

在课间,我会组织学生分小组参与体育锻炼。通过小组活动,培养他们自主锻炼的习惯。我也会带着孩子们玩特色体育游戏,让他们在活动中锻炼大脑和四肢的协调能力,感受体育锻炼的乐趣。这样的活动孩子们非常喜爱。此外,在平时锻炼的基础上,我还会利用班队活动等时间定期组织班级的体育相关比赛,比如跳短绳、跑步、扔沙包、竞技叠杯等。通过形式多样的班级体育活动,让学生的锻炼兴趣得到保持。

三、积极推进亲子户外锻炼

为了让孩子的体能和意志力得到锻炼,我们到户外开展了军事体验活动。在活动中,专业教官带孩子们分班、宣誓,队列训练,打背包训练,模拟武装集合上"战场",让孩子们体验军人的生活。训练完成后,队列整齐了,精气神都有了很大的改变。最重要的是他们在这个过程中感到非常快乐,而且很愿意参与这样的户外锻炼活动。

四、重视对学生锻炼的评价和激励

结合班级管理,我注重对学生参与体育锻炼的情况进行及时评价。除了在平常课间锻炼中的积极鼓励外,我还针对表现突出的个人和小组进行加分,纳入小组的综合评比。此外,在学校的评优活动中,平时参与锻炼的情况就作为评选"体育小明星"的依据。这样,学生就更有激情地参与体育锻炼了。

(陈俊)

当所有的孩子都因为有趣的体育活动而喜欢上运动时,他们就会更重视体育,乐于锻炼,提高自觉维护健康的意识,从而形成健康的生活方式和积极进取、乐观开朗的人生态度。

(二)艺术创造,美化生活

通过艺术课程,学生能够了解人类文化的丰富性,在广泛的文化情境中认识艺术的特征、艺术表现的多样性以及对社会生活的贡献,逐步感知艺术与生活的联系,获得美的心理感受,形成健康人格。

1. 师生共创共建，美化校园

在学校的艺术教育中，教师特别注重引导学生关注艺术与生活的联系，艺术教育融入校园生活的方方面面。走进校园，一楼大厅的教师风采宣传栏总能吸引师生的目光，这里展示了学校每一位教师的照片。老师的微笑传递着温暖与关爱。每次，外来参观的人看到这个栏目总会感叹照片好美，老师们好美，还会问是不是请专业人员来拍摄的。这时，我们总会自豪地告诉他们，这是爱好摄影的教师志愿者拍摄的。走到班级门口，你会看到班级名片也是师生的艺术创作，班主任组织学生用绘画、剪纸等形式创作自己独特的班级名片。到楼道的展厅，你还会看到师生的书法作品栏、绘画作品展、教师摄影展等。学校印制的特色书签上的绘画、诗歌都源于学生的创作。

2. 师生共建共创，美化班级

班级师生常常使用自主创作的手工作品、插花、书法作品、绘画等来装饰班级环境。每次参观各班的"环境美"建设时，都觉得是一种美的享受。

艺术创作源于生活，也用于生活。艺术创作以社会生活为源泉，但并不是简单地复制生活现象，实质上是一种特殊的审美创造。学生在艺术环境中感受着艺术创造给生活带来的美感，也为美化生活而更有激情地投入到艺术创造中。

（三）感受魅力，铸造品质

艺术课堂，注重训练学生对人文内涵的感受和理解，培养学生对艺术的欣赏能力，养成积极向上的审美情趣，在真善美的艺术世界里陶冶情操，内化为品质。

【案例】

音乐伴我成长

在我成长的岁月中，音乐就像我形影不离的好朋友，一直陪伴着我。它在我烦恼时让我开心，在我郁闷时让我快乐，在我沮丧时给予我满满的自信和无限的感动。它就像一部照相机，把美好的记忆永远定格在我的心中。

音乐，留住了快乐。

小时候，是大自然的"乐团"伴随着我成长。每当和爸爸妈妈一起来到郊外，到处都是大自然的交响曲：蛐蛐儿在草丛中哼着小曲儿，小鸟在树梢上争相高歌，小雨轻轻地、轻轻地飘落下来，发出清脆的沙沙声，小溪一路欢快地奔跑着，"哗哗"地流淌……这就是大自然奏出的美妙的音乐，它给我的童年生活带来了无限快乐。

音乐，留住了感动。

从小我便对音乐有着特殊情感。每当我学会一首儿歌，我就能用家里的电子琴弹奏出来，每次电视里播放音乐的时候，我就会随着节拍翩翩起舞。于是从那时起，妈妈便带我走进了音乐的殿堂，从此，我就迷上了弹钢琴。

初学钢琴时，我是兴奋的、快乐的。可是，到了后来，随着曲子难度加大，经常手酸痛得抬不起来，我越来越不愿意练琴了。特别是听见楼下小伙伴们在嬉戏打闹，而我却只能坐在冰冷的琴凳上，一遍遍重复着单调的音阶、枯燥的手指练习……我觉得自己就像一只被关在笼中的小鸟，失去了自由，失去了快乐，泪水哗啦啦地流下来。从此，我练琴再也没有以前那样认真专注了，而只是想快速完成任务，敷衍了事。直到有一次我去参加比赛，大脑一片空白，在台上发呆，怎么也想不起下一个音符。比赛完，我懊悔不已，伤心、难过、忐忑不安……没想到，妈妈一改平时对我严厉的态度，温柔地把我搂在怀中，安慰我，但我分明从妈妈安慰的眼神中看到了晶莹的泪光。是呀，我学琴的这几年，妈妈一直陪我上钢琴课，从未落下一节课，她总是埋着头记下老师的每一句叮咛。一想起这些，我感动得热泪盈眶。

音乐，留住了记忆。

经历了多少个春夏秋冬、四季变幻，但记忆中每晚的月光总是温柔如水，照射在透亮的钢琴上，灯光投射在美妙的乐谱上，黑白色的琴键在我手中奏出优美的旋律……这一切都会让我回忆起那段刻骨铭心的学琴经历。每一个跳跃的音符，每一次精彩的瞬间都让我深深地陶醉在那片记忆的海洋。

音乐伴随着我成长十一年了，音乐呈现出生命的活力，生命也因此而绚烂多彩。它使我懂得了生活中有欢乐，有悲伤，有爱，也有奇迹。只要我们用心去发现，用生命去感悟，生活中处处都是美妙的音乐！希望音乐能一直伴我成长！

（2016届学生张奕霄）

在各种活动中，学生获得音乐带来的乐趣，感受优秀作品的文化内涵，内化为素养。

二、培养审美情趣

画家与诗人席慕蓉说："生命的丰饶与深厚，其实是奠立在审美的基础之上。"一个人有了审美情趣，才更容易发现生活的美，获得美的感受和体验，从而让生命丰饶与深厚。

审美情趣是审美愉悦、高雅气质、人文情怀等艺术涵养的体现，是对真善美的精神追求。在体育与艺术教育中，要让学生通过课程学习，感受体育与艺术的魅力，形成审美兴趣和爱好。

（一）审美教育，关注健康之美

审美教育，即美育，它是素质教育不可缺少的一个方面，也是精神文明建设的一项重要内容。美育不仅能陶冶情操，提高素养，而且有助于开发智力，对促进学生全面发展具有不可替代的作用。

健康之美，不仅仅在于外表，更在于内心，是一种由内向外的精神气质。

【案例】

"银小"教师团队"外秀内慧"

学校专著《银小印象》一书曾专门对教师团队"外秀内慧"的内涵进行了解读。

"外秀"指的是阳光、乐群、时尚。

阳光是一种和谐与健康，它是教育追求的本质；阳光是一种心态和期望，它是生命完善的土壤。"银小"教师团队是充满阳光的，他们

"充满激情而不张狂",以阳光的心态面对一切烦忧,将阳光洒向每一个孩子的心田。

乐群是一种和睦与友善,它是团队精神的核心;乐群是一种取益与辅仁,是一种至真至善的豁达。"木秀于林是一种景观,秀木成林是一种壮观",这是"银小"教师的成长梦想。他们为了实现教育梦想同甘共苦,共同成长。

时尚是时代发展的风气和习惯,代表着时代的潮流;时尚是前沿的思想和观念,引领着时代的发展。"银小"教师充满活力而志趣高雅,激情演绎着教育改革的时尚景象。

"内慧"指的是正气、大气、争气。

正气是正直公正与求真务实,是人生价值的内在标准。正气就是正大光明之气,激浊扬清之气,是一种至高无上的道德境界。"银小"教师充满正气,坚持原则,廉洁自律,不追名逐利,不以亲疏行事。

大气是一种宽容与大度,是一种兼容并蓄的职业胸怀。"银小"教师心底无私,有容人之心、容事之器、容己之能。

争气就是图强与发愤,是一种不言放弃的拼搏信念。争气需要勇气与毅力,它是一种奋斗不止的进取精神。这种信念与精神已成为"银小"教师奋发向上的内驱力,凝合成永争一流的主人公意识。

教师这种由内向外的健康之美自然而然地影响到学生,学生逐渐形成阳光、自信、时尚、好学、有爱心等特质。

在体育与艺术教育中,学校通过各种形式引领师生关注健康之美,形成正确的审美观念。

专家讲坛,学校邀请礼仪专家对教师进行形象礼仪培训,引导教师在着装、仪态等方面符合教师的职业特点;学校开展心理健康培训,为教师缓解压力,关注心理健康;教师讲坛中,教师分享插花、摄影、舞蹈、歌唱等艺术之美。此外,教师还会自发组织形式多样的艺体活动,加强学习和锻炼。在学生教育方面,学校从着装、佩戴红领巾等方面强调健康着装,从敬队礼、站姿、队列等方面的训练关注健康的体魄。此外,学校还从健康的言行到健康的心理等方面进行了一系列教育实践。

（二）艺术欣赏，感受形象之美

艺术欣赏教学是对学生进行美育的重要形式。

纵观当前的艺术教学，艺术欣赏已贯穿从小学至大学的审美教学全过程。小学的艺术欣赏教学，是培养学生审美素质的初级阶段，让他们感受形象之美。

【案例】

艺术欣赏促进学生发展

小学美术欣赏课，从低段到高段，数量和难度逐渐增加。

低段的孩子学习各种基础美术知识。

中段的时候，孩子们具有一定的判断和审美能力，能把自己对作品的理解清楚地表达出来。我们就引导孩子从美术的基本要素、构图、色彩带来的感受等方面进行欣赏评述。比如绘画作品的点、线、面，画面的疏密关系，色彩的冷暖、情绪的好坏等。

到了高段，孩子们学习了更专业的美术知识和技能，能从各个角度评价和赏析作品，还能阐述自己的感受和观点，欣赏课的趣味性更高了。高段课本中大量的世界文化遗产、自然奇观、各派绘画、雕塑、建筑代表作品都是我们鉴赏的对象。我们会引导孩子进行更深入分析，比如色彩的明度、纯度，绘画的技巧，作品的时代背景、历史意义，表达的情感等。

美术欣赏课上，教师要积极创设生动和谐的氛围，鼓励学生展开想象的翅膀，发挥创新的潜能，做到敢想、敢说、敢做、敢画，教师要充分发挥教学激励的功能，才能让他们对形象之美的感受更为深刻。

（邓然）

通过艺术欣赏，学生能够体会和感知形象之美，能够吸收和借鉴艺术上的精华，逐步形成正确的审美观，使自己的思想和情感得到升华。

（三）多样展示，享受新奇之美

学校的艺术教育立足于艺术课堂，但并不仅仅局限于艺术课堂。艺术展示活动形式多样，注重创新，突破常规，常常让师生享受新奇之美。

【案例】

新奇的午间音乐会

一次午餐之后，我正从餐厅走向办公室，一群学生跑过来对我说："老师，快去三楼大厅看演出了，有班级合唱哦。"我正想问，几个小孩子早已经跑开了。

走到三楼，我看到大厅已经聚集了很多人。原来是四年级四班的同学准备在这里进行路演。班级的学生在班主任的组织下迅速地排好队形，一名学生坐在钢琴旁准备演奏。在音乐老师的指挥下，一首优美的合唱歌曲响了起来。

原本嘈杂的环境一下子安静下来，只听到美妙的音乐在空中回响，所有路过的师生都停留在这里认真地倾听。一首歌曲结束，热烈的掌声响了起来。

路演效果让我震撼，但这背后的故事更是让我惊奇。首先，一个班级就组成了一个合唱团，而且效果特别突出。其次，他们演唱了多种语言的歌曲，分别有中文、英文、法文几种。最后，在进行法语演唱练习时，是由这个班级的一个法籍学生来担任法语指导和教学的，班主任和音乐老师在一旁协助。因为有这样的团结合作，一场精彩的路演呈现出来，让我们全校的师生都为之点赞、喝彩。

在一次又一次的掌声中，午休铃声响了，精彩的路演也结束了。大厅的师生开始依依不舍回到班级，慢慢地，这里又变得非常安静。然而，那首由孩子们演唱的《放牛班的春天》似乎还回荡在美丽的校园……

我望着温暖的阳光通过玻璃洒在地上，大脑中回响着优美的童声，一种美妙的感觉油然而生。

（陶涛）

学校将学生审美能力的培养融入教育教学的方方面面，让学生在"润物细无声"的状态中形成审美兴趣和爱好。

三、培育创新精神

教育部课程标准审议会上提到："要全面贯彻党的教育方针，全面落实立德树人根本任务，全面提高学生综合素质，做到德育为魂，能力为重，基础为先，创新为上。"

学校的活动和课堂都应该注重培育学生的创新意识和创造能力。首先，注重保护学生的个性，给予学生发挥个性自由的空间，鼓励学生大胆表现，发表与众不同的意见。其次，在思维方法上，注重与创造性密切相关的发散思维、想象思维等。最后，教师还要善于营造有利的生活情景，提供唤起学生创作灵感的环境条件。

（一）引导创作，拓展创新

教师在课堂上指导学生学习基础知识和技能的同时，还应积极指导学生进行创作活动。学生在创作的过程中，能够提升学习活动的兴趣，发展综合实践能力，创造性地解决问题。

【案例】

自制打击乐器

自制的乐器一般常用于探索、表现和体验音乐的节奏、力度及情绪。在教学中，我引导学生发挥想象力，制作属于自己的打击乐器。学生制作的乐器有：沙槌，用塑料空瓶或玻璃瓶等制作，装上米粒、豆子、沙子等即成；铃鼓，用圆形的小盒子在四周等距离处缝上一些小铃铛，制成铃鼓，等等。在这个过程中，既培养了学生的动手能力，又培养了他们的创新能力，一举两得。

我鼓励学生用自制的打击乐器进行音乐创编表演。我先带着学生充分了解自制的打击乐器的特性。学生因为很喜爱自己亲手做的乐器，所以很乐意通过各种"打、击、摇、晃"等实践体验，探究自制的乐器的发音特点，如音色、音高，掌握自制乐器的"最佳发音"等。最后，用自制乐器创编作品，在小组、班级中进行展示，学生们创意的表演赢得称赞的掌声，增强了创作的自信。

打击乐器的制作与运用，不仅激发了学生学习音乐的兴趣，还培养了学生探究音乐、创作音乐的能力，培养了学生的创新能力。

艺术源于生活，用生活中的材料自制乐器，再现生活中的声音之美，创造艺术之美。孩子们乐于其中。

（黄秋月）

一些班级的学生能够自己谱曲填词为班级创作班歌，有些学生能够自己创作歌曲在艺术节中进行展示。这样的创作案例还有很多，这一切都源于教师在课堂上对学生创新精神和创作能力的培养。

（二）学科融合，迁移创新

学生在体育与艺术教育中形成的创新精神和创新能力，不仅仅局限于体育与艺术课堂之中。当学生的能力得到培养和发展之后，他们自然而然地会将其融入其他学科的学习以及生活之中。这样，我们就能在各科学习中看到学生在体育与艺术教育中所产生的创造能力。

【案例】

快乐绘画与写话

我在班级中开展了写绘主题活动。学生在了解主题内容之后，开始创作写绘，取得了良好的效果。

一、亲子活动，帮助孩子逐步独立写绘

儿童将老师讲的故事复述给父母听，然后完成写绘作业，将故事进行创造性地续编，并以"绘画+文字"的方式呈现出来。一年级的孩子，可由父母帮助孩子将讲述的故事内容写在绘画作品上。在后半期，孩子们已经学会了拼音，鼓励孩子独立创作，以拼音来表述自己心中的想法，既巩固了拼音又锻炼了写话能力，可谓一举两得。

二、专业指导，帮助孩子提升写绘

学生在写绘过程中，我会及时进行文字方面的指导。在绘画方面，我引导学生主动联系美术老师进行学习，并且我也会常常与美术老师进行交流。经过美术老师的专业指导，学生的写绘作品质量越来越高。

三、班级分享，鼓励孩子丰富写绘

老师将孩子的写绘作品全班分享，鼓励孩子下一次的写绘作品能更进一步。在对待孩子"写绘"作业时，要注意：切忌一笔一画地临摹，这样的临摹会扼杀创造与想象；不能以"画"的"好不好""像不像"来评价孩子作品，而应看作品中所表达的故事。若作品表达模糊的话，可通过和孩子谈话的方式，自然了解。对于作品的态度是"倾听""欣赏"，发现并鼓励每个孩子都来发现同学写绘作品中的优点，并在后面的学习中不断超越。

四、"绘本大片"，将"写绘"变成"视听盛宴"

编辑绘本大片，每周佳片有约。我利用初页、小年糕软件将学生的写绘作品导入后，配上音乐，让孩子们能享受绘本作品集的视听盛宴。

（雷丹）

目前，由美国提出的STEM教育理念中的一个核心词语就是"跨学科学习"。其实，跨学科学习本身就是一种创新迁移，经常开展这样的学习活动，学生也就自然而然地在这个过程中学会了迁移创新。

（三）丰富形式，整合创新

在培养学生创新意识的同时，教师也会结合学校实际情况，创造性地开展各项活动，让创新精神从教师群体渗透学生群体中。其关键点就是丰富形式，整合创新。

【案例】

书法教学整合策略

毛笔书法艺术是中华民族优秀的传统文化遗产。在小学阶段，也是语文教学的一项重要内容。为了增强小学生学习毛笔字的主动性与积极性，提高毛笔书法教学的效果，我在教学实践中，进行了初步探索。

一、整合书法家的故事

教学中，我注意少讲抽象的书法理论，多讲一点集知识性、趣味性、教育性于一体的历代书法家的趣闻故事，如"张芝临池，池水皆黑""锺繇入山练字十年，木石皆黑"、王羲之"磨穿铁砚"、怀素"退笔成冢"、王献之"写了十八缸水"等等。小学生就从故事中渐渐懂得了学习书法必须勤学苦练的道理。

二、整合多媒体教学手段

运用现代化的电教手段，是激发小学生写好毛笔书法的有效办法。比如：运用实物投影仪将毛笔字帖中的范字随意放大，能够让教师示范时，学生看得更清楚。既便于教师指导分析，也有利于学生观察临习。再如：用明胶片复印，或将透明玻璃纸蒙在字帖上，用黑墨水笔双钩。为帮助学生掌握笔画的位置，可再添划米字格，使小学生直观地看清每个字的笔画在米字格里的具体位置。我还将透明薄膜纸蒙在投影仪上直接演示，变静为动，学生能清楚地看到教师笔起、行笔、收笔的全部过程，直观、动态、易学，有利于小学生掌握笔法。组织学生观看书法讲座，开阔视野，提高兴趣。

三、整合书法艺术环境

环境的影响有潜移默化的作用。创设学习毛笔书法的良好环境，对激发小学生写毛笔字的兴趣以及提高欣赏毛笔书法的水平都有不可忽略的作用。教室的环境布置，我注意尽量体现毛笔书法艺术情趣。教室里的标语栏目，我都用毛笔书写。班里设立"书法展览角"，把临摹的碑帖、收集到的书法作品，特别是本班学生的优秀习字作业等布置起来，供大家观赏学习，小学生学习毛笔字的氛围浓了，如果谁的作品被挂在墙上展出来，那么他就会更加自豪，更爱学习毛笔书法。

我还引导学生在家庭中布置自己的书房、卧室时，也增加一些书法艺术气息，挂上一两幅名家书法作品，贴上自己习字时满意的作业。经常看，经常比较，不知不觉中，学生的眼界宽了，鉴赏能力提高了，写的毛笔字越来越好了，兴趣自然也就更浓了。

四、整合多样的书法活动

围绕书法教学，开展丰富多彩的书法活动，是激发小学生学习毛笔书法兴趣的又一手段。成立书法兴趣社团，定期开展活动，对他们进行重点指导培养。课余组织读书报、剪书报活动，把平日见到的报纸杂志上的书法作品、学习心得等，分门别类，汇集在一本册子里，供欣赏学习。我还邀请有一定造诣的书法爱好者来举办讲座，示范指导，通知学生走出校门参观书法协会举办的书法展览，让学生试着给报纸杂志投书法稿，参加各种书法比赛。

班上每学期比赛一次，以习字用具笔墨纸砚作为比赛奖品。学生外出旅游，我总有意识地提醒家长指导学生观赏石刻题字、匾额楹联，开拓学生视野。春节前夕还组织学生写春联。看到自己写的春联贴在了自家大门上，学生像喝了蜜一样，心里甜滋滋的。

（段如贤）

体育与艺术教育本身就是学习和创造的过程，教师在教学过程能够创新整合，这种创新能力就能影响学生，让学生的创新精神得到进一步培养。

第三节　发挥学科的特有魅力

体育学科从健身育人出发，注重突出身体活动、锻炼和实践；音乐学科强调以美育人，能力为重，关注艺术表现等实践性特征；美术学科着眼于视觉形象，聚焦感知、理解和创造。

如何充分发挥学科的特有魅力，激发学生的学习兴趣？

在课堂教学方面，教师精心设计课堂活动，使其与不同年龄阶段学生的情感和认知特征相适应，以活泼多样的课程内容和教学方式吸引学生积极参与。在社团活动方面，教师结合自身特长，开设体育与艺术的系列社团课程，让学生在常规课堂教学的基础上进一步发挥特长，找到自信，获得美好的体验。在体育与艺术活动方面，学校每学期定期组织运动会、艺术节、社团展示等体育与艺术系列活动，还积极组织学生参加各级各类的体育与艺术比赛。学生在这些活动中，进一步感受到学科教学的魅力，从而更好地投入到学习之中。

一、寓教于乐，寄理于情

"寓教于乐"揭示了体育与艺术教育的本质特征：体育与艺术中所包含的普遍性的真善美必须转化为个体感性可以直接接受的形式，必须是形式与内容的完美融合和统一。

学校的体育与艺术教育活动结合在行动、情景、乐趣之中，以学生为主体，以实践和行动为载体，激发学生内心的学习热情，促进学生全面发展。

（一）用心体验，感悟快乐

每个人的童年生活，都是一生珍贵的回忆。《窗边的小豆豆》中曾有一句这样的话："小豆豆回眸当年，发现长大后的所思所想所作所为都源于自己的童年。"体育与艺术教育就应该触动学生的心灵，让他们在快乐的体验中拥有美好的童年记忆，让他们感受到"在这里起步，是一生的幸运；从这里腾飞，有一生的怀念"。

【案例】

享受音乐　体验快乐

管乐演奏比赛开始了。我们坐上椅子，把蓝色的谱夹放在黑色的谱架上，腰挺得笔直，像一只只优雅的黑管。

黑色的燕尾服，雪白的长衬衣扎在纯黑的长裤中。衣服上绣着华美繁复的金色花纹，像蔓草一样透迤——那是专属于银帆管乐团的演出服。

《阿拉丁》——那是光与暗的圆舞曲。

眼角漏进破晓前夕微弱的光芒，夜间所残留的露珠在薄光下流转着淡芒。黑暗中的天使在黎明的光影中蹁跹，灿若月华，如繁花盛开，美好得不可思议。

眼前又仿佛是一片峡谷与森林，我掀开夜的面纱，感到略微潮湿的空气，把森林变成一片模糊昏暗的深绿色。模模糊糊地感到森林的尽头有光。我于是伸手向它触摸而去，入手却是一片冰凉与细碎的阴影。我什么也没能抓住，却能看到一片光芒被搅进舞曲的步伐。耳边传来一声长音，风铃清凌凌的声音仿佛划破天际，撒下璀璨的光，却只留下一缕浅浅的痕……

我放下长笛，低头等待架子鼓的声音。我忘了，忘了一切，忘了世界。灼热的阳光穿透碧蓝的海洋，炽火与寒冰交织，最后慢慢消融，仿佛热闹的海洋瞬间消逝。

《阿拉丁》第三段——那是极光。

眼前是一片纯净的夜空，如天幕瞳孔一般，一片纯净的墨蓝。过了一会儿，那明朗的夜空上突然显现出跳跃的光晕，形容不出它的颜色，像是那片树林的绿色，又像是淡淡的蓝色。绮丽无比又变幻莫测，时而像一匹绸缎，时而像孔雀开屏，无法用语言形容，只是无与伦比的美丽。

随后，又是那片天空，却比第一幕要更晴朗些。这回出现的是微红的光晕，比刚才更缤纷，像一群蝴蝶在空与风中飞舞，呈现出不同的形状。

即使是结尾也仍旧悠扬，那越来越强、越来越浩瀚的音乐，仿佛在描述一个古老的、陌生而又熟悉的、永不消逝的故事。

我淡淡地笑了，把长笛竖立，起身，鞠躬。我难以忘记，那音乐，美得永恒。虽然仍旧有二流乐团的瑕玼，但那美好的地方却还是在阳光下的清水中，像通透的玻璃珠一样闪闪发亮。

这才是音乐啊，属于我们的音乐。

走下台，听着耳边的纷纷议论，我嘴角上扬，划出一个灿烂的笑容……

（2016届学生姚欣怡）

从字里行间我们可以明显地感受到学生对音乐的热爱，在比赛中享受音乐给她带来的快乐。相信这样快乐的体验将是她童年生活的绚丽色彩，这样的回忆也将一直伴着她快乐成长。

艺术比赛活动带给学生的快乐体验让他们难以忘怀，课堂教学和社团活动同样也会让学生印象深刻，回味无穷。

（二）细心观察，激发兴趣

体育与艺术教育要通过发挥学科教学特有的魅力，使其与不同年龄阶段学生的情感和认知特征相适应，以灵活多样的教学方法激发学生兴趣，并使这种兴趣转化为持久的情感态度。

在实际教学过程中，由于每个学生的个性差异，又无法采用统一的模式来激发所有学生的兴趣。因此，细心观察，尊重个体差异，有针对性地进行教学就显得尤为必要。

【案例】

以优势带动弱势，全面发展

班上有一位非常调皮的男生，平常特别喜欢说话，自控力非常弱，尤其完成作业很不认真，书写潦草，错误百出。在书法学习的过程中，他对王羲之的故事特别感兴趣，"临池洗笔""入木三分"等故事他都能讲述得清楚通顺，在班级"故事大王比赛"中还取得了一等奖的好成绩。

我注意抓住这个契机，鼓励他向书法家学习，刻苦练字。虽然他写的毛笔字还是有很多问题，但我特别注意在学习态度上给予他积极的评价，笔画上有点滴进步也及时发现，并在全班展示评价。因此，他特别喜欢上书法课，每天回家都主动练习，积极上交练习作业。看到他回家能主动完成作业了，态度端正了，家长也特别高兴。

（鲁燕）

在体育与艺术教育中，只有细心观察，才能发现学生的兴趣点，有效地激发兴趣，促进学生良好发展。

（三）注重理趣，提升品质

在体育与艺术教学中，学生的兴趣是基础，但要保证学生学习兴趣持久，还需要寓理于趣味之中，理趣结合，方能提升教学效果，提升教育的品质。

在教育教学中，结合学科特点和学生实际情况，注重教学的理趣，从而提升体育与艺术教学的品质。

【案例】

注重器乐教学的理趣

在每个班的第一次竖笛课上，我会通过视频教学充分调动学生学习的积极性，学生立刻就想拿起手中的竖笛吹一吹，试一试。而此时，我总会让学生停下来，和他们约定几个"不准"：不准在行走时吹竖笛；不准在上下楼梯时吹竖笛；不准拿竖笛当"武器"；不准对着别人的耳朵吹。

为何要有这些约定呢？因为任何学习，安全始终是第一位的。我们希望孩子在愉悦中学习，在快乐中收获，要尽可能地考虑可能存在的安全隐患，及时提醒孩子，减少危险事故。

在器乐教学中，我还注意建立一种宽松和谐的教学氛围，用教师自身的丰富情感使学生处于愉悦状态，让学生乐于接受相对辛苦的器乐演奏练习。比如，竖笛中的气息练习，只要求一点点气就够了，可孩子们总是掌握不好那个"度"。于是我引导："请想象一下，在你面前有一根蜡烛，你要轻轻地吹它，不能把它吹灭但要把火苗吹动，用怎样的气息才可以呢？"多数孩子露出恍然大悟的神情，很快掌握了正确的力度。有少数孩子还是不能理解，我就拿一根真实的蜡烛请他做现场实验，以达到更好的效果。

（陈黎琳）

在教学中，教师要将课堂活动趣味化、游戏化，在轻松的游戏和有趣的学习中，给学生带来极大的快乐，使他们对学科学习产生浓厚的兴趣，变"要我学"为"我要学"，内化为学习习惯，才能寓理于趣，有效教学。

二、强本固基，怡养身心

体育与艺术教育对个体自我发展的作用首先表现在身体的强健和人格的培养上，它能够培养人的气质。所谓气质，是一种特有的、内在的由精神到举止的修养，是一种外在呈现的生命境界。

体育与艺术教育，由内能够打好生理和心理基础，由外能够呈现出良好的生命状态，因此，我们说体育与艺术教育能够强本固基，怡养身心，涵养健康自信的人格。

（一）奠基生命发展的生理基础

学生的健康是生命发展的生理基础，是全面实施素质教育的重要内容。因此，无论是课堂教学还是班级管理，关注学生健康都是我们的首要任务。

运动强身又健心，经常参加体育锻炼活动，既可以提升身体素质，又可以培养学生良好的个性心理。在班级建设中，我们有的班主任着手开展"阳光·运动"主题活动，结合班级活动和文化建设，给孩子们创造积极向上的锻炼环境。

【案例】

阳光·运动
——我们的班级体育特色

在一次和家长的交流中，一位妈妈说起自己的孩子从小身体不是很好，经常去医院，直到上了小学，情况才有所好转。因此，她现在坚持让孩子早点到学校，孩子可以在操场上跑几圈，锻炼锻炼……我也同样感受到，现在的学生真的是太缺乏运动了。

经过这次交流，我想到如果能结合班级活动和文化建设，给孩子们创造积极向上的运动环境，让他们将"运动"真正当成生活的一部分，才是让他们一辈子受益的事。可是运动的范畴太广了，如何让"阳光·运动"在班级里落实？我从班级体育活动和社区小组体育活动两方面着手引导。

班级中参加软式棒球特长队的孩子特别多，人数几乎占据了班级人数的三分之一。于是，我开始尝试在班级推广"棒球"运动。

首先，让孩子们自己查阅关于棒球运动的资料，然后利用班会课进行交流。孩子们从棒球的起源、运动特点、比赛规则、常用术语、著名队伍等方面了解这项团体运动。正巧我班的泊康、然然、亮亮三位同学代表学校参加成都市中小学软式棒球锦标赛，获得了小学组一等奖。这让其他孩子对棒球的兴趣大增，他们求着闹着让体育陈老师教他们打棒球。见同学们兴趣如此高，陈老师就利用午休时间，在班级中开展了额外的棒球教学。一时间，班级中刮起一股"棒球风"，三个一组，五个一群，人人都想当棒球小子，处处都能看见击球的身影。就连学校的元旦迎新活动，班上的同学也是围绕棒球出主意，于是自编自导自演的儿童剧《梦想成真》就诞生了。

社区小组活动是我在班级管理中一直推行的一项活动。家住在同一小区的同学组成运动小组。我们的社区小组活动也是围绕"阳光·运动"设计和开展。通过社区小组成员之间的互相交流实现优势互补，充分唤起学生的主体意识，鼓励学生从不同的角度去观察、思考问题。本期围绕"阳光·运动"的班级主题，各小组设计了丰富多彩的周末运动：放风筝、游泳、打高尔夫球、打网球、跳短绳比赛等，甚至还有攀岩……孩子们利用周末的时间，在灿烂的阳光下，挥洒汗水，享受运动的快乐！

现在，班上的一切活动，都围绕着"阳光·运动"展开，"阳光·运动"的理念已经深入这个集体每个成员的心里。班级同学自觉开辟出教室的一小块地方，放置各项体育用具；学校运动会的开幕式，孩子们又结合我们要表演呈现的国家——英国，深入了解了英国的体育运动发展史，知道了英国是现代奥运会的创始国，同时也是许多运动的发源地。

（向晓旭）

在班集体建设中，班主任能够根据班级的实际情况，结合班级体育特色，把握健康主题，有效开展班级活动，让学生在运动中获得快乐，奠基生命发展的生理基础。

（二）激发生命发展的持续动力

学生在一个集体中需要找到存在感和归宿感，当他在这个集体中得到爱和尊重，并且能够有自我展示、自我实现的机会时，持续发展的愿望将更加强烈。

每次运动会，每次艺术节，我们都鼓励全体学生参与，让每一位学生都能在班集体中找到自我存在的价值，从而为学生生命发展提供持续动力。

【案例】

让阳光洒向每一位孩子的心灵

运动会上，最激动人心的集体项目——迎面接力比赛开始了。根据要求，每班需派男女生各十名参赛，我开始确定上场选手。

按照平时训练的情况，女生的上场人选很快确定。男生的人选却迟迟未能确定，因男生多出四名，有几个跑得比较慢且一个项目也还未参加的同学很想参加这项比赛。孩子们炸开了锅，纷纷议论起来。有的满脸委屈地说："那样我班的速度怎么跟别班比？"有的赌气说："要是××上，我就不上场。"

我想：这时是集体的荣誉重要，还是让每个孩子都有上场为集体争光的情感体验重要呢？据我原来的经验，跑得再慢的同学都希望在这种比赛时上场，这是每个孩子心中热爱集体的火花，如果将他们拒之门外，孩子锻炼的热情会变淡，对班级的情感也会慢慢变淡。

我环顾周围，招呼孩子们安静下来，真诚地告诉他们："我班是一个集体，大家都想班级在比赛中取得好成绩，这是很好的。"说到这里，我意味深长地看看那几个男孩，继续说道，"人人都愿为集体作贡献，那些跑得慢一些的同学为了参加运动会，也都在积极地锻炼，希望同学们给他们一次参赛的机会，相信他们一定会努力的。"一席话说完，孩子们若有所思，两个参过赛的男孩马上走过来告诉我："杨老师，我们退出。"不一会儿，另两个退出的人选也确定了。有个女生也大声对同学说："没关系，我们其他的人跑得再快点，把和其他班的距离拉远点，这样他们跑得慢一些，也还是在其他班前面。"孩子们纷纷点头："对！""这主意不错！"那几个男孩也急忙表态：一定会尽最大努力去跑。

孩子们的表现真令我感动，这样的教育比得奖更重要。我告诉大家，拿不到名次不要紧，只要我们都尽最大努力了就好。最后，我班居然获得了小组第一。孩子们简直欣喜若狂，这胜利真是来之不易呀！

（杨筠）

当每一个成员都能在集体中找到自我价值从而超越自我时，这样的个体和集体才能呈现出蓬勃发展的生命活力。

（三）寻求生命发展的源头活水

苏霍姆林斯基非常关注学生的自我教育，他深信"只有能够激发学生去进行自我教育的教育，才是真正的教育"。

自我教育就是让学生充分发挥他们思想品德的自觉性、积极性，使他们能把教育者的要求，变为自己努力的目标，从而促进自己不断进步。这样的自我教育才是生命发展的源头活水。

【案例】

培养学生自主锻炼的意识

到了小学高年级，学生具备了一定的运动能力和学习能力，教材当中的一般内容已不能满足他们的兴趣和需求，在学习上会出现倦怠的状况。要想提高教学效率，就必须丰富课堂的知识容量，给予学生更自主的空间，拓宽学生的知识面，将学习延伸至课外。

高年级的学生在进行"体质健康测试"时，普遍对"身高标准体重"这个项目特别关注。我抓住这个契机，让学生明确：自己的体貌特征健康与否，与自觉进行科学的身体锻炼有着密切的关系。借此激起学生参与体育活动的积极性。与此同时，我从学生的已有兴趣爱好入手，培养学生的体育文化素养，比如在面对喜欢足球的学生时，我鼓励他们组成小组，去了解世界几大高水平联赛的情况；著名足球运动员的成长历程；我国足球运动的现状；组织他们探讨比赛的规则，交流自己参与其中的体验和感悟。学生有了交流和展示的平台，学习积极性被激发起来，他们在课外通过各种渠道对他们感兴趣的知识进行学习。这个过程，提升了学生在课外的学习自主性。

此外，作为高年级的学生，应更深入地了解科学锻炼的方法，以提高体育素养。我引导学生学习"运动医务监督"当中一些简单易行的方法，比如结合晨练与耐久跑进行"晨脉测试"和"运动前后脉搏监控"的学习，让学生通过一段时间的锻炼，发现自己脉搏的良性转化，通过现实数据证明体育锻炼对身体健康的促进作用。学生乐此不疲地在课外对"运动医务监督"知识进行学习和运用，既丰富了学生的体育健康知识，又提高了学生自主学习的意识和能力。

（游霜）

在体艺课堂教学中，教师应针对学生的实际特点，为学生提供自主学习的空间，搭建交流和展示的平台，采用多样的学习方式促进学生自主学习，为实现学生自我教育奠基，寻找生命发展的源头活水。

三、润泽生命，张扬个性

学校营造关注个体与个性的育人文化，润泽每一个生命，让师生拥有花开七彩的生命状态，成长为全面发展且个性鲜明的社会人。

特别是体育与艺术教育活动以课程为基础，以活动为载体，让学生张扬个性。

（一）尊重差异，关注每个学生

尊重生命的前提是关注每一个鲜活的生命个体。这样，才能了解每一个个体生命的发展状态，进而尊重其个体差异和发展规律，促进学生的全面发展。

每一个学生都是独特的，其发展情况也不同，我们需要看到每一个学生的成长，及时鼓励他，让他不断进步。有时候，教师对学生的关注影响着学生一生的成长。

【案例】

转变只在一念间

选修课铃声响了，同学们开始慢慢地往自己上课的教室走。而小迪，早已经来到自己上课的教室，做好了课前准备，安静地等待老师的到来。

以前，他对所有的课程都不怎么感兴趣，老师对他的要求也并不高。他由于先天的原因在智力方面和别的同学有不同，因此，老师因材施教，希望他能够在自己的能力范围内一步步提高。

可是现在，他却特别热爱这门"竞技叠杯"选修课程。说到竞技叠杯，很多人可能会认为"竞技叠杯"只是一种玩具，其实它与魔方一样属于手部极限运动。据了解，全球已经有超过三万间学校把这项运动列入正规的体育课程。小迪喜欢这门课程，一方面是觉得很好玩，更重要的原因是感受到老师对自己的关注和鼓励。

上学期的课堂中，他总是主动帮助老师进行课程准备，拿垫子、杯子、计时器等，当老师展示结束后，他就很快跑过来帮着整理器材。当同学们训练完，他会主动去将那些没有整理好的桌面清理干净。这一切，老师都看在眼里，经常表扬小迪做得很好，课间还会经常抽出时间单独指导小迪练习叠杯。一段时间后，小迪的叠杯速度有了较大地提升。

在期末的时候，老师特意对一学期的学习情况进行表彰，并组织了一次颁奖典礼。当老师叫到他的名字，他还以为是自己听错了。在同学的提醒下，他从座位上站立起来，愣在了那里。这时，旁边的同学再一次帮他确认之后，他终于站到了讲台。

老师告诉他："你并不是叠杯速度最快的，但是你是进步最快的同学。"老师慎重地将奖品放到他手中，并且鼓励他以后要继续努力。

当他接过奖品时,全班的同学给予了他最热烈的掌声。从那一天起,每一堂课,他都认真地投入到叠杯练习中,在课堂中也总是积极地表现自己。

(陶涛)

一个孩子的改变,也许就是教师的一句话或者一个行为决定的。教学中的任何事都不是小事,一个肯定的眼神,一次会心的微笑,一句真诚的鼓励,也许就能影响学生一生的成长。作为教师,应该认真地关注每一位学生,多给他们一些鼓励,让他们在成长的道路上多一份自信和阳光。

(二)阳光普照,面向全体学生

实施义务教育阶段的体育与艺术教育,必须坚信每个学生都有学习发展的潜能,面向全体学生,提升教育教学质量;尊重每一个学生,为每一个学生提供同等的学习机会,通过课堂学习,让每位学生都能在原有的水平上得到提高,获得发展。

【案例】

适合的舞台才是最好的

一次艺术节活动结束后,我正在整理和总结本次艺术节的情况。这时,办公室的电话响了起来。我接起电话,原来是一位家长打来的。简单的问候之后,她说道:"我给你们提一个建议,为什么不能让每一位学生都能在全校艺术节中进行现场展示呢?"

我回答道:"在本次艺术节中,每一个孩子都是得到了锻炼的。我们最开始是在班级进行海选,鼓励班级学生人人参与。然后,对在班级海选中选出的节目进行校级海选,并且通过校园直播的形式进行,让全校师生都能观看海选过程。最后,我们让进入决赛的节目进行全校的现场展示。通过这样的过程,就是希望每一学生都能在适合自己的舞台上进行充分展示。"

这位家长听了我的解释后,继续说:"虽然是这样,我觉得还是应该让每个孩子都现场展示,这样他们才能得到更好的锻炼。"我继续解释道:"我很尊重您的意见。不过我也建议您应该从孩子的角度去思考。比如一个孩子他在班级海选中进行了展示,锻炼了自己,但是并没有在班级海选中胜出,这时候他会感觉到差距,从而自发地努力提升,以达到更好的水平。如果在班级海选中没有选出,而要求他代表班级去参加学校的展示。这个时候不仅他自己很有压力,而且班级的其他同学也会给他压力。如果在校级展示中同样没达到好的效果,反而不利于他的成长。再者,我始终认为,适合孩子的舞台才是最好的舞台。学校艺术节的出发点和落脚点都是为了促进孩子的成长。在日常的学校活动中,学生进行艺术展示的机会非常多,只要不断地学习和提升,一定会有良好的发展。"

经过不断地沟通,这位家长慢慢也理解了我们的做法,并且表示一直对学校的艺术教育很认可。这次打电话过来,主要是由于孩子没有在校级的现场展示中表演,因此显得比较着急。我安慰她说:"谢谢您对学校艺术教育的支持,您要鼓励孩子,尊重孩子的节奏,让他在参与中不断得到提升,这样才能达到良好的教育效果。"

作为家长和老师,都希望自己的孩子和学生能够更好地发展,但是孩子的发展必须要基于自己的发展基础,找到适合的平台,这样才能够得到最好的发展。

(陶涛)

每一个学生的发展情况都有差异,但是他们渴望展示自我、获得成长的愿望却是一致的。这需要教师和学校尊重学生实际情况,为学生创造多样的展示平台。

(三)包容多样,彰显自由个性

每一位学生的个性特点不同,他们所呈现的状态也不相同,校园才会有那么多生动、鲜活的生命个体。学校、班级、课堂需要包容这些多样的生命个体以及他们所展现出的个性,引导他们在自己的个性基础上不断成长。

尊重学生的个性是开展教育教学的基础，离开学生个性基础的教育是一种"目中无人"的教育。因此，在体育与艺术教育中，让学生彰显个性，呵护他们的多样成长路径，肯定他们创造的多样成果，是教师必须要关注的内容。

【案例】

呵护学生的多样成果

在一次一年级的综合活动课程中，我将科学与美术教学结合起来，开展了"植物画"主题活动。活动中，我让学生收集了各种形状的植物的叶子，在书本中压平整，然后带到课堂来进行美术创作。

课堂上，我讲解了如何粘贴叶子，如何根据叶的形状进行构图，并且展示了一些作品为学生提供参考。在学生完成作品后，我们开展了交流展示会。很多学生非常积极地要到展台上来展示作品，我都一一邀请他们进行展示。看到学生充分利用叶子的特点创作出有趣的画面，我不由得开始佩服孩子们的创造力。

过了一段时间，我发现有一位平时不怎么举手的小朋友也主动要求来展示。我走到他跟前，看了看他的作品，是用几片银杏叶粘贴出的一幅画。虽然不怎么美观，但是能够看出他是想贴出一只小动物。我请他去展示，他走到投影展台前，有些不好意思地将作品放了上去。有一些小朋友开始讨论起来："这是什么啊？是小鹿吗？怎么只有一种叶子啊……"听到同学们的讨论，他笑了笑，说道："这是一只小狗，我最喜欢小狗了，所以就做了一只小狗。但是之前我忘记收集叶子了，今天临时在校园里捡到了几片银杏叶，所以只好把叶子剪成了各种形状。"

"这幅作品真像一只可爱的小狗狗，很有意思！"我在同学们的讨论中跟着说道。他听到我的评价，高高兴兴地从讲台上跑回到自己的座位。展示活动结束后，很多孩子都开始把自己的作品收藏在书本里。我看到他拿着作品跑向我："老师，这个送给你吧。""怎么？你不想保存这个作品吗？这可是你最喜欢的小狗啊！"我问道。"我对这个作品很满意，所以送给你，下次我还要做个一样的。"他笑着回答。于是，我很真诚地向他表示感谢，然后慎重地了接过作品，他非常高兴。

（邹建）

每一学生都是一个独特的个体。他们的个性特点、成长经历造就了一个个与众不同的个性生命。因此，他们所呈现出的生命状态是不同的，创造出的成果也是多种多样的。在进行评价的时候，我们需要包容学生的多样成果，多给予他们鼓励和支持，让他们获得更好的发展。

"小学校"做"大教育"，我们要准确把握体育与艺术的价值定位，培养新时代学生的核心素养、核心竞争力，为成长为有健康审美素养和人文素养的现代人奠基。

第三章　学校课程：体育与艺术教育的载体

课程是教育思想、教育目标和教育内容的主要载体，集中体现国家意志和社会主义核心价值观，是学校教育教学活动的基本依据，直接影响人才培养质量。

体育，生命的动力！它是美丽，是正义，是勇气，是荣誉，是乐趣，是培育人类的沃地。体育与健康课程的价值在于能够提高学生的体质和健康水平，促进学生全面和谐发展，培养社会主义现代化建设高素质的劳动者。《关于深化教育改革，全面推进素质教育的决定》指出："健康体魄是青少年为祖国和人民服务的基本前提，是中华民族旺盛生命力的体现。"

音符、节奏、旋律、乐章、乐器，线条、形状、色彩、空间、明暗、肌理，还有那背后丰厚的文化与积淀……作为人类最古老、最具普遍性和感染力的社会意识形态，作为人类文化的重要形态与载体，作为人类精神生活的有机组成部分，艺术以其独特的魅力伴随人类历史的发展，满足人们的精神文化需求，健全人格。而伴随着艺术而生的艺术教育，它的根本意义在于学生通过艺术学习与实践，获得审美体验，陶冶情操，启迪智慧，开发潜力，提升创造力……可以这样说，艺术教育的目的不在艺术，或不仅仅在艺术，而在于优秀的人格与素养。

第一节　学校体艺课程的统筹

教育部在《关于全面深化课程改革，落实立德树人根本任务的意见》中提出，把握全面深化课程改革要做到五个统筹，即：统筹小学、初中、高中、本专科、研究生等学段（包括职业院校）；统筹各学科，特别是品德与法治、语文、历史、体育、艺术等学科;统筹课标、教材、教学、评价、考试等环节;统筹一线教师、管理干部、教研人员、专家学者、社会人士等力量;统筹课堂、校园、社团、家庭、社会等阵地。

一、内容的统筹

为学生"全面发展基础上的个性化发展"奠基,银都小学构建了"尊重生命,彰显个性"的课程体系,由三个部分构成:基础性课程、拓展类课程、个性化课程。基础性课程,是指国家课程计划规定必须开齐、开足、开好的课程。就其性质而言,是为学生基本素养形成和终身发展奠定基础的课程,具有统一性和普遍性。拓展类课程,是按照基础性课程门类,根据银都小学实际和学生发展需求,对课程进行内容统整、领域延伸和资源富集。个性化课程,是重视学生的个体差异、满足学生的多种需求,发展学生的兴趣特长而开设的。

在学校课程体系组织架构之下,针对学生、教师的实际情况,体育与艺术课程进行了内容上的统筹。

成都师范银都小学体艺课程体系

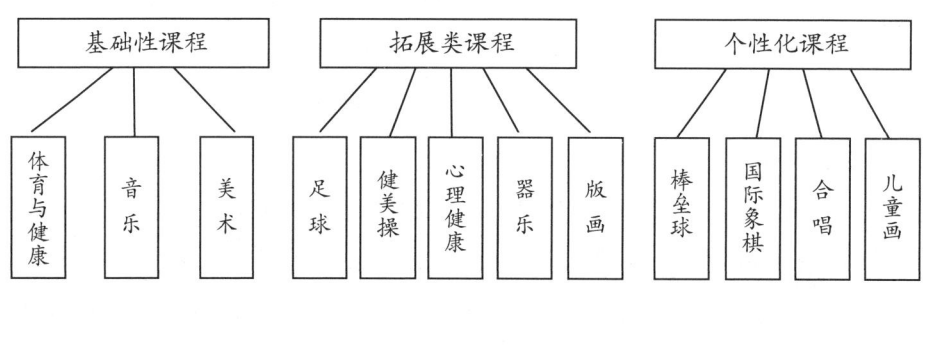

(一)基础性课程,开齐、开足、开好

首先,是开齐、开足、开好基础性课程,这是基础中的基础。因为这是国家课程计划的规定,是为学生基本素养形成和终身发展奠定基础的,具有统一性和普遍性,带有强制性。在具体实施过程中,面对迅猛发展的时代、纷繁复杂的社会,面对思想文化、价值追求迥异的家长,面对个性鲜明、更加自主的

学生，"开齐、开足"不容易，"开好"更不容易。更何况小班化教育，我们的理念是"尊重生命，彰显个性"。关注个体不仅是我们每节课的理念，更是每节课要落实的行为。所以，不论每学期教学时间的长短，不论期末是否面临调研考试，我们每个班级的体育课、音乐课、美术课从不落下，每学期的"学生学习问卷调查"中，"体育、音乐、美术课是否有被挤占的现象"，是我们很重视的教学评估与反思的指标。当然，"健康、聪慧、高尚、快乐"的银都小学学生，课程观是很全面的，他们会清楚地记得每一节诸如老师外出开会学习、生病请假而调动的体艺课，并主动提醒老师还课；他们还会提出自己的想法与点子，让课程、课堂更加精彩。因为，体艺课原本就充满着魅力，最受学生的喜爱。

在开齐、开足、开好国家课程的前提下，银都小学一直致力于国家课程校本化的探究，在"忠实取向"的基础上，选择、调适、重组、补充、整合、拓展、创生、开发。根据银都小学地处成都高新区，家长文化水平相对较高，学生艺术教育需求迫切等特点，我们适当调节与整合体育与艺术课程的学段目标、内容等，选择更加灵动活泼的方式及组织模式，师生联合创造教育经验。

【案例】

小班化教育环境下美术欣赏教学的实践研究

著名的雕塑大师罗丹曾说过："世上不是缺少美，而是缺少发现美的眼睛。"

我认为在美术教学中，欣赏教学的地位远远超过其他美术学习领域的地位。因为提高学生的思想意识比什么都重要，一个造型能力很强的人，如果没有创新的思想和较全面的美术意识，又怎么能创作出令人称赞的作品呢？如果我们一味地守旧于教材，不切合时代的发展，那我们培养出的学生犹如"井底之蛙"一般。更何况我们面对的学生是小班化教育环境下提倡个性化发展的学生。所以我在实际教学过程中特别重视美术欣赏教学，不但涉入课本以外的绘画类名家名作的学习，而且增加了动画、摄影、广告等内容的学习。

在实践的前期，主要是以绘画类的欣赏为主。我为学生选择了个性比较突出的名家名作进行学习，从达·芬奇、凡·高、毕加索到蒙德里安、修拉，再到冷军、张晓刚、周春芽、几米等，学习、了解这些名家的具有代表性的作品。这些名家的绘画风格差异比较大，有写实的古典绘画，有超写实画派，有抽象画派，也有当代艺术。在教学中第一次融入了课本外的名家名作的欣赏学习，学生显得很生疏，但是积极性是很高的。

一段时间后，为了能保持学习美术的积极性，我进行了尝试性地探究，选择了学生最喜欢的动画，和绘画、摄影、广告等交叉欣赏，并且采用分层教学的方式，各年级采用不同的教学内容和方法。低年级的多以动态为主，如欣赏卜桦的动画片《CAT》《花和树》《打，打个大西瓜》等；高年级的内容比较多，知识面广，如世界特色建筑、自然奇观、经典广告创意、经典摄影作品、《周春芽与农妇》等内容，尽可能地给学生比较全的、新的知识。

思想意识有了一定程度的提高，那么就应该在学生的作品有所体现，才能说明学生真正地得到了提高。经过一段时间的实践，低年级的个别学生有了变化，高年级的学生作品变化比较明显。六年级的下册有一课是"装饰色彩"，结合课本知识，融入了"格子画家"蒙德里安的作品的学习，学生对蒙德里安的评价是多方面的，在自己的美术作业喜欢模仿蒙德里安的表现方法，效果还很不错。虽然表现没有那么娴熟，但至少学生对蒙德里安和他的表现技法有了一定程度的认识和了解，并能运用在实践当中。有些班是加入的点彩画家修拉的作品的学习，也达到了比较好的效果。

如今，随着网络技术的发达，我们可以在其中查询到很多有趣、有益的，跟美术有关的新知识，把这些新鲜的知识融入课堂，可以开阔学生的视野，拓宽思维，与时俱进。

结合小学生的特点，我们需要选择一些具有代表性的、学生喜欢的名家名作进行引导学习，简明扼要地进行讲解，相信经过长时间的熏陶和精心的培养，学生的审美能力和创造能力逐步得到提高，美术素养得到全面发展。

(刘丁瑞)

(二)拓展类课程,统整、延伸、集成

拓展类课程,是按照基础性课程门类,根据学校实际和学生发展需求,对课程进行内容统整、领域延伸和资源集成。

"内容统整",是指主题统合、项目组建、单元重构等。"领域延伸",即拓展课程的空间领域,实现课内外交互、校内外联系、网内外结合。"资源集成",即在课程实施的过程中,注重经验积累,进行题材充实,关注定向生成。

例如,音乐课立足以音乐审美为核心,以兴趣爱好为动力,强调学生参与音乐实践,构建了"音乐+器乐演奏"的课程,低段打击乐演奏、中段口风琴吹奏、高段竖笛吹奏的音乐学科领域综合课程。

【案例】

高水准的音乐普及教育

2017年7月,我跟随学校银帆管乐团师生一行赴日本交流演出。在这次交流活动中,在日本茨城水户市千波小学的体育馆中,我印象最深的并不是千波小学乐团层次丰富、专业的演奏,虽然他们获得过日本关东地区管乐团金奖,因为这毕竟是音乐特长生或者说是尖子生的演出。给我留下深刻印象的是千波小学六年级全体同学的竖笛合奏,动人的旋律,专注的眼神,陶醉的深情,团队的协作,这种高水准的音乐普及教育让我不得不感叹日本艺术教育的水平,那场景留存在我的脑海中至今清晰。

然而,不到一年……

2018年6月,银都小学课程展示活动中,紫荆校区小操场上,四~六年级全体学生,是的,全体学生!他们人手一支竖笛,在银都小学首席教师李寅的指挥下,整齐而优美的乐曲悠扬地响起。这时,我眼前的时空仿佛已经和定格在我脑海中千波小学体育馆中的那个时空交融

了：一样动人的旋律，专注的眼神，陶醉的神情，团队的协作，高水准的音乐普及教育。不仅仅是一个年级，而是三个年级，一个学生都没有落下的三个年级，所有学生的竖笛吹奏！

（韩霜）

（三）个性化课程，多样、选择、体验

个性化课程表现在实施因材施教、分类指导，关照学生的多元智能上。

从实践角度说，这集中在学校选修课和社团活动的"课程超市"中。每周五下午，面向全校学生，开设一小时的选修课程；周二、三、四放学后，面向学有所长的学生，开设一小时的社团特长课程。根据课程，全校学生"走班"学习。在全校三十余个社团、七十余门选修课程中，体育与艺术的课程不仅门类众多，而且学生参加人数最多。体育与健康课程有足球、篮球、棒垒球、羽毛球、乒乓球、桥牌、围棋、国际象棋、街舞、民族舞、健美操、心理健康、沙盘游戏，还有定向越野等；音乐类课程有电子琴、手风琴、管乐、表演唱、合唱、校园乐队等；美术类课程有儿童画、国画、装饰画、书法等。其中，健美操队就有队员三百余人，足球队、管乐队也有一百多位团员。这些社团表演、比赛时，场面甚为壮观。

学校"个性七彩之旅"个性化校本选修课程、特长队课程展示活动，每年举行一次，迄今为止已举行三届。在六月里热火朝天的下午，两校区六、七十门课程纷纷亮相，各展所长，节目表演、教学比赛、互动游戏、作品展示……校园里如过节一般，变成了欢乐的海洋。

个性七彩之旅——成都师范银都小学第二届校本课程展示活动

展示形式	课程名称	展示地点、时间
节目表演	管乐	运动场（13:35）
	健美操	
	街舞	

续表

展示形式	课程名称	展示地点、时间
	合唱	五楼多功能厅 第一场：14:10 第二场：14:50
	口风琴	
	儿童剧社	
	公共英语演讲	四楼形体房 第一场：14:30 第二场：15:10
	国学（诗词）	
作品展示	科学实验	侧门处羽毛球场
	3D打印	三楼一号回廊
	创客	微机室二
	创意绘画	风雨操场
	儿童绘画	
	版画	
	折纸手工	
	色彩的秘密	
	上下五千年	
	快乐阅读	
互动体验	国际象棋	一年级五班
	数棋	一楼二号回廊
	机器人	三楼一号回廊
	无线电定向	小树林
	沙盘游戏	一楼沙盘室
	玩转英语	一楼一号回廊
	围棋	一年级六班
	桥牌	一年级七班
	竞技叠杯	乒乓球台
	软式棒垒球	篮球场
	足球	足球场
	模型制作	一楼三号回廊
	科学实验	侧门处羽毛球场
	趣味数学	风雨操场

二、环节的统筹

教育部基础教育课程教材专家王湛指出：深化课程改革，全面落实立德树人根本任务是一项十分复杂而艰巨的系统工程。课标、教材、教学、评价、考试是教育体系中高度专业化的领域。贯彻《教育部关于全面深化课程改革，落实立德树人根本任务的意见》，就是要把课标、教材、教学、评价和考试等环节进一步有机统筹起来，作为一项系统工程加以设计和实施，使其有效配合，相互促进，综合发挥育人效益。

王湛还指出：在深入推进教学改革中，需要进一步加强教师培训，一是引导教师充分重视课程标准在教学中的根本地位，依据各学科课程标准来组织教学；二是指导教师在不断改进教学方法的同时，认真研究并严格遵循学生认知规律和教学规律，尊重学生的个性，激发并保护学生的学习动机，发挥学生的主动性；三是鼓励教师按照学科特点，把课堂教学与综合实践活动有机结合起来，注重学生综合能力特别是动手实践能力的培养。在强力推动考试和评价改革方面，学校要全面、综合地评价学生的发展和成长。

学校在全面实施小班化教育的进程中，以人为本，在体育与健康、音乐与美术课程实施中，将课标、教材、教学、评价、考试五个环节进行有机地统筹，以从根本上落实立德树人。

体育与健康这门学科的评价与考试不仅仅在期末，也不仅仅是跑步、跳远、跳绳等几个项目，学生的着装、课堂行为、课堂表现、团队合作等项目都会作为评价的项目，而评价的过程也是随着教学的进程随时进行着。

美术课、音乐课也是这样。在教学中，一方面，老师会根据课标及学情有针对性地"用教材教"；另一方面，也会根据课标及学情创造性地进行删减、补充、整合。"艺术不是你看见了什么，而是你给别人看见了什么。"埃德加·德加如是说。因此，在课程评价体系的探索中，学校实行发展性定位，突出评价促进学生发展方面的功能，并在"发展过程"中实施评价；将评价嵌入教学全过程，推行"教—学—评"一体化，学校重视表现性评价，引导学生建立自己的"个人作品档案袋"；在教学过程中有机地嵌入诊断性评价、形成性评价、总结性评价，实施"数据趋动"的教学；推进多元化评价，评价主体多元化，自我评价、生生互评、小组评价、教师评价等结合起来；评价方式多元化，采用形成性评价与终结性评价相结合的方式进行，形成性评价方式多种多样，包括：作业、实践、表演、汇报、实验、展示等方式。

【案例】

成都师范银都小学（音乐）学科综合素质检测方案

一、检测目的

遵循音乐学科特点，参照《义务教育音乐课程标准》年段要求，落实我校小班化教育理念，学生人人发展、个性化发展、全面发展。引导学习的目标和方向，从学生的个性出发，既以激励为主，又达到客观指正的效果。让学生养成良好的音乐课堂学习习惯，帮助学生认识音乐与生活的关系，认识音乐的多元化，认识音乐素质的提高和人文素养的密切关系，帮助学生热爱音乐，为他们终身学习音乐和享受音乐打下坚实基础。

二、检测内容及权重（总分：100分+10分）

（一）内容

音乐表现（40分）、音乐知识（20分）、欣赏（20分）、课堂常规（20分）。

加试：爱好特长（10分）。

（二）等级划分

一、二年级95分以上为A，85~94分为B，60~84分为C，60分以下为D。

三、四年级90分以上为A，80~89分为B，70~79分为C，60分以下为D。

五、六年级85分以上为A，75~84分为B，60~74分为C，60分以下为D。

三、检测细则

评价内容	评价标准		评价方式	评价时间
音乐表现（40分）	低段	歌唱或演奏自然、放松，有良好的姿势和习惯	小组自由组合，精心选择曲目，先排练，后测试（优90分以上、良80分以上、中60分以上，60分以下为合格，以百分制记分，最后乘以40%）	期末两节课内，分组测试
	中段	具备基本科学的演唱、演奏技能		
	高段	演唱与演奏技能较熟练；合唱或合奏，音色和谐，声部均衡		
音乐知识（20分）	如掌握全音符、二分、四分、八分、十六分音符，附点及各休止符等各年段相关音乐知识		以唱名为例：掌握五种以上音符10分、三个以上8分、三个以下6分；认识并演唱唱名10分	根据平时课堂回答问题加分情况记载记分
欣赏（20分）	每组任选一首歌曲图谱，选一种乐器用拍手的办法伴奏歌曲。能说出表达速度、力度的音乐术语		可结合平时课堂表现记分，只要习惯良好就可得良以上等级；课堂上在欣赏方面有一次加1～3分，加分越多等级越高	根据科代表对平时表现的登记结果记分
课堂常规（20分）	针对迟到和上课带书、乐器的情况评价		没有违规行为满分，根据扣分情况依次递减	以平时形成性评价登记为准
爱好特长（10分）	根据自己特长进行表演。重要的是看学生的学习进步和学习态度的进展情况		主要根据平时表现或音乐会表现打分，分10分、8分、6分三个等级	鼓励学生在平时或班级期末音乐会大胆展示自己

三、人员的统筹

统筹一线教师、管理干部、教研人员、专家学者、社会人士等力量，充分发挥各自优势，围绕育人目标，协调各支力量，形成育人合力。

我们的体育与艺术课堂上，从来都不是只有任课教师"一个人在战斗"，除了发掘学生的主观能动作用之外，专家的引领、同伴的互助也相当重要。建校十八年来，学校每两年组织一次青年教师赛课活动，以课例研究为载体，通过个人反思、同伴互助、专家引领等途径，形成育人合力，追求课堂教学的真善美。

【案例】

学校第八届青年教师赛课——体育组赛课

赛课过程中，学校将校外专家、校内行政、组内教师、兄弟学校教师的力量整合起来，形成育人合力，提高体育教育水平。

教研组长——赛前主题引领发言。依据课程标准，分别从体育核心素养和小班化教育环境下体育核心素养的养成两大方面进行了阐述，明确了体育核心素养所包含的三维度六要素，同时也让大家了解到学校体育特色工作的建设情况，即让每位学生都能具备1~2项运动技能的基础上建设学校特色运动项目，如健美操、足球、田径、篮球、垒球、街舞等，成绩喜人，并从根本上让孩子们拥有健康的身心。

参赛教师——执教体育课，课后进行说课与反思。

组内其他教师——分工观察、记录课堂师生表现数据、情况，就每个学生的学习过程和成效进行分析，做现场汇报。

兄弟学校教师——观摩课堂，互动点评。

分管行政——点评教师特色发展。结合学校教师分类分层、个性化发展课题，发现并提炼每位教师的教学特色。

特邀专家——点评学科、教研组特色建设。成都市特级教师、高新区教研员肖玉美老师对我组的本次活动作出了非常高的评价，她高度赞赏了我校体育教研组的团结和教研工作的务实以及对高新区体育工作带来的深远影响，银都小学体育教研组教研氛围浓厚，特别是在围绕体育核心素养三维度六要素的研究上目标定位明确，理念新颖，在区内起到很好的引领作用；她高度评价了我校体育教师，认为教师个人素质好，专业能力强，阳光帅气。她说，她不是来看这两节课上得好不好，而是来感受我们银都小学体育组的研究状态、研究方式、研究成效和感受成长的。

（游霜）

在学校的选修课程、年级及班级的特色课程中，将专家学者、社会人士等请入校园、课堂，充分发挥他们的优势，形成育人合力。如学校将前四川足球队的知名球员，四川省人艺的演员，四川电视台的主持人等专业知名人士或家长资源引入到学校选修课中，正所谓："问渠那得清如许，为有源头活水来。"

【案例】

和音符一起"乐"动

"和我在成都的街头走一走，直到所有的灯都熄灭了也不停留……" 2018年5月18日下午，成都师范银都小学紫荆校区形体房里传出了一年级全体小朋友们稚嫩却不失情感的歌声。这里正在举行一场由爵士鼓培训志愿者老师们带来的器乐表演活动。当老师们演奏起这首大家非常熟悉的《成都》时，孩子们都跟着哼唱起来，也对这场活动充满了更多的好奇与期待。

活动伊始，老师带孩子们认识了电钢琴、架子鼓、电吉他等乐器。随后，乐队的老师为前来观看的师生展示了吉他弹奏，一首动画片《熊出没》的主题曲，又变成了孩子们的大合唱，此起彼伏的快乐音符回荡在银都小学校园。

认识了各种乐器后，老师们还邀请孩子们上台表演并进行乐器演奏体验。孩子们积极举手，踊跃参加，被邀请上台的孩子分别演奏了钢琴、电子琴、爵士鼓，还进行了歌唱表演。

即使是即兴上场，银都小学的孩子们都能够淡定自如地为大家展示自己的才艺，给老师和同学们留下了深刻的印象。尤其是爵士鼓表演的三位小朋友，随着音乐的节奏拍打，抑扬顿挫的鼓点铿锵动听，感染着台下观众，带动了整个活动现场。大家都情不自禁地随着节拍摆动着身体，一起感受音乐带来的韵律美。

（蒋瑜）

四、阵地的统筹

统筹课堂、校园、社团、家庭、社会等阵地。发挥学校的主渠道作用，加强课堂教学、校园文化建设和社团组织活动的密切联系,促进家校合作,广泛利用社会资源,科学设计和安排课内外、校内外活动,营造协调一致的良好育人环境。

体艺课程开展的阵地当然不仅仅局限于课堂,校园、家庭、小区、社会……随处都是我们活动的阵地。

【案例】

银小大舞台　亮出真风采

成都师范银都小学倡导"尊重生命,彰显个性"的办学理念,在"人文化德育"的引领下,各中队呈现出"个性"与"特色",在每周一的"银小大舞台中",各个中队通过个性化的展示,丰富了校园文化生活,更让自身的艺术、体育综合素养得到了提升。

一、体育展示篇

"少年智则国智,少年富则国富,少年强则国强,少年独立则国独立,少年自由则国自由,少年进步则国进步……"中国近代思想家、政治家、教育家、史学家、文学家梁启超所著《少年中国说》中的这句振奋人心的话,响亮地回荡在银都小学的上空。这是"七彩三班"的同学们在为全校师生展示武术节目"少年强"。深情的吟诵结合刚健有力的拳术,七彩三班的同学们文武结合,进行了一场颇具中华传统文化特色的"银小大舞台"表演。

六年级三班在展示中,回忆了昔日运动会上的点点滴滴,讲述了运动的美好:"运动就是一位魔术师,能给我们带来惊喜。运动就是一位春的使者,能让我们心花怒放。运动就是一位钢琴演奏家,能奏响我们心中的梦想。运动就是一颗最闪亮的星星,一束最灿烂的花朵,它永远诠释着生命的最高境界。"号召大家:"趁着大好春光,动起来!动起来,用汗水会换来精彩!动起来,让自己更加可爱!动起来,成功会向你敞开!"

二、艺术展示篇

班主任四处奔波，审稿、选歌、设计服装；音乐老师精心谱曲，用心指导吹奏、弹唱。即将毕业的六年级三班全体同学用最真挚的歌声，表达心里满怀的对老师的感激，对同学的不舍，对"银小"的眷恋。

中华五千年的悠久历史，孕育了底蕴深厚的民族文化。华夏流传的经典诗文，是文化艺苑中经久不衰的瑰宝。读千古美文，同经典相伴。诵中华经典，与圣贤同行。银都小学五年级三班的老师孩子齐上阵，自己谱曲，自己伴奏，用他们的吟唱，让大家感受汉唐古韵的美。

在"银小大舞台"中，还有许许多多的班级带来了精彩的表演：六年级四班的中、英、法三国语言的歌曲联唱，五年级一班的校园剧表演，四年级四班的歌舞串烧……

每周一的"银小大舞台"，都是一场视听盛宴，台下的观众看得入迷，台上的班级尽情挥洒热情，展示自我。"银小大舞台"，给学生提供了良好的平台，将"展示"变为一种"日常行为"，从而使得学生的体育、艺术素养在日常生活中得以培养。

（张婷）

2016年，教育部等11个部门印发了《关于推进中小学生研学旅行的意见》，要求各地将研学旅行摆在更加重要的位置，推动研学旅行健康快速发展。《意见》指出，中小学生研学旅行是由教育部门和学校有计划地组织安排，通过集体旅行、集中食宿方式开展的研究性学习和旅行体验相结合的校外教育活动。开展研学旅行，有利于促进学生培育和践行社会主义核心价值观，激发学生对党、对国家、对人民的热爱之情；有利于推动全面实施素质教育，促进书本知识和生活经验的深度融合；有利于满足学生日益增长的旅游需求，从小培养学生文明旅游意识。《意见》提出，要将研学旅行纳入中小学教育教学计划。各中小学要结合当地实际，把研学旅行纳入学校教育教学计划，与综合实践活动课程统筹考虑，促进研学旅行和学校课程有机融合。

学校早在建校初就启动了研学活动。在十多年的研学之旅中,艺术教育的交流当然也是其中的重头戏,既有普及层面的到国内偏远山区、国外发达地区的民族音乐、舞蹈的交流学习,也有提高层面的艺体团队的技艺切磋。每次研学活动之前,我们都会进行课程的整体设计,从素质教育、体育与艺术教育、综合实践活动等多个维度来进行整体的考虑与实施。

【案例】

带着音乐和世界"Say Hello"
——日本交流研学之旅

七月的盛夏,透蓝的天空。在这个美好烂漫的季节,成都师范银都小学银帆管乐团师生一行共计32人,踏上了为期6天的日本交流研学之旅。

到达日本的第二天,是本次研学活动的重中之重,我们受邀参加与日本茨城水户市千波小学的乐团进行交流学习。孩子们难以掩饰内心的热情和激动,活动当天便早早地整装待发。大概经过半个多小时的车程,我们抵达千波小学。因日方学校行事极为严谨,我们被告知耐心在车上等待着。十分钟过去,只见几位穿着朴实的日方学校领导走了过来,用他们最真诚的方式迎接我们的到来。孩子们井然有序地随着大部队,到达了体育馆。馆不大,映入眼帘的却是一双双排列整齐的皮质拖鞋。原来,按惯例,每人进馆都需换鞋。在馆外换鞋时几乎听不见馆内传来的声音,大家甚至质疑馆内是否有人。待大家快速换好鞋后,进入会场时,才发现全校师生都很安静有秩序地坐在地板上,等待着我们的到来。如此强大的"规则意识"!环境的带动性太强,孩子们也都自觉地挺直了背,安静入座。在双方学校领导分别发言后,乐团交流活动在千波小学管乐团动听的音乐声中正式开始了。

此刻,馆内回荡着动人的旋律。只见台上乐团的一位身材娇小的女生,不停地穿梭在不同的打击乐器之间,每一次与打击乐器的碰撞敲击都是那么的灵动精准。自信洋溢在他们的脸庞，每一个吹奏的音符都代表着他们内心的坚定。而站在最中间那朴实的指挥老师，比画着最简单的手势，引领着乐团的孩子们。他们配合得那么默契，甚至小到一个眼神和一个呼吸。全场没有一丝杂音，想必在场的每一位"银小娃"都为之而震惊，心里应该都在暗暗地为自己加油鼓劲，急切地想缩小与此国际水平的差距。

我们的团队也不差，在银都小学首席教师李寅的带动下，演奏了《Black Forest Overture》等两首作品，师生眼神的对视传递着心灵的沟通，全神贯注地演绎着动人的旋律，赢得了全场的热烈掌声。紧接着中日双方的学生代表，分别对各自乐团的演奏情况进行了深入交流，并互相赠送了精心准备的礼物。以互相学习为前提，架起了国际化的友谊桥梁，促进乐团未来发展。

最后，是千波小学六年级全体同学的竖笛演奏和校歌合唱表演，以及日本的传统文化太鼓的演绎。我不禁感叹他们的执着信念，他们坚守着传统民族音乐文化。质朴的老师、纯真的孩子，每一个人都拥有扎实的音乐素养，都是那么的朴实和真实。民族文化带给他们的自律和自信，都随处体现在每一个微小的细节。想必，银都小学的孩子们都看在了心里。在互相切磋技艺、互相交流的过程中，不断地去督促自己，改变自己。在全体师生的热烈欢送中，我们愉快地结束了本次交流学习的活动。印象最深刻的是，当你已身处模糊的距离，远方的他们还在不停地向你挥手道别，久久不愿离去。

（刘锦霞）

贯彻落实《关于全面深化课程改革，落实立德树人根本任务的意见》，全面深化课程改革，银都小学充分发挥小班化教育的优势，在体艺课程的实施中，从内容、环节、人员、阵地等方面进行统筹，整合各方面资源，立足学生的发展，力求全方位、立体化地育人。

第二节　学校体艺课程的践履

全面深化课程改革，落实立德树人的根本任务，不仅要高屋建瓴地制定目标，更要脚踏实地地进行课程实践。

《基础教育课程改革纲要》指出，改变课程结构过于强调学科本位、科目过多和缺乏整合的现状；同时倡导，小学阶段以综合课程为主。综合课程是指综合有关联的几门学科，成为跨越更广泛的领域的课程。

学校的体育与健康、美术、音乐课程打破了单门学科的壁垒，率先进行了课程关联、课程融合、课程拓展等方面的探究与践履。

一、课堂教学

课堂教学是学校育人的主要途径，是学校教育最重要的日常工作和组成部分。我们构建开放的学习环境，以学生发展为本，实施个性化的教育，既着眼于全体学生全面和谐、主动生动的发展，又关注每个个体的充分发展。我们的小班化课堂教学呈现出这样的特色：师生和谐，愉悦学习；有效互动，深度参与；尊重差异，发展个性；自主探索，舒展创意；拓展空间，开掘资源……

体育与艺术教育，最能舒展性灵，最能凸显个性。

【案例】

《田野在召唤》（四年级音乐课）

教学目标：

A层　1. 能用连贯与跳跃的不同状态对比演唱歌曲乐句。

　　　2. 准确演唱歌曲，合唱部分声部层次清晰，均衡和谐。

　　　3. 指导音准较好的学生，准确演唱声部，如贝贝、香香等。

B层　1. 能够用轻快、活泼而富有弹性的声音演唱歌曲。

　　　2. 建立二声部的初步感知，积极参与合唱活动。

　　　3. 鼓励演唱水平中等的孩子，积极自信地演唱，如：一一、桐桐等。

C层　1. 在情境中参与各种音乐体验活动，感受田野的意境美。

2. 感受歌曲二声部的和谐美。
3. 激发乐感较弱学生的合唱兴趣，能够主动参与活动，如彤彤、诚诚等。

（汝晓清）

在体育与艺术小班化课堂中，学生拥有更多小组合作学习和个别化学习的时间，自主学习、合作学习和探究学习落实有效。看，在我们一年级的体育课堂上，在学生学习立定跳远的时候，我们针对学生的年龄特征，引导学生通过观察"青蛙跳远"的图片，进行自主探究，体验青蛙跳远的动作；再通过教师的示范以及"高人，矮人，超人"的游戏，指导学生初步掌握立定跳远起跳和落地的动作技术；紧接着，小组长带领组员进行分组练习，教师有针对性地进行纠正与指导。就这样，在一群"小青蛙"快乐地蹦蹦跳跳中，技术动作就掌握了，运动量也逐步提升，大家在"玩中学，学中玩"，不亦乐乎。

【案例】

单元	跳跃单元——立定跳远		课时	第二课时	年级	一年级
设计者	张生荣			指导教师	游霜	
教学内容	立定跳远——双脚蹬地起跳，并能双脚落地的动作					
教学目标	1. 通过本节课的学习，90%的学生学会双脚蹬地起跳的动作，在此基础上掌握双脚落地的技术动作。另外10%的学生知道双脚蹬地起跳的技术要领，在后续的练习中逐渐掌握完整的起跳及落地技术 2. 促进学生弹跳力和速度、协调能力的身体素质发展 3. 培养学生互帮互助、团结友爱的优良品质					
教材分析	立定跳远是低年级体育教学的重点内容之一，是低年级跳跃动作的重点教材，是发展学生腿部力量和弹跳力的重要手段。低年级学习立定跳远，主要是使学生掌握两腿用力蹬地跳起，脚跟着地，落地平稳动作要领。另外，它对于发展身体的跳跃能力以及促进下肢肌肉、关节和身体器官系统的协调发展，体验体育运动的乐趣，有着积极的作用					
学情分析	授课对象是一年级学生，此年龄段学生天真、活泼、好动、好玩，对新鲜的事物能积极投入；模仿力强、想象力丰富、容易合作、善于表现、有较强的表现欲望。因此，在教学时，要设计新颖、有趣的练习方式和手段，调动他们学习的积极性，通过游戏或竞赛的方式，诱导学生进入角色，激发练习兴趣。另外在教学中要关注学生个体差异，尊重学生的主体地位					

续表

设计思路	本课以课程标准为指导，树立"健康第一"为指导思想。"一切以学生发展为中心"，本课以活动和游戏为载体，通过学生的自学、自练，与老师的交流，与同伴的合作，提高跳跃运动的能力。结合低段学生的心理特点，让学生在有趣的游戏活动中，积极主动地去学习，充分调动学生的学习积极性，从而为学生养成良好的运动习惯打下坚实的基础
教法学法	教法：采用直观、互动、游戏、自主创新等多种教学方法，创设了大量的活动场景，通过师生积极互动，学生自主探究练习，从而达成教学目标 学法：让学生在情景中发现问题，提出问题，通过探索体验得出正确的最优化跳跃方法；通过师生互动以及有趣的场景，进行自主练习，提高学生跳跃能力
重点难点	重点：双脚用力起跳、双脚落地 难点：上下肢协调配合发力，轻巧落地

教学阶段	教学内容	学生活动	教师活动	组织形式及要求
开始部分	课堂常规：整队集合，宣布上课，激发兴趣	体育委员集合整队，检查人数，向老师汇报，并认真听讲明确本课内容和要求	1. 整队集合 2. 检查常规，师生问好，宣布上课 3. 宣布本课内容 4. 激发学生学习兴趣，提出本课要求	组织队形： ☆ ☆ ☆ ☆ ☆ ☆ ☆ ☆ ☆ ☆ ☆ ☆ ☆ ☆ ★ ★ ★ ★ ★ ★ ★ ★ ★ ★ ★ ★ ★ ★ ▲ 要求： 1. 快、静、齐 2. 学生精神饱满，认真听从教师讲解
准备部分	（一）热身跑	以一路纵队进行热身跑	1. 引导：学习一项新的技能：立定跳远 2. 带领孩子们进行热身跑	组织队形：一路纵队绕篮球场线慢跑 要求： 1. 一路纵队 2. 呼吸有节奏 3. 队伍整齐
	（二）啦啦操"江南Style"	跟随教师一起跳啦啦健身操	带领孩子跳啦啦操	组织队形： 要求： 1. 认真规范，动作协调有力 2. 身体充分活动，达到热身的效果

续表

基本部分	（一）自主探究	1. 观察青蛙跳的过程图 2. 在老师的引导下，探究青蛙是怎样跳远的	1. 问："青蛙是用怎样的跳远动作来跳远的？" 2. 展示图片 蹬地起跳： 腾空动作： 落地动作：	组织队形： 要求： 1. 根据讨论的结果进行自我体验 2. 避免发生碰撞
	（二）尝试体验	组长带领下自我体验青蛙跳远的动作	观察、指导学生学习	
	（三）学习立定跳远动作	1. 观察同学示范青蛙跳的动作 2. 观看老师的示范动作，并学习其分解动作。在游戏"高人、矮人、超人"口令下，进行学习 3. 组长带领，分组进行练习（4次） 4. 观看优生展示 5. 帮助后进学生，并鼓励 6. 分小组再次巩固练习	1. 请一名学生示范青蛙的跳跃动作 2. 老师示范动作技术；引导孩子学习分解动作——完整学习游戏："高人、矮人、超人" 3. 学生体验、练习时，老师有针对性地进行纠正与指导 4. 请一名优生展示，并表扬 5. 帮助后进学生提升练习，并鼓励 6. 引导学生再次练习	学习时组织队形： 要求： 1. 学习动作认真 2. 每人练习4次 3. 同学之间互帮互助 4. 跳出时，注意安全 练习时组织队形： 要求： 1. 在口令下进行练习 2. 练习时注意安全 3. 每人练习4次

续表

	（四）拓展练习：游戏"小青蛙跳远"	1. 按照规则，两人一组进行游戏练习 2. 能正确地利用立定跳远的动作 3. 同学之间相互学习，相互指导，相互鼓励	引入游戏"小青蛙跳远" 1. 讲解游戏规则（两人一组石头、剪刀、布，超越自我） 2. 引导学生用正确的立定跳远动作 3. 针对性对学生进行帮助，加油鼓励	拓展练习队形： 要求： 1. 两人一组 2. 正确的立定跳远动作 3. 互帮互助，并注意安全
	（五）游戏"绕线接力赛"	1. 观看老师的示范 2. 按照游戏规则，分小组绕线接力比赛 3. 团队合作，相互帮助，相互鼓励	引入游戏"绕线接力赛" 1. 讲解游戏规则并示范 2. 引导孩子们在游戏中团队配合并注意安全	组织队形： 要求： 1. 遵守游戏规则 2. 同学之间相互学习，相互帮助和鼓励 3. 在游戏时注意安全
结束部分	（一）放松活动：脚踏车骑游记	孩子们坐地上，听老师讲故事，做不同的骑车动作	教师讲解骑车遇到不同的线路，并引导孩子做骑车的动作	组织队形： 要求：在音乐伴奏下，双眼闭上，在老师语言的引导下，做出不同的动作来全身心的放松自己
	（二）师生互动小结	1. 与老师分享此次课的收获，并对自己进行简单的评价 2. 主动收还器材，师生再见	1. 老师对本次课学习进行小结，并对孩子们进行鼓励与表扬 2. 安排孩子归还器材，师生再见	组织队形：同上
预计运动量	练习密度：35%~40%　运动强度：1.4~1.5　最高心率：130次/分			

二、课程关联

开展体艺课程的过程中,既立足于课堂,又不局限于课堂。注重课程内外的关联,挖掘课程的潜力,构建高质量的课程,为不同的学生发展提供不一样的课程支持,提供更多的可能性,最大限度地促进学生的发展,这是时代的要求,也是小班化教育以人为本的要求。

(一)体育与健康课程关联

《体育与健康课程标准》指出:为了适应学生的身心特征,提高学生的学习兴趣,可以对一些竞技运动项目进行适当的改造,如简化规则、降低难度等。同时,也可以根据实际情况,在课堂教学中引入一些学生喜爱的新兴运动项目。

根据学生、教师实际,学校在低段开设了"形体"课,还将足球、健美操、武术、棒垒球等项目引入到体育课程中。

【案例】

足球游戏在体育教学中的探索

作为全国校园足球重点校,我校为丰富小学校园足球教学和提高教学效果,决定在目前国内的诸多足球教学训练体系上,主要参照德国足球青训体系,根据国情和我校学生的实际情况,开发足球游戏进课堂的相关教学课程。通过设计的足球游戏,解决日常教学中诸如技术、战术、意识等足球相关问题。

一、在热身活动中进行足球游戏,激发兴趣,达到充分热身的目的

传统的足球课堂教学中,教师往往采用慢跑、徒手操、行进操等枯燥、单一的热身方式,使学生难以投入到良好的学习状态之中。我将足球游戏运用到热身活动中后,发现学生的练习情绪高涨,很快就进入了状态。比如我常常采用足球游戏"空间配合练习"进行热身练习,学生两人一组前后行进间的进行手传球和脚传球。该练习不仅进行了上肢和下肢的练习,还训练了两人之间协作能力,可谓是一举多得。

二、在技术教学中结合足球游戏,巩固足球技术动作,优化教学效果

传球是足球运动中的一项重要技术。学生在比赛中传球时有很多问

题，比如：传球不看人；总是传球给距离很近的队员；传完球后站在原地；后卫老是传不出球等。对此，我采用了足球游戏"点名传球"来训练和巩固学生的传球技术。通过一段时间的训练后，以前的问题基本没有了：传球不再盲目了；比赛中几乎不再出现总是把球传给离得很近位置上的队友；在比赛中队员们养成了边带球边抬头观察队友位置的好习惯，并且传完球后自觉地前插，跑空位，整个场面就打开了、活了；后卫传球灵活。因为我们在游戏中要求队员尽量两次出球，对来球比较好控制的可以直接一脚出球。

三、在小组战术教学中结合足球游戏，培养学生的足球战术思想

足球是一项集体运动，只有在团队中相互熟练配合，对各种攻防战术进行有效执行和深入贯彻，才能在足球比赛中取得优异的成绩。我在设计战术教学训练时，针对小组防守战术中"多防少"的情况采用了足球游戏"蚂蚁保卫战"。要求一方队员手拿着足球去碰对手，而对手是想尽方法不被球碰着。这时候要求拿球方可以两人或者三人一起配合。这与足球比赛中的场景很相似，那就是在足球比赛中我们可以经常看见球员以多防少，两人一组夹防、三人一组围防，这样的防守的成功率很高的。通过这样的教学训练，学生们在熟练掌握这个游戏训练后，在足球比赛中也就会熟练使用小组防守战术了。

四、用捡球比赛游戏培养学生的足球补射意识

在射门游戏里，我们要求学生射门后必须尽快将足球捡回，并且要比赛看谁把足球先捡回后立刻站到队列中。这个游戏的训练设计目的是促使学生射门时候能够尽量把身体重心跟随出球方向，射门后继续向前，养成跟进补射的意识和习惯，而不是消极的停止或后撤。这真是小游戏有大文章啊！

我们的足球游戏进课堂实践一年以后，水平一的学生足球水平确实有了很大的进步，它不仅仅体现在技术方面，更多体现在意识方面：学生在足球比赛中变得会思考了，变得更自主，能自己主动解决问题了，就是我们俗称的会动脑子踢球了；还体现在学生们更加喜欢足球运动了，学生们的团结协作能力、社交能力也有很大提高；同时，这也为以

后学生们参加更高一级的足球进阶与专项训练打下了良好的基础。

足球游戏教学模式真正体现了"寓教于乐、以学生为主体"的现代教育思想，在提高学生足球技术能力的同时，发展了学生的综合能力，也培养了其良好的品格和情操，有助于其建立积极的人生观和价值观，还培养了其终身体育意识。

（王克勤）

我国新课程改革，将体育课更名为体育与健康课程。这就要求我们不仅要保持原有的体育课以身体练习为基本手段，以增强体质、提高运动技术水平为目标，还应该在心理健康和社会适应方面进行考虑。课程目标由原来的一个维度增加到三个维度，这是对我们体育课堂教学提出了新的要求。体育课堂教学，在发展学生体能的同时，还要进行心理健康教育和社会适应教育。

【案例】

沙盘游戏进课堂
——箱庭疗法对体育运动中怯懦心理的辅助治疗

心理健康与发展体能是相辅相成的。心态阳光的孩子体能较好，心理脆弱的学生体质较差。体育运动中的心理脆弱，是由异常心理引起的身心不适应。心理现象对运动技术的学习及运动能力的发展有着重要作用。

在学校沙盘游戏进课堂课题研究中，我接触到了北京师范大学张日昇教授所推崇的"箱庭疗法（又称沙盘游戏疗法）"，其中的理论观点与实践操作，很适合解决学校工作中遇到的学生行为及心理异常的问题。我随即学习，并运用到体育教学工作当中。

有一位五年级的女生，身体素质较差，运动能力也比较低。在班级里不愿意和同学、老师交流。体育课经常装病或者干脆留在教室逃避上课。在跨越式跳高练习时，连续9次助跑到横杆前不敢起跳。以固有的教学经验解决这个问题，只有一种方法：降低横杆高度。当横杆降到只有膝关节高时，只要一抬脚就可以过杆，但这位女生仍然不敢跳。语言鼓励、反复做示范都没有用。后来我了解到，出现这种情况的原因是这位女生胆小怯弱，害怕完不成动作而被同学们取笑。经过和学生家长的协商之后，我陪伴她在四周时间里完成了8次箱庭作品。

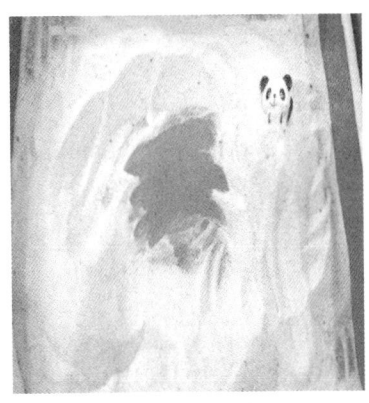
第一次箱庭作品：陷在沙里的小熊猫

第八次箱庭作品：美好的家园

第一次箱庭作品完成后，我问："现在还可以调整，需要调整吗？"孩子想了想，把一个小船摆在蓝色的区域内，看了看又拿走了。整个过程当中，孩子很安静。从陷在沙里的小熊猫解读出：恐惧心理束缚住了孩子的手脚，同时也说明了这个孩子在人际交往中孤独的心境。那个放上去又拿走了的小船是无意识神秘力量的象征。因船在水上行驶，承受载体为水，船在水上行驶，我们解读为是借助生命本源的力量，尤其是无意识的本能力量去达到目的。在这里，我们看到了孩子内心的挣扎。在第三次箱庭作品中出现了四个小动物，分别是两条鱼、一只猫和一只梅花鹿。鱼生活在水中，自由自在，不怕洪水的威胁。猫多在夜间独自行动，也常常与孤独联系起来。鹿能自给自足，因此也是自由的象征。8次箱庭作品中一直没有出现人物，我们希望出现一个清晰的自我像，但是孩子都是用动物或者抽象的图形在代替自己的形象。越往后出现的动物越来越多了，动物的造型也是千姿百态。象征生命力量的植物也慢慢多了起来。经过我们不断地鼓励与帮助，8次箱庭完成之后，在集体跳长绳练习时，孩子愿意参与到练习的队伍里面。尽管在练习的过程中也有失误，但是孩子不再是像之前那样排斥体育课。

箱庭疗法可以作为对学生心理训练的有效方法。学生选择自己喜欢的玩具，在沙箱中制作箱庭作品时，可能会唤起早期玩沙的美好回忆；全身心地投入到箱庭作品的制作中，可以获得心理上较大程度的放松；在治疗者无条件积极关注和共感理解的心理援助下，学生欣赏自己的作品，提高自信心，从而在心理方面达到较好的运动状态。

把箱庭疗法运用到体育教学中，可以对学生异常的行为进行心理治疗，这正如"我们每个人的身体，都有自我治愈创伤的力量。我们每个人的心灵深处，也有自我治愈创伤的力量"。箱庭疗法只是在老师静默的见证下给心理异常的孩子们提供一个自我治愈的平台，最终孩子们能自主、勇敢、健康、快乐地成长。

（张生荣）

（二）艺术课程关联

"艺术"，可以是宏观概念，也可以是个体现象，它是指比现实有典型性的社会意识形态，它的表达形式有语言、声音、文字、绘画、眼神、呼吸、肢体等。欧洲在17世纪开始使用"美术"一词时，它泛指具有美学意义的活动及其产物，如绘画、雕塑、建筑、文学、音乐、舞蹈等。而"音乐"所表现的抽象性情感往往需要借助具象性的艺术加以显现。那么，从这个维度上来说，美术课程与音乐课程虽然在某些方面具有相对的独立性，但在更多的情况下，它们又与其他课程互相关联，互相促进。

在艺术课程的实施过程中，学校在立足于体艺课程的基础上，寻找两个或多个学科之间的共同点，使这些学科的教学内容能够相互照应、相互关联、穿插进行。如：音乐与舞蹈、与信息、与美术，美术与语文、与科学、与信息等。

【案例】

题画诗之旅

从三年级开始，美术教材中，每期的教学内容都有三课国画课。

在教学中如果采用传统的国画教学方式，即以临摹范画或教师画一笔学生练习一笔的现象，一节课下来，全班完成同一幅画，学生会失去兴趣。

正逢六年级语文其中一个单元的主题是"题画诗"。学生在欣赏了国画、学习了诗文后意犹未尽。于是，我们在美术课堂上就开启了一次"题画诗之旅"。

一、激发兴趣，"读"出内涵

学生在语文课上通过学习《墨竹图题诗》《墨梅》等课文，了解诗文大意，欣赏图画，体悟诗情画意，从语文的角度了解到了国画的相关知识，了解到了诗人是怎样歌颂梅和竹，怎样品其美的，画家是怎样表达美的。有了这么好的铺垫，学生的兴趣已经被激发起来了，那么继续探究和实践就如水到渠成一般。所以，我在美术教学中的第一步是先让学生"读"画，即感悟出作品的思想内涵。我们不能只让学生用"眼"去看作品，更要引导学生用"心"去读作品，以诗、画为基础，结合作者的思想情感，读出作品的深刻内涵。

如赏析国画大师齐白石的写意画《梅》。了解齐白石的人生，一生勤奋，作画无数，所画的题材无数，为后世留下了为数不少的妙品佳作。他笔下的事物，造型简洁拙朴，构图单纯，色彩明丽。画面，给人不只是可居可游，还有可亲之感。

学生欣赏着国画，诵读着古诗，结合对创作背景的了解，自然就已经把画作的"灵魂"找到了。这时的他们当然跃跃欲试。

二、赏析名画，"品"出意蕴

引导学生从美术的角度赏析名画，感受画家的笔墨情趣——画家是怎样用笔用墨，做到浓淡相宜的精妙？怎样构图、用色，怎样借物抒情表达情趣？怎样图文相依、字画一体地完成创作过程？在赏析名画的过程中，提高学生的艺术鉴赏品味，激发学生的创作激情。

课堂上，我们以齐白石老人的《梅》为例，跟着大师学画梅花。这并不是刻板地临摹，而是在他的画作中感受他用笔用墨的技巧，感受他的笔墨韵味。利用多媒体循环播放齐白石梅花的画作系列，并以灵动的古筝曲作为背景音乐，学生很快就被画面吸引，融入本课主题的学习当中。这时，我鼓励学生大胆用笔，尽情发挥，在实践中体会水、墨、色相互渲染、混合所达到的效果。通过向大师学习、在诗词中学习国画，让孩子们学有所"依"，学有所"韵"。

三、观察实践，"尝"出滋味

李四光说过：观察是获取知识的重要步骤。艺术创作源于自然，源于生活，国画的创作也是如此。而艺术创作的主要来源，就是写生。国画写生教学能够极大地提高孩子的观察能力、感知能力。

在《梅、竹》第二学时的教学中，第一步采用观察法。让学生观看在现实生活中的梅花和竹子，分析花的造型、色彩，叶子的造型，叶脉的纹理，叶子的颜色，注重启发学生从各个方面及多个角度观察事物的特点，在分析它们的结构特点以后再对用墨做了相应的要求。再示范国画中的几种画法：勾勒法、点虱法和没骨法。只示范局部，不做完整的画面，给学生留更大的创作空间。如在写生梅花时，可以引导他们根据自己的感受和想法，以不同的笔墨、夸张的手法，使梅花的造型概括、夸张。第二步采用小先生互动法。请擅长国画的学生当小先生做范画，学生们又新奇又佩服。通过示范，学生对梅和竹的画法了解了，再让学生分析自己如何来完成一幅有趣的作品。

开始创作了！看着他们手握毛笔，或勾勒，或渲染，或写意，或细描，然后在作品上题诗一首，最后装裱完成一幅作品。这时学生的自主性得到发挥，而且共同作画时，学生能够取长补短，不仅绘画水平得到提高，绘画兴趣也愈加浓厚。这样的国画课，学生学得有滋有味。

当然，本次课程的高潮是作品展览。当六年级各班学生的题画诗作品一幅幅陈列在大厅当中，引来全校学生争相观赏时，大家欣赏着画作，吟诵着诗歌，这不正是一次"题画诗之旅"吗？

（董涓）

三、课程融合

学科与学科之间并不是相互隔绝与封闭的，它们往往相互交叉，相互渗透，相互融合。把部分科目统合起来,在一个主题、一个项目或者一个单元下,进行统整学习,有利于学生认知的发展,有利于形成完整的世界观,有利于建立各门学科之间的联系,有利于提升学生解决问题的能力。

(一)体艺课程的相互融合

体育与艺术原本就是一家。在人类孩童时期,它们是同宗同源的关系,它们都源自劳动和游戏。体育与艺术都有育人怡情的共性,都有意识和情感方面的教育作用。

在学校体艺课程的践行当中,在低段开设了一门综合课程——形体课。这是一门融体育、舞蹈、音乐、形体训练于一体的课程,旨在全面、综合地提高学生的素养。

【案例】

形体课《小星星洗澡》

舞蹈,是一门集音乐感受、身体动作、节奏变化、感情表达于一体的综合艺术。舞蹈是以人体各个部位协调运动来展现人体的美感,赞美生活,陶冶情操,对于学生成长有着重要的意义。

我上了一节舞蹈课——《小星星洗澡》。新课内容为手位组合,重点学习上、下、平行、斜上、斜下手位;通过手掌开合,训练五指的张力;通过舞蹈提高孩子想象力、表现力。显然,如果只是单调的舞蹈动作训练,孩子们是不会喜欢的,这也达不到舞蹈课感知美、欣赏美、表现美、创造美的目的。

于是,我将舞蹈、音乐、故事、科学等元素整合起来,融入《小星星洗澡》。

这节课首先从星星引入。"孩子们见过小星星么?""它有什么特点?"借助多媒体展示星空的图片,我和孩子们如时空旅行般走进了浩瀚的星海。"星星在哪里?""是大还是小呢?""为何会发光?"……孩子们七嘴八舌说开了。我引导孩子们对星星的特点、形象进行想象,又从科学的角度和孩子们一起讨论。别小看了这些六岁的孩子，他们知道的真不少！于是，在短短的三五分钟里，行星、恒星、彗星、发光、不发光、巨大的、甚至比地球和太阳还大……关于星星的话题越来越多。

在了解星星的特点"亮晶晶的""会发光"等特点后，我请孩子们尝试用肢体模仿星星，鼓励孩子们大胆尝试创编，释放肢体，大方表演。看——有孩子用身体四肢站成大字，模仿小朋友爱画的五角星；有小朋友用手掌开合表演小星星在眨眼睛；老师也做出自己的动作，用手掌开合来表现小星星。

接着就是大家的练习。

《小星星洗澡》音乐声响起，音乐里面小星星在做什么呢？"小星星在睡觉，睡醒了在河里洗澡……"孩子们随音乐"小星星洗澡"，自由舞蹈，一群快乐的小星星舞蹈着。老师对孩子们的动作进行点评，再次提炼美化动作。师生共同根据音乐编故事：小星星睡觉—小星星跳舞—小星星洗澡—小星星睡着了。用故事提高孩子学习兴趣，提高记忆动作能力，师生一起完成动作组合。

最后，请小朋友分组展示表演，尊重孩子个性特点，给予更多自由空间去表现，看哪一组的小星星最美丽。

看图片，谈星星，听音乐，编故事，跳舞蹈。就这样，我在《小星星洗澡》一课的教学中激发孩子的学习兴趣，引导孩子们主动思考，感受音乐，大胆创编舞蹈，从而达到学习目标。

（刘玲）

（二）体艺课程的跨界融通

你听过水果音乐会吗？你听过颜色说话吗？你看过魔幻画展吗？你在体育课上玩过iPad吗？你用iPad在美术课上搞过创作吗？是的，这些看似的不可能都来自我们小班化的课堂。它们打破了原有的学科界限，选择对于学生而言感兴趣、有意义的论题或问题进行学习。

【案例】

听，颜色在说话

颜色会说话，你相信吗？

起初我也不信，但带着孩子们读了大半年绘本，我们真真切切地听到了颜色的话……

听颜色说作家的喜好

所有绘本大师都有自己独特的绘画风格。汤米·狄波拉是我非常喜爱的绘本作家之一，他的代表作《楼上的外婆和楼下的外婆》和《先左脚，再右脚》都是以自己的家庭为背景，从个人真情实感的角度出发，描写家人之间的浓密亲情，真切而令人感动。他的画作颜色都很明亮，但搭配却十分讲究，即便是饱和度很高的色彩，也让人看了很平和。绘本中的图画大多以浅黄或淡蓝为背景色，给人或温暖，或踏实的感觉，孩子们说这些色彩会让他们想到家，孩子们又说绘本中的每一幅图画都像是家人们的合影，多么美妙！

听颜色说重要的信息

有不少绘本整本书只有一种主色调，仅在一些重要的物件上着色，乔拉·迦米的《神奇的善意》就是这样的一本书。《神奇的善意》是一本无字书，全书以素描技法绘成，棕色是主色调。最初接触这本书的时候我并没注意书中局部有着彩色，孩子们眼睛很尖，他们告诉我："书中重要的地方都是彩色的！"仔细看下来，我们发现：面包、小男孩、流浪汉、种子、小鸟、向日葵这些串联起故事重要脉络的元素，分别在一些页面被涂上了色彩。这些传递着善意的人和物，由于色彩的映衬在棕黑的背景中显得格外醒目，他们如同发光体熠熠生辉，令我们感觉到这些明快色彩中流淌着的款款温情。

听颜色说情感的变化

安东尼·布朗绝对是一位善用色彩的大师。他在《走进森林》中描绘了一个急着把饼干送给生病的奶奶再返回家找爸爸的小男孩，不顾妈妈的忠告穿过陌生的森林，森林里的一切都是灰色的，男孩越来越冷，越来越怕，森林的色彩也越来越灰暗。当小男孩害怕到了极点的时候终于来到了奶奶家，进入奶奶家门后，整个画面变成了温馨的蛋黄色，奶奶银白的卷发、粉粉的笑脸和小花衬衫和暖暖的拥抱安抚着小男孩的心，爸爸的突然出现更让他乐开了花。回家后，妈妈大红的毛衣和那大大的张开的双臂更给人无限暖意。

听颜色说民族的文化

《桃花鱼婆婆》以湘西苗寨为背景，讲述了一群小孩子与一位会放蛊的巫婆之间的故事。和孩子们一起讨论为什么这本书的主色调要用蓝色，我带着孩子们查资料了解湘西苗族的文化，才知道原来这和苗族的蜡染艺术相关。蜡染是我国苗族古老而独特的手工绘染艺术，可以说，从我国的染织技术开创时，蜡染就作为最古老的手工艺，是中华民族古文明的一部分。顺着这条线，我们又了解了蜡染的制作方法，通过图片认识蜡染原料——蓼蓝这种植物，欣赏各种蜡染艺术品，借助网络上的苗族服饰图，结合绘本中阿秀婆和孩子们的服装花纹寻找苗族元素。一个民族的文化特征以图画书的色彩为媒，在我们心中渐渐明晰起来。

颜色会说话，只要用心，就能听到。

（李慧娟）

作为全国首批STEM教育领航学校，我们早在2014年就开始了尝试，将艺术、体育、科学、信息、数学等学科进行跨界的整合，开发出了"水果音乐会""魔幻画展""搭蔬菜桥""智能街灯"等STEM课程。

四、课程拓展

学生仅仅学习书本上的知识，肯定是不够的。学习的外延与生活的外延是相等的。在小班化教育实践中，学校既重视面向全体学生的课程的延伸，又重视面向个体的个别化拓展。在实践性特别强的体育与艺术课程上更是如此。

（一）课程的延伸

一年一度的学校运动会如期举行，每年的校运会都会有不同的主题。今年的校运会的主题是"认识地球村，做世界小公民"。在入场式上，全校57个班级模拟了七大洲四十余个国家的体育代表队，展现了四十余个国家的民族文化、体育特色，表演充满了激情，彰显了力与美。看，西班牙的斗牛舞，蒙古的骑马舞，唱着《阿里郎》的朝鲜儿童，手舞樱花扇的日本姑娘，意大利的时尚服装，巴伐利亚的乡村舞蹈……入场式的准备与表演谁说不是课程呢？围绕"认识地球村"这个主题，从不同大洲、不同国家、不同民族的服装、语言、歌舞、文化等方面全面浸润与学习。小小入场式，为同学们打开了世界之窗，在表演中，大家走进了地球村的不同国家，为将来做有民族精神、能走向世界的现代人做好了准备。

其实，像这样主题性、综合性的课程不仅仅只有学校运动会，还有课本剧表演与比赛、年级书画展、"班级读创行"活动等等。课堂除了在教室，还在校园、社区、博物馆，甚至在山区。在校园中观察描绘花花草草，将画展、国学诵读、舞蹈带到社区，到博物馆去参观、去考察，带着班级集体原创小说义卖的善款到偏远山区去帮助我们的同龄人……这些活动都体现了课程的空间拓展，实现了课内外交互，校内外联系，网内外结合。

我们也在选修课、特长队课程中拓展课程的空间与领域。

【案例】

走在阳光下

现代社会，生活节奏越来越快，学生的课业也越来越重，很多孩子除了学校的学习，还要参加各种各样的补习班、兴趣班，参加体育锻炼的时间越来越少，身体素质也越来越差。还有的孩子由于没有玩伴，没有健康有益的兴趣爱好，空余时间就沉迷于手机游戏，沉迷于虚拟的电子世界，消磨了意志，视力也普遍下降。

有没有一项活动既能学习知识，又能锻炼身体，还有趣味性？

我校从2010年开始，开设了无线电定向课程，成立了无线电定向特长队。

孩子们从接触的第一天起，就从滴滴答答的电码声和神秘隐蔽的电台中找到了极大的乐趣。

我们的训练和学习过程是这样的：

第一步，首先运用多媒体影音资料，向孩子们介绍无线电的发明以及在军事、航行、科研上的应用，使他们了解无线电知识；第二步，学习听辨无线电测向中的各台电码，做到常规练习，能听写，能听辨，快速反应识别；第三步，学习80米波段无线电台的测向方法，通过原地听辨、盲找方向再到逐个找出校园内隐蔽电台，最后找多个电台，按顺序找台。

在理论知识学习过程中，结合进行体能训练，教给他们科学的锻炼方法。比如，每次活动前都要进行准备活动，防止出现因身体没有充分活动造成的意外伤害。准备活动以后是进行耐力训练，每个队员必须完成一定量的跑步训练，达到增强肺活量和肌肉力量、身体协调的训练目的。

我们每年从中段招收新生，到学生毕业，基本上可以有两年左右的训练时间。

学校无线电特长队组建以来，每年代表学校参加成都市中小学生无线电测向锦标赛均取得团体一等奖的好成绩，2014年和2015年参加了全国青少年无线电测向锦标赛，学生均有上佳表现。

我校无线电测向特长队成立以来，迎来一批批新生，又送走了一届届毕业生。这些学生不仅在无线电测向活动中学习到了无线电知识，而且积极思考，努力锻炼，促进了思维和身体素质的共同发展。在训练和比赛活动中，让孩子远离电子游戏，动静结合，能真正走出户外，走到阳光下，不仅增强了集体荣誉感和团队合作的精神，还在老师的指导下培养了自理能力和独立生活的能力。

（吴晓阳）

（二）个性化课程的开发

我们的个性化课程是学校、班级、教师、家长、志愿者、学生自主开发，以选修课、社团活动、班级课程等形式为特征的才艺锻炼、体育竞技或创意制作。个性化课程，既表现在基础性课程中实施因材施教、分类指导，关照学生的多元智能；又集中在学校选修课和社团活动的"课程超市"及班级的"特色课程"中。个性化课程的特点是"自主选择""具身体验"。

我们面向全校学生，在周五下午开设一小时的选修课程。学生人人参与、教师人人参与。教导处根据课程设置、学生需求、教师自主申报制定《课程选择表》，发给学生，并由教导处主任、班主任在学期第一周周五给学生介绍本期可选课程，进行宣传。特长选修，由课程设置教师根据学生学习情况选择课程项目优秀学生参与；普通选修由学生自主选择喜欢的课程，并在表中填写一、二、三志愿，最后由班主任和课程设置教师根据学生报名人数情况和学生志愿顺次进行微调。根据课程，全校学生"走班"学习。我们面向学有所长的学生，周二、三、四放学后，开设一小时的特长队课程。每个学年度，我们还组织开展——"个性七彩之旅"，即校本课程展示活动，所有的选修课和特长队以节目表演、校本教材、互动体验、作品展示等形式汇报一学年的学习情况。整个校园呈现出一派欢欣雀跃、蓬勃发展的景象，就像过节一样。我们还会根据展示情况及平时训练情况、获奖纪录等评选出优质课程与精品课程。

【案例】

个性绽放　花开七彩
——成都师范银都小学第三届校本课程展示活动

2018年6月8日，栀子飘香，夏日正盛，成都师范银都小学"个性七彩之旅"校本课程展示活动在紫荆和紫薇两个校区同时举行。

我校从2000年建校开始，就以"关注个体，阳光普照；尊重生命，彰显个性"为办学理念。基于学生的个体差异、满足学生的多种需求，发展学生的兴趣特长而开设了丰富多彩的个性化校本课程。这是我校课程体系中的重要组成部分，是学校自主开发，以选修课、特长队、社团活动等形式为载体，着力于才艺培养、体育竞技、创意制作等的个性化课程体系。

一年来，同学们在丰富多彩的校本课程学习中，得到了发展，收获了快乐。两校区的同学分别展示了这一年来在个性化课程学习中的收获和成果。

紫荆校区，四到六年级全体同学竖笛演奏《红河谷》和《友谊地久天长》；紫薇校区，银帆管乐团的孩子们演奏行进乐曲《RANGER ROCK》。在悦耳的乐曲中，成都师范银都小学第三届"个性七彩之旅"校本课程展示活动拉开了序幕。

首先登场的是我校大名鼎鼎的银帆管乐团。银帆管乐团成立于2005年，在学校领导及家长的支持下迅速成长，多次在省、市、区各级活动中承担演出任务；多次受邀赴美国、日本、欧洲参加交流演出，得到华盛顿大学管乐教授、加拿大皇家山音乐学院院长等管乐专家指导与高度评价；多次参加区、市中小学生艺术节获得一等奖。阳光下，微风中，铮亮的乐器，整齐的队伍，饱满的精神，在李寅老师和刘锦霞老师的指挥下，紫荆和紫薇校区管乐团的同学们为大家演奏了《空军一号》《小苹果》《PROCESSION OF THE CENTURIONS》《ROCK POINT 5》《JAMAICA SUNRISE》《BANUWA》等经典的曲目，赢得了全校师生热烈的掌声。爱音乐，爱生活，我们希望让每个孩子在乐团的活动中享受音乐带来的快乐。

紧接着，活力四射的银杉健美操队也为大家带来了精彩的展示。银杉健美操队成立于2004年，至今已经14年。从2004年参加全国比赛至今，银杉健美操队先后获得全国、省市区各级比赛一等奖共600多个。"不轻易选择，不轻言放弃"是每个健美操小队员铭记于心的队训！

"雅言传承文明，经典浸润人生。"银杏国学社的队员们朗诵的《晨读》，让我们从经典诗句中品悟中华文化；一段《家国情》的诗词联诵，深深激发了同学们的爱国热情。中国古典文学源远流长、博大精深。国学经典穿越千年时空，书声琅琅承续中华文明。一粒粒国学的种子定会在同学们心中悄然萌芽。

……

本次活动除了集中表演之外，还设置了几十个分散展示点位。每门课程根据自身的特点以作品展示、互动体验、教学比赛等丰富多彩的形式展现了一年来的学习成果。

书法、绘画、绘本作品丰富呈现；色彩的秘密、厨房的秘密、编织等课程展示场地人头攒动；在飞叠杯、3D打印、科学小实验等课程中一试身手；在定向越野、沙盘游戏、注意力训练等课程中亲身体验；参加棋类、球类的各项比赛……

本届校本课程展示活动，共展示了68门课程，同学们穿梭在校园的各个展示区域，参观欣赏、互动体验、评价点赞，孩子们沉浸于丰富多彩的校本课程之中。

校本课程的开设，促进了学生学习方式的改变，满足了学生学习需求，激发了兴趣，培养了个性特长；同时也历练出具有较高综合素质和研究能力的教师团队。我校校本课程开发和实施水平在实践中不断提升。

（罗琴、任美全）

第三节　学校体艺课程的管理

《教育部关于推进学校艺术教育发展的若干意见》中强调要因地制宜创新艺术教育教学方式，探索简便有效、富有特色、符合实际的艺术教育方法，建立以提高艺术教育教学质量为导向的教学管理制度和工作机制，切实提高艺术教育教学质量。

学校深入推进体育艺术"2+1"项目，开足课程，以班级为基础，开展体育、音乐和美术校园展示活动，努力实现学生在校期间能够参加至少一项艺术活动，培养一、两项艺术爱好和体育运动项目。

一、提升体艺教师的专业素养

"多年前的老师依然影响着我们，她对我们做的每一件事，记忆依然如此鲜活，这些事情仿佛已融入我们的心灵，随着我们的血液流淌，汇集于我们的视觉神经，在我们的心里，在我们的决定中，在我们努力的每一件事情上，在我们懂得的林林总总……哪怕只影响过你一次，她也会深深地印在你的脑海中，就像现在的我们。多年前的老师啊，我们的记忆中永远有您的身影和甜美的笑容……"

这是一首小诗，题目叫《多年前的老师》。老师的影响力是永久的，他永远不知道自己的影响力会在什么时候消散。所以任何老师，在自己的专业方面都只有不断提升，才能给孩子以积极的正面的影响。

从建校开始，学校在师资的选拔及教师队伍的建设上，坚持"师德高尚＋一专多能"的标准，即"师德为先，专业为重，兴趣、特长为辅"的原则，不断提升体艺教师的专业素养，要求教师在整个专业生涯中，依托专业组织，通过终身专业训练，习得教育专业知识技能，实施专业自主，表现专业道德，提高自身从教素质，逐渐形成具备各自特色的体艺教育素养。

（一）厚积薄发，以渊博的学识取信学生

体艺学科有别于语文、数学、科学等学科的不同特征，如体艺学科更重审美，更重感受，更重身体力行……这就对体艺教师提出了更高的要求，他们更需要知识更新，更需要深入浅出，更需要厚积薄发。

在学校体艺课程的管理中，体艺学科组教师除了与其他学科一样，要定期进行教育教学研讨活动，积极外出参加各级各类培训与提升外，他们还重视加强专业技能的提升与实践。如美术组开展青年教师技能基本功比赛，从素描、国画、水粉、纸艺、电脑制作等方面进行全面的考察；再如音乐教师主动利用周末时间进修乐团指挥课程；体育教师积极参加心理组教研，利用沙盘辅助自己的教学。

学校涌现出一批专业扎实、教学水平高的优秀体艺教师，他们在工作中引领学生，影响学生，取信学生，也使自身得到了一次次的蜕变。

【案例】

创新美术课堂

在传统的美术理论课程教学中，我一直致力于跳出固有的思维模式，改变枯燥单调的理论宣讲，坚信空口自说自话与真实参与实践绝对

是完全不同的学习体验。当感性的艺术与理论知识相结合，怎样才能碰撞出创意火花？我想，智慧教室环境中的TBL小组合作学习模式正是启发思维的最佳火种。

创意合作：在TBL小组合作模式下，进一步优化小组合作机制，创意合作，让讨论、探究激发创新思维。利用师生图片互传，在教师主导下让学生掌握学习的主动权，积极主动参与到课堂学习中。

创意激发：美术是视觉的艺术，智慧教室环境中的课堂，图片快速上传、教师端及时视频同步，让学生直观学习操作方法，感受美术的趣味表现。在图片与各类信息的传递中，极大激发学生学习兴趣，引导学生大胆创想，启发逆向思维，为培养学生的创新精神提供积极因素，从而形成学生更高的美术素养。

教学片段：

一、感受透视

合作拍照：教师走进教室，利用智慧教室教师端随机抽人，一起合拍一张有趣的照片，上传到教室电脑端。

教师问：画面中老师的手和同学们整个身体比较，发生了什么变化？

学生发现老师的手比同学们的身体高大，然后讨论为什么会有这种有趣的现象。

教师小结：从图片中我们所看到的并不是真相而是一种现象，这种由近远的距离所产生的视觉上的变化，称之为透视现象。

二、生活中的透视现象

看图，观察"近与远"发生了什么变化，请学生分别在近、远后面的空白处进行填空并"飞递"。

教师传送图片到学生端，学生完成填空题，"飞递"回教师端。

教师收图，请第一组汇报自己的观察结果，然后总结。

三、探究透视现象的规律

1. 小组合作

将画面中道路两旁树木，顶部用直线相连，树木底部用线相连，并

向远处延伸，说说有什么发现。（了解消失点和视平线的存在）

2. 观察选择哪一组更符合透视现象（反馈器选择作答）……

智慧教室支持下，沉闷单调的美术理论学习也能玩起来，"嗨"起来。

（朱婷婷）

教师专业成绩得益于不断实践与探索，得益于教研组全体成员积极研讨的学术氛围，得益于学校"一名教师、一个团队"的教师专业发展模式。

（二）锐意创新，以高超的教学艺术吸引学生

一个音符，一个舞蹈，一幅画卷，体艺教师应用艺术的魅力，点燃孩子们学习艺术的热情。

【案例】

小班体育课妙招

一、有礼、有节，体现真正的和谐课堂

体育教学提倡尊重学生，充分发挥学生学习的主体意识，给学生营造更多的自由空间。但绝对不是不要课堂常规，而是把课堂常规教学进一步升华，由封闭式向开放式转变，由固定式向灵活性发展，由单一式向多元性迈进。由于体育课大多以室外课的形式进行，所以体育课堂上学生的注意力、纪律状况更加决定着上课的学习效率。

例如：教师在队前讲，学生在队中讲；教师在做示范，学生在吵闹。这样即使教师上课态度再好，讲解示范的次数再多，学生的学习效率低也是可想而知的，所以每当出现这样的情况，以下几招管用：

1. 突然停下来，故意不讲话，让课堂出现一片"空白"。

2. 故意找那些听课不认真、注意力不集中的学生回答问题。

3. 集体做集中注意力的游戏，如：反口令三面转、摸耳朵、叫号站位等。

4. 表扬听课认真的学生。如：师问"我表扬"，生答"表扬谁"，我就指出听课认真的同学并说他的优点。

二、分类、分层，教学效率提升的法宝

在高年级跳绳教学的过程中，学生的表现可谓花样百出，有的学生拿着绳子站着不动，有的学生将绳子放在地上跳来跳去；有的学生连续并脚跳都非常吃力，而有的学生不仅原地跳得非常好，还能行进间跳绳。面对这些现象，应将学生按基础不同进行分组，而且还应设置不同的要求和目标。学生分4组，每组推选小组长，第一组练习行进间跳绳，也就是边跑边跳；第二组练习原地单脚交换跳或编花跳或两人一组一带一跳；第三组练习前摇双脚跳或前摇单脚跳；第四组由教师亲自带领练习原地的摇绳、起跳、停绳。这样一来，学生的练习兴趣提高了，各组在小组长的带领下，开动脑筋，积极练习。

针对学生能力差异，进行有效的"分层"教学，让学生通过自主选择学习内容和学习方式，从自己的基础练起，达到不同的目标。而且有目的地分组练习，给学生搭建了展示才能的舞台，培养了学生主动参与的意识、自我管理的能力和合作精神，使他们能充分享受到学习活动的乐趣。

（冉旭东）

（三）为人师表，以高尚的人格力量影响学生

"夫子循循然善诱人，博我以文，约我以礼，欲罢不能"。陶行知先生的"四块糖果"的故事就是充分尊重学生，理解学生，虽然看起来平淡无奇，但其中蕴含了可贵的教育理念，折射出一种高超的教育艺术。

【案例】

我用我的眼睛发现爱

4月20日，那是我期待了很久的日子——作为一名大号手，我将第一次登上舞台，参加四川省管乐比赛。

为了这次比赛，我们准备了一个多月。乐队的总指挥——李寅老师，精心挑选乐曲，又从一百多乐手中挑出最棒的五十多名组成了A团。每一次排练，李老师特别投入，我总能看到他的身体和指挥棒随着音乐舞动起来，时而激昂，时而舒缓，不断地提醒每个声部准确切入。每次训练完毕，他那标志性的"亮光头"汗水淋淋，很有意思。慢慢的，我们的演奏水平提高了，连音乐学院的教授也情不自禁地赞叹起来，希望我们去拿特等奖。

4月20日，比赛日。

8:02，四川芦山县发生了地震，成都也有明显的震感，比赛怎么办？无论如何我也要和我的乐团在一起！

8:30，小伙伴们一个不落地准时到校，个个手持乐器，穿戴整齐，等候调遣。我看见身着黑色燕尾服的李老师和文校长在一起，李老师脸上的皱纹搓成了一团，他边和文校长商量，边时不时地接听电话，同时还不停地望望我们，他在想什么呢？参加比赛，赢得荣誉，但有余震发生踩踏事故的危险。退出比赛，一个多月的心血啊，就这样白白浪费？

大约过了一个小时，我们终于等到了集合的号令。

李老师严肃地说："孩子们，你们是一群最棒的乐手，有高超的吹奏能力，更有一颗爱音乐，爱银帆乐团的心。谢谢你们，谢谢家长们！"李老师以他谢幕的方式向我们深鞠了一躬，"今天的比赛的确很重要，但，你们的安全更重要！我代表学校宣布——退赛！"

操场上鸦雀无声，连四月的风都静了下来，银色和黄铜色的乐器上耀着的光斑也静了下来。

我失望地望着李老师，我发现李老师也很失望，但我也发现了李老师的爱……

我们爱音乐，更爱生命！

（2015届3班戴瑞）

陶行知先生也曾说过："教师个人一举一动，一言一行，都要修养到不愧人师的地步。"德高为师，身正为范，教师只有完善自身素质，才能让学生从高尚的人格魅力中汲取有益的营养。

（四）关心学生，以深挚之爱浸润学生

师爱是永恒的话题，师爱是关怀、宽容、欣赏、平等，师爱的无私和广博是成功的秘诀。在教师的关怀中，学生体会温暖；在教师的宽容中，学生懂得反思；在教师的欣赏中，学生变得自信；在教师的平等看待中，学生学会尊重。

体育课上，教师和孩子们一起运动，欢声笑语，氛围融洽；音乐课堂平等、宽松、愉悦、和谐；美术课堂给学生提供自由创意的空间，让他们插上想象的翅膀，尽情地施展自己的才华。

体艺老师不仅要技高一筹，更要用爱和热情去点燃激发孩子。如果将教育艺术与技术更好地融合，那老师的专业素养会得到进一步的提升。当教师热爱，孩子就会萌芽；当教师专业、敬业，学生就会跟随。

二、完善体艺教育的制度规范

学校在"团队办学——总校决策——分管牵头——校区执行"的管理机制下，探索基于学生核心素养形成和发展的小班化教育体艺课程体系，进一步探索小班化课堂教学特色。通过抓好两个常规主题活动——每学月的常规交流与考核、教学监控与视导，三项专题活动——智慧课堂研修、青年教师赛课、家长开放日，促进教师的专业成长和学生的素质发展。

（一）推进制度管理，保障教学效益

1. 教学常规学习与交流

进行"七认真"，即教学计划、备课、上课、作业、辅导、检测评价、总结反思等教学管理。

2. 教学监控与视导

持续推进行政视导活动，教导处根据阶段教学或系列研讨等情况，组织行政及学科骨干教师，临时确定视导班级与教师，进行教学"七认真"的随机抽查。视导原则上每月一次，并进行跟踪性视导，每次教学视导后，及时反馈，及时总结，真正达到提高教师教学水平的作用。

【案例】

集体视导制

每学期，均组织行政及相关学科组长、学科带头人等进行课堂教学常规视导。

教学视导安排

视导目的	1. 通过教学视导，规范教学常规，落实高新区《关于加强中小学教学常规管理的意见》 2. 组织学校行政管理人员，通过听推门课，了解教学现状，进行教学掌控与指导，提高教学研究的有效性 3. 重点关注：音乐美术学科，课堂教学的有效性、作业的布置与评改
视导时间	2017—2018学年度下期第五周周四
视导主题	关注学生个体，提高课堂效益
参加人员	全体行政、相关教研组长、名师
视导流程	1. 听课2节，检查教师备课、上课、作业布置与批改、个别辅导的情况，填写《教师教学常规检查记录表》，评定等级并签字 2. 活动结束后，与任课教师、教研组长及教导处沟通 3. 周五行政会交流
具体安排	紫荆校区：第三节，音乐，蔡老师；第四节，美术，尹老师 紫薇校区：第二节，音乐，刘老师；第四节，美术，邓老师
情况反馈	

【案例】

新教师亮相课

学校还针对青年教师进行专项的视导，如新教师亮相课视导、家长开放课试讲、赛课试讲的相关视导。

体育组新教师亮相课小结：

2018年4月，我组两位青年教师进行了新教师亮相课展示，现将情况总结如下。

李卓老师执教《玩篮球》一课，整堂课表现出学生良好的课堂常规，组织有序，队形调度合理。李老师通过分解、游戏的方式引导学生去玩篮球,让孩子们在乐中学,玩中练;王维老师执教《蹲踞式起跑及起跑后的加速跑》一课,教师表现出饱满的上课热情,他幽默风趣,亲和而充满激情,极大感染了所有学生和听课教师。本课融合现代信息技术和孩子们喜爱的游戏教学,教学组织有序,学生活动充分,目标达成度高,教学效果良好。

学校行政及体育组全体教师参加了本次亮相课活动。大家从课堂观察、教师理念、个体关注、素养落实等多个维度对这两堂课进行了分析。大家认为:

1. 新教师进步明显,但仍有较大差距。主要表现在教学设计比较陈旧,组织教学能力较弱,教法过于单一。

2. 在体育课堂上,教学环节要紧凑,衔接应自然,设计需新颖,要引领学生积极、深入地参与。

3. 青年教师需注意以下事项:教学中应预设会出现的问题;课堂组织与教学队形应统筹安排,队形变换不多,但应做到避免干扰而且调度有序;环节间过渡自然、快速,教师语言精练准确;充分发挥体育委员和小组长的领导作用。

4. 合理利用信息教学手段进入体育课堂。信息教学技术进入体育课堂具有较大的局限性,主要表现在场地和学生活动范围不利于运用现代信息技术,本次活动中王维老师就运用了此项技术,虽然效果还不是特别明显,但对体育课堂教学的改革具有一定的借鉴作用。

(游霜)

(二)注重过程管理,提升体艺教学质量

切实提高小班化课堂教学的效益和校本教研活动的实效,认真执行《银都小学教学常规管理细则》,发挥教师的自主作用、组长的能动作用、名师的引领作用、行政的学科分管作用,有效推进教学分管责任制及层层负责制,注重过程管理,强化教学质量。

1. 落实行政干部学科分管责任

要求：每周检查指导分管学科、年级1课时以上，及时与相关教师交流，参加分管学科的教研活动，认真填写教学管理手册，学期末汇总交教导处。教导处收集情况，统计分析，进行情况反馈。

2. 发挥教研组长能动作用

教研组长，协同两校区开展教研活动和学校体艺活动，就考核情况向教导处负责；备课组长进行本年级教研活动的组织与实施，并进行年段教师月考核。各级教研应切实落实学科教学"七认真"的规范与要求，突出质量，凸显教研文化，创造性地开展教学研究工作。

3. 发挥外聘专家、校内结对帮扶及名师的作用

校内名师、结对教师应按要求自觉履行其职责，与青年教师、结伴教师共同成长。

4. 选修课及特长队工作标准及评价

（1）学年初，选修课、特长队任课教师根据课程特点制订好切实可行的教学计划。

（2）任课教师必须有计划、有进度、有教案。认真备好每一节课，按步实施。确保课堂安全及课堂教学质量。认真写好教学反思，及时总结经验。

（3）教师应保存学生的作品、资料及在活动、竞赛中取得的成绩资料。

（4）学校通过听课、查阅资料、调查访问等形式，每月和期末对相关教师进行考核。对教师的评价重视过程与成果呈现两方面。过程评价将从态度、责任心、事业心、常规管理、课堂质量几方面入手；成果显现通过现场展示、实际操作、竞赛评比、物化成果展示、提交相应资料、档案袋检查、学生问卷、座谈等多种方式考核。

（5）对学生的评价注重学生个性和特长的发展，关注学生对课程的学习过程，强调评价主体的多元化。学生在学习活动中对师生关系的实际感受、学生的学习兴趣和获得成功的体验等，成为评价学生的主体内容。每学期末，将对每个学生评定等级，并评选出30%的优秀学员。

（6）组织丰富多彩的体艺活动，提升学科教学质量。

为了丰富学校学习氛围，体育、音乐和美术都会在每学期举行相应的集体展

示活动,如春秋季运动会、班级体育活动、学校音乐会、超级童声、六一庆祝活动、黑板报、主题性小报、装饰橱窗、美化校园和学生美术作品展等等。

三、改革体艺学习的评价方式

在现代教育活动中,教育评价是一个重要环节,它已成为现代教育不可或缺的一部分,没有评价的教育是盲目的教育,以前的评价方式甚至可以说大都缺少全面性和客观性。

体艺组的教师们结合学科特点,群策群力,创新评价方式,将体育与艺术教育常态化、日常化、多元化、过程化。

(一)重素养的评价

传统的一次性考试评价对学生的知识、技能和过程、表现是很难做到全面公正的。一个学习态度不端正但具备一定天赋的孩子只需期末考试稍加努力就能拿高分,而一个音乐、美术或体育天赋一般的孩子再怎么努力也与高分无缘,这对学生的成长无疑是非常不利的。

学校体艺教师重学生的素养评价。体育教学,主要体现在体育实践、运动精神和健康促进,让孩子们最终成为具备遵纪、刻苦、顽强和团结,会锻炼并能坚持锻炼,拥有智慧和健康身心的少年;音乐教学,能让孩子们积极参加各类音乐活动,对音乐具有一定的兴趣爱好,能经常用音乐给自己带来快乐情绪,能主动选择合适的音乐活动调节情绪、平和心理,参加音乐活动时具有较主动的审美意识;而美术教学则通过图像识读、美术表现、审美态度、创新能力、文化理解,从而提升学生的审美和创新的意识。

【案例】

成都师范银都小学学生体育素养评价内容

运动认知	体育知识	掌握运动知识、技能与方法、组织竞赛、裁判知识与规则,并具备运用相关知识解决实际问题的能力,及具有一定的运动欣赏能力等
	运动能力	体能、身体素质、技战术能力的综合表现
	学习能力	能独立制订和实施体育锻炼计划,能对锻炼效果做出科学评价

续表

健身与健康行为	珍爱生命	关注生命、热爱生活，养成良好的生活方式
	健康生活	具有良好的生活、卫生等习惯，远离不良嗜好
	终身体育	学习主动，态度认真，主动参与锻炼、养成锻炼的良好习惯、学会自我健康管理
情意表现	责任担当	有自尊、自信、自强，诚信友善，遵守规则，合作担当的品行；具有克服困难、勇敢顽强、积极进取、挑战自我、追求卓越的精神，能够正确地对待胜负
	心理调节	认识自我，评价自我健康，能正确地运用体育方法调控自我情绪
	中华体育精神	祖国至上，敬业奉献，科学求实，遵纪守法，团结友爱，艰苦奋斗
社会适应	交往与合作	增进相互理解和尊重，体验有效沟通方式，增强团队意识，关心集体
	环境适应	培养个人生活自理能力、基本劳动能力、从业的能力、社会交往能力、用道德规范约束自己的能力
	创新精神	培养学习能力、分析能力、综合能力、想象能力、批判能力、创造能力、解决问题的能力、实践能力、组织协调能力

【案例】

积分制

五年级的鸿升在音乐课堂上是个特别积极的孩子。每次听音的时候，他会带领全班同学视唱音程获得加分；竖笛课上，他认真练习吹奏，最先完整演奏乐曲并当"小老师"教其他同学演奏获得加分；有时他会主动上台给大家讲解"什么是切分音"等乐理知识获得加分。这样的累计加分，前所未有地激发了他学习音乐的积极性和自信心。曾经嗓子沙哑的他，竟然报名参加了学校合唱团，成功地调整自己的发声状态，成了合唱团低声部的"顶梁柱"。

分析：

仅把歌唱或演奏能力一项作为评价指标，极有可能埋没了鸿升这样聪慧的孩子。由于平常表现的累计加分给予了他充分肯定，使他树立了学习的信心和决心。在合唱团里他的嗓音"亚健康"状况不断改善，加之良好的音准和节奏感，成为低声部"顶梁柱"也就顺理成章了。

音乐学科对于知识技能、表现和创造的平时表现性评价，推行以下加分细则：

项目	加分细则
知识技能	掌握旧知，+1；回答有价值的问题，+1；听音、听节奏准确，+1；识谱能力强，+1；分辨音乐基本要素，+1
表现创造	主动担任领唱、领奏，+1；主动在全班演唱、演奏展示，+1；主动当小老师讲解新知或辅导同学，+1或2 节奏、旋律补充或创编，+1或2；创造性表现音乐，+1；合唱、合奏时有合作意识，+1；音乐文化理解，+1

（蔡静）

（二）重过程的评价

一般而言，形成性评价不以区分评价对象的优良程度为目的，也不重视对被评价对象进行分等。它主要聚焦学生知识、技能、兴趣、态度等方面，关注学生获得关于每个版块的内容和形成表现力的层次。生命在于过程，这是人人都懂的道理，对于教育中的过程性评价更应如此。

体育教学中，教师应该重视教学过程中的评价，注意学生的参与态度和纵向发展进步，鼓励学生积极参与体育活动，激励他们的自信心，培养他们的勇敢精神和与同伴友好相处的意识，同时较大程度地改革考核、评分的做法。依据课程标准中有关评价的内容、评价标准、评价形式和本学段五个学习领域目标的内容，结合小学生身心特点、认知水平和实际能力，采用学生自评、小组互评和教师评价的综合评价方法进行，并分为形成性评价、终结性评价和表现性评价。

1. 形成性评价

（1）课堂教学即时评价。教师在课堂教学中针对学生在学习目标或学习习惯、学习方法、情感态度和合作学习等方面的具体表现，给予及时的肯定、表扬、鼓励或纠正。

（2）单元测试评价。以各学科课程标准为依据，结合单元学习内容，采用书面、口试或实践活动等方式来检测学生对每单元基础知识和基本技能的学习情况。

2. 终结性评价

终结性评价是对学生一学期学习的综合性评价，包括形成性评价成绩、期末学科测试成绩、总结性评价成绩，最后形成终结性评价并以等级形式呈现。

【案例】

成都师范银都小学（体育）学科综合素质评价方案

一、检测目的：通过检测，评价学生身体发育与身体机能发展水平，发掘学生多方面的体育素养，激励学生形成良好的身体锻炼习惯。

二、检测内容及权重：

1. 学习表现（1~6年级）10%。

2. 运动能力（1~6年级）40%。

上期：

短绳（1~2年级）；

蹲踞式起跑（3~4年级）；

蹲踞式跳远（5~6年级）。

下期：

前滚翻（1~2年级）；

双手头后向前掷实心球（3~4年级）；

跨越式跳高（5~6年级）。

3. 身体素质50%。

上期：30米跑（1~2年级）、立定跳远（3~4年级）、仰卧起坐（5~6年级）；

下期：立定跳远（1~2年级）、50米跑（3~4年级）、400米跑（5~6年级）。

4. 鼓励学生参加各级各类体育竞赛活动，对获得成绩的学生予以适当加分计入学期成绩。

三、检测细则：

体育学科综合素质评价表

年级	评价内容		评价标准	评价方式	评价时间
水平一	学习表现	详见165页《学生体育课堂学习表现评价表》	10分：学习、练习过程积极主动，无无故缺勤情况，课堂学习表现优秀 9~8分：学习、练习过程较为主动，缺勤次数3次以内，课堂学习表现良好 7~6分：能完成各项学习和练习，缺勤次数5次以内，课堂学习表现需努力	自评 互评 师评	提前2周
	运动能力	上期：短绳 下期：前滚翻	《体育与健康课程测试标准》	随堂检测	
	身体素质	上期：30米跑 下期：立定跳远	《体育与健康课程测试标准》	随堂检测	
水平二	学习表现	详见165页《学生体育课堂学习表现评价表》	10分：学习、练习过程积极主动，无无故缺勤情况，课堂学习表现优秀 9~8分：学习、练习过程较为主动，缺勤次数3次以内，课堂学习表现良好 7~6分：能完成各项学习和练习，缺勤次数5次以内，课堂学习表现需努力	自评 互评 师评	提前2周
	运动能力	上期：蹲踞式起跑 下期：双手头后向前掷实心球	《体育与健康课程测试标准》	随堂检测	
	身体素质	上期：立定跳远 下期：50米跑	《体育与健康课程测试标准》	随堂检测	
水平三	学习表现	详见165页《学生体育课堂学习表现评价表》	10分：学习、练习过程积极主动，无无故缺勤情况，课堂学习表现优秀 9~8分：学习、练习过程较为主动，缺勤次数3次以内，课堂学习表现良好 7~6分：能完成各项学习和练习，缺勤次数5次以内，课堂学习表现需努力	自评 互评 师评	提前2周
	运动能力	上期：蹲踞式跳远 下期：跨越式跳高	《体育与健康课程测试标准》	随堂检测	
	身体素质	上期：仰卧起坐 下期：400米跑	《体育与健康课程测试标准》	随堂检测	

四、评分标准：

优秀85～100分；良好75～84分；及格60～74分；不及格60分以下。

（游霜）

3. 表现性评价

课堂表现性评价内容包括"学习态度与行为""交往与合作精神"和"情意表现"（学习情绪、自信心和意志表现、对他人的尊重等）三项内容。这些内容是心理健康和社会适应目标的重要表现，因此要做重点记录。但是每堂课都做记录是不现实的，可以采用"抓两头"的办法进行"抽样式"的观察记录，即只把在某节课中表现最佳或明显消极、有不良影响的学生情况，用符号、等级、短语的形式记录下来，以备评定学生成绩时参考使用。

【案例】

美术活动表现性评价

美术教学评价既要通过美术作业评价学生美术学习的结果，更需要通过学生在美术学习过程中对学习能力、学习态度、情感和价值观等方面的发展予以评价，突出评价的整体性和综合性。

美术活动表现评价要求通过观察、记录和分析学生在美术学习中的客观行为，对学生的参与意识、合作精神、操作技能、探究能力、认知水平以及交流表达能力等进行全方位的综合评价。活动表现评价可以采用个人、小组或团体的方式，既可以在学习过程中进行，也可以在学习结束后进行。评价结果以简单的形式加以记录，并给予学生恰当的反馈，以鼓励多样化的学习方式。

学生课堂表现记录表

班级_____ 姓名_____ 学年_____ 学期_____

序号	观察内容		好	较好	还应努力	精彩表现
1	学习态度与行为					
2	交往与合作精神					
3	情意表现	学习情绪				
		自信心和意志表现				
		对他人的尊重				
总评						
学生（家长）反馈						

（邓然）

（三）重多元的评价

根据新课标要求，对学生的评价应从甄别式的评价转向发展性评价，既要关注学生的学习结果，更要关注他们的学习过程；既要关注学生学习的水平，更要关注他们在学习活动中所表现出来的情感与态度，评价要反映学生学习的成绩和进步，激励学生的学习，帮助学生认识到自己在学习策略、思维或习惯上的长处与不足，认识自我，树立信心，真正体验到自己的成功与进步。因此，对学生的评价一定要进行多元化的评价。学校体艺学科的多元评价主要体现在以下几方面：

1. 课堂观察

通过课堂观察随时了解学生的学习和锻炼情况，反映学生的学习和锻炼过程。开展以学生发展为中心的课堂观察评价，就是教师在课堂中要充分关注学生的状态，从学生的注意状态、参与状态、交往状态、思维状态、情绪状态、生成状态等方面去观察了解学生并随机作出适当的评价。通过评价，鼓励学生去思考、尝试、实践。

【案例】

音乐课堂好习惯评价

音乐属于人文学科范畴,音乐课的师生互动交流带有更多的人文色彩,因此对音乐课堂习惯也会有着不同的要求。我们发现在很多的公开课上,老师经常提醒学生坐姿、拿书等各种习惯,方能保证教学有效运行,可见这些重要的规范习惯并未普遍成为学生的一种自觉行为。

为了培养学生良好的课堂习惯,使音乐课堂更加简洁高效,我们制定了以下常规加分评价标准:

项目	加分细则
路队习惯	安静自律地排队到音乐室,科代表点名表扬(+1)
坐姿习惯	上课专注,坐姿端正(+1)
识谱习惯	唱旋律时自觉划拍或指谱(+1)
演唱习惯	站立时腰板挺直(或坐凳子前1/3),双眼平视前方,微笑律动歌唱;所拿书本与胸口齐高,眼睛既能看书又能看老师指挥,与老师随时保持紧密地交流(+1)
演奏习惯	姿势正确,听从琴声指挥收放乐器(+1)
聆听习惯	有表情地安静聆听,适当律动不打扰他人(+1)
科代表评价	正科代表组织班级路队到音乐室,副科代表课前后发收书本、当评分记录员,效果良好(期末酌情+5到10分)

上课铃响了,孩子们在一楼的教室外整齐地排好队,准备到音乐室上课了。啸天是一年级最棒的音乐科代表,也是音乐老师的"得力干将"。为了不影响其他班级上课,他将整队的音量调至最轻。上楼的过程中,他随时关注队形和纪律状况,必要时还会停下来静静等候掉队的同学。到了五楼音乐室,副科代表已经将音乐书整整齐齐摆放好了,班级"记分员"进行了现场加分登记。下课了,大家依然排队离开,教室里的副科代表将音乐书收齐、整理好,清洁也打理得干干净净。下一节是五年级的音乐课,哥哥姐姐已经提前来摆放他们的音乐教材了。

(蔡静)

2. 成长记录

成长记录就是一种重要的质性评价方法。通过它能让孩子们形成学习的习惯，因为它收集、记录了学生自己、教师或同伴做出评价的有关材料，学生的作品、反思，还有其他相关的证据与材料等，并以此来评价学生学习和进步的状况。

3. 自我评价与互评

体艺学科的自我评价是非常重要的，通过自我评价让学生能较为清楚地认识自己，而通过互评又让学生从不同的角色认识自己，两种评价的结合从而让学生更为直观地改变和提升自我。

【案例】

学生体育课堂学习表现评价表

班级：＿＿＿＿＿＿　　学生姓名：＿＿＿＿＿＿

评价内容	学习表现		状态水平描述		
			自评	组评	师评
体能与运动技能（30分）	动作技术掌握情况	熟练（30分）			
		一般（25分）			
		需努力（15分）			
学习态度与行为（20分）	主动学习并勤于展示	积极（20分）			
		一般（15分）			
		需努力（10分）			
认识与知识（20分）	锻炼常识	优秀（20分）			
		一般（15分）			
		需努力（10分）			
交往与合作（20分）	在活动中与同学的人际关系	优秀（20分）			
		一般（15分）			
		需努力（10分）			
情意表现（10分）	活动中是否具备克服困难和勇敢面对挫折的意识	优秀（10分）			
		一般（8分）			
		需努力（6分）			
综合评价	通过教师最后综合评分，记入学生期末《体育学科综合素质评价》中的"学习表现"成绩				

（游霜）

【案例】

美术学习评价

在重视教师与他人对学生学习状况进行评价的同时,更应重视学生的自我评价。学生自我评价可以采用问卷形式,也可以采用建立学生学习档案的方式。学生在学习档案中收集美术学习全过程的重要资料,包括研习记录、构想草图、设计方案、美术作业、相关美术信息(文字或图像资料等)、自我评价以及他人评价的结果。

学生通过建立美术学习档案提高美术学习的主动性,促进在原有水平上的发展,有效地提高学习的质量。教师通过学生的美术学习档案,了解学生的学习态度和学习特点,了解学生对美术知识、技能的掌握情况以及在观念和方法上的进步,发现学生的潜能,了解学生发展中的需求,及时给予针对性的指导。

建立以美术教师评价为主,校长、教师、学生、家长共同参与的评价制度,使美术教师从多种渠道获得反馈信息,不断改进教学,提高教学水平。

(邓然)

4. 学生参与评价

这种评价权力的回归,让学生在审视自我和学习他人的交流中获得成就感和愉悦感,促进彼此的共同成长。

【案例】

班级音乐会

文明欣赏他人表演,积极参与自评或他评,点评精当者可以获得1~2分的加分。

新年班级音乐会,是孩子们尽情展示的精彩时刻。今年的音乐会,大众评审一致把票投给了雨林,他获得了"最佳表演奖"。孩子们说:"去年音乐会他唱歌技术还有点不熟练,今年就像专业选手一样棒了!"雨林说:"我唱歌状态有时不够稳定,还要继续努力!"

分析:"班级音乐会"只是孩子们进行自评、互评和他评的一个窗口或缩影。这种开放式的评价模式有助于学生从不同阶段回顾和比较中看到自己或他人的进步,明确进一步提升的努力方向。还可以将音乐会演出照片制作成电子相册发放班级群里,让家长也参与评价。

(蔡静)

不管以何种方式对教学进行评价,体艺学科教师们都会为每个学生写出具有针对性强的评语。或针对学生的兴趣,特长或突出表现,进步幅度等写出激励性评语或期望性寄语等,评语力求简练、概括和富有情感,不求面面俱到。有时候,给学生比实际情况稍高一点的评价,引导学生对他们的未来充满自信。虽然最终未必人人都能实现既定的目标,但他们一定会因此而格外努力。在对自己做不到的事情毫不知情的情况下,人们才勇于尝试。人一旦有了信心,就可以一往无前。

针对学校体艺课程的管理,进一步促进学校体艺教学过程的开展,规范了学校艺体教育工作,提高质量,培养了学生的创新意识、审美情趣和欣赏能力。在学校实行的小班化教育中,班级规模的缩小,为学生的个性化发展提供了必要的条件。小班化体艺教育为教师更好地关注每一个学生的生命状态;美化每一个学生的心灵;提升每一个学生的精神品质;张扬每一个学生的个性风采;促进每一个学生的持续发展提供了良好的条件,为体艺素质教育营造了一个春华与秋实并蓄的教育美景。

第四章 活动体验:体育与艺术教育的运作机制

体育与艺术教育本身具有活动性与艺术性特点,体育与艺术活动为学生带来丰富的互动体验。活动体验是体艺教育的主要运作机制。

第一节 组织丰富多彩的活动

体艺活动是指在课内外有目的、有计划的体艺教育活动。体艺活动可以在课堂教学中进行,也可以在课后以课外活动的形式开展,还可以以集体或团队活动的形式开展。体艺活动的内容和形式灵活多样,学生参与活动具有自愿选择性,学生在活动组织上具有自主性。体艺团队活动可以是综合性、跨年级的全校性或年级性活动,也可以是单一的选修课程活动或社团活动。

学校的体育与艺术教育活动,遵循体艺教育规律,尊重学生生命成长需要。体艺活动丰富多彩,极大地充实了学生的生活,扩大了学生的活动领域;激发了学生的兴趣爱好,发展了学生的特长;培养了学生的自主能力、探究意识和创新精神。

一、体育健身活动

学校的体育与健身活动对于小学生的健康成长与身心发展,其重要性与意义是毋庸置疑的。在学生的紧张学习之余,充足、适量的体育健身活动对于调节学习节奏、缓解疲劳、增强体质、提高运动技能水平,具有重要的作用。

学校构建体育健身活动机制。在规范基础上,创新管理,实施"课堂+选修+特长"的课程模式,积极"走出去"与"请进来",探索"专家引领,团队协作，梯队成长"的育人模式。

（一）大型活动，锻造团队

在本书中，大型体育活动特指在中小学校里开展的大型集体体育活动，如全校性的运动会、专项比赛、大课间活动等等。学校的大型体育活动对于促进学生的团队精神与集体观念的形成具有良好的作用，对于学生的基础运动技能的形成也具有不可替代的作用。大型体育活动因参与人数众多、要求整齐划一而具有活动效率较高的特点。

在中小学，国家倡导开展体育大课间活动，它是保障阳光体育活动一小时的有效手段，有利于培养学生健康的生活方式，同时又是展示校风校貌的重要窗口。大课间体育活动是学生每天都参加的全校大型集体活动。长期有组织、有计划地开展大课间体育活动，对培养学生团结上进、勤奋认真的团队精神和良好的校风起着重要作用。

【案例】

阳光体育　活力课间

银都小学的"大课间体育活动"以"阳光体育，活力课间"为主题，把队列训练、长跑、体操、健美操和跳绳结合在一起，构建了具有学校小班化特色的活力大课间。

眼保健操结束后，同学们迅速走出教室排队集合，有序来到操场。体育老师先进行队形操练，学生动作标准，各班队列整齐。音乐响起，全校师生动作整齐划一，做"七彩阳光"课间操。之后的安排每天都不同，周一长跑，周二跳绳，周三健身操，周四啦啦操，周五接力赛跑。

操场上，跳绳如一道道彩虹，映出同学们轻快的脚步和生动的笑脸。单人跳、双人跳、花样跳……一片欢腾。动感时尚的"青春修炼手册"和"小苹果"韵律操，作为锻炼的艺术类活动，深受同学们喜爱。师生一起运动，更是学校运动场的靓丽风景。

阳光大课间体育活动，已成为学校日常工作的重要组成部分，为学生创造锻炼自我的机会，让学生沐浴在阳光下，真正让每个学生"动"

了起来，让孩子们养成了良好的体育锻炼习惯和健康的生活方式。它不仅仅是一项大型体育运动，同时还是一项育人活动。在大课间活动中要求队形行列均要对齐，学生呈立正姿势。这些要求看似简单，实则培养了学生的集体意识与合作精神，展示了学校育人的成果。

（杨利）

学校运动会分为春季运动会和秋季运动会。体育组和德育处的老师、大队部的同学一起，一次次讨论、碰撞、修改活动方案，让每一次运动会都富有创意，深受全校师生喜爱。

【案例】

人人参赛　个个健康

春光明媚，和风拂面，伴随着铿锵的运动员进行曲，银都小学春季运动会在一片热烈欢快的气氛中进行，在赛场上，两校区共1700多名学生，化身为1700多位运动健儿，人人参加比赛，个个绽放光彩。

各项比赛紧张而激烈：跑步、跳高、跳远、投掷、迎面接力、集体长绳……单人项目，拼的是个人水平；集体项目，比的是配合默契。赛场上，运动员们英姿飒爽，积极拼搏；赛场外，啦啦队员加油鼓劲，助威声一浪高过一浪……

随着发令枪响，50米、100米短跑运动员像离弦的箭冲出起跑线，你追我赶，发扬更快更强的精神，风一般地跨过终点。

400米跑是对耐力和毅力的考验，长长的跑道上，留下了运动员们坚毅的脚印。坚持就是胜利，当运动员们克服心理和生理上的重重困难完成比赛的那一刻，就战胜了自我，迎来了掌声。

跳高跳远场地上，运动员们向大家展示的是力量与技巧的完美融合：助跑、腾空、跨越、落地！体育之美、运动之美，便淋漓尽致地展现在大家眼前。

班级长绳比赛是对班级凝聚力的考验，同学和老师齐上场，用默契的配合、整齐的口号把长绳比赛演绎成"脚尖的舞蹈",精彩绝伦。

班级迎面接力赛之后,全校孩子迎来了最喜欢的赛事"混搭接力赛",由高年级学生代表队对战家长教师代表队。

比赛开始,呐喊声响彻云霄。赛场上,家长和老师们不论年纪、只管拼搏!他们毫无保留、奋力向前,用实际行动向孩子们诠释着积极向上的体育精神。

生命不止、运动无限!运动会组织有力,比赛文明有序,赛出了风格,赛出了水平。展现了蓬勃向上、勇于拼搏的良好精神状态,同时也体现了团结协作,互帮互助的奥运精神。

(张婷)

(二)选修课程,发展特长

学校常年开设80余门各具特色的选修课程。

体育选修课是体育必修课程的拓展,学生可以根据兴趣爱好和条件选择喜爱的体育课程,发展个人特长。既能提高体育技能水平,又能增长体育知识,全面提升身体和心理素质,使身心等各方面都得到发展。

球类运动因对抗性强,能充分体现合作和竞争的关系,深受学生们喜爱。它对小学生良好习惯和品格的培养,对完善人格的塑造,起着重要的作用。

【案例】

篮球运动　塑造人格

篮球运动在小学阶段对学生的人格塑造起着重要作用。

首先,篮球运动有助于培养学生的集体主义精神。在进行篮球运动训练和比赛中,可以运用篮球运动的集体性特征,有目的地组织一些趣味性的、共同参与的篮球游戏活动,让学生在游戏中享受篮球运动带来的快乐,感受篮球运动带来的集体荣誉感。

其次,篮球运动有助于学生养成终身锻炼的良好习惯。校园篮球运动,可以有效发展学生的速度、力量、耐力等身体素质,提高学生的篮球运动技术水平。篮球运动是帮助小学生掌握运动技能、发展良好心理素质的有效途径，同时也有助于养成良好的运动锻炼习惯。

第三，篮球运动有助于增强小学生的心理抗挫折能力。通过篮球运动训练和比赛，可以发展小学生积极向上、不畏挫折的心理品质。比如，篮球比赛关键比分时，老师让一位学生来完成最后一击。此时这名学生如果缺乏自信、勇敢与果断，就不可能选择合适的位置、准确的时机及时出手。这些心理品质的形成，离不开长期训练中老师的教学与指导，也离不开训练中的反复磨砺。

（李卓）

（三）社团活动，开发潜能

为满足学生的兴趣爱好、特长发展和个性化成长，全校成立了三十多个社团。由教导处统一组织管理社团，每周在固定的地点和时段开展活动。

丰富多彩的社团活动为开发学生潜能、发展学生特长，搭建了平台。社团里面涉及体育健身活动的就有十多种。学生在绿茵场上踢足球，在跑道上飞奔，在篮球场上腾跃。他们挥洒汗水，斗志昂扬。

【案例】

健美操队建设

1. 师资团队建设

截止2018年，我校健美操队教师达到6人。为了进一步整合和发挥师资优势，我们会在每期制定目标。

（1）教练专业提升：定期参加省市区健美操培训。

（2）队员专业提升：请专家到学校训练。

（3）比赛目标：定参赛规格和项目。

（4）人员具体分工：李老师（总负责），冉老师（队伍建设），卿老师、刘老师（健美操教学），卢老师、付老师（校区总负责），杨老师（啦啦操教学），王老师（街舞教学）。

2. 健美操、啦啦操团队建设

（1）健美操普及：大课间开展全校教学，普及健美操、街舞、排舞、啦啦操。大课间每天一操或一舞，交替进行。

（2）多种宣传：每年比赛结束，在全校集会上隆重为参赛学生们颁奖。让他们在全校小朋友的注视下树立自信，享受成功的幸福。

（3）体育组和健美操教练团队，定期组织全校健美操比赛。

（4）制作纪念册：比赛期间，我们为学生拍照，利用赛后时间处理照片、定制画册。

（5）家长培训：每年新队员在比赛前，我们对家长进行培训，目的是更好地为学生服务。

学校为健美操队营造了良好的文化氛围，我们希望让"银杉"越来越茁壮……

（李清）

【案例】

软式棒垒球队建设

成都高新区2006年引进软式棒垒球项目并成立训练基地，我校积极行动，迅速成立软式棒垒球队，并将此项目引入课堂教学、选修课等，在学生中迅速风靡。银都小学棒垒球队积极参加各级各类比赛，取得优异成绩，球队发展稳步向上。

在2018年成都市软式棒垒球锦标赛中，学校参加了五六年级和三四年级两个组别的比赛。两支队伍都获得了一等奖，三四年级组获得了冠军，五六年级组获得了亚军。五六年级组在刚刚战胜全国季军的情况下，中间不休息，最终获得亚军。他们顽强拼搏、永争第一的精神赢得了裁判的好评和观众的赞赏。

随着球队和社团的不断发展和壮大，我们制定了队规，要求队员在训练中必须统一服装，并戴帽子，扎皮带，体现绅士风度。队规要求队员们讲究礼仪，刻苦训练，团结协作。通过长期的要求和训练，渐渐地队员们养成了良好的习惯。

棒垒球也是一项"回家"的运动，从本垒出发，历经千辛万苦，通过一垒、二垒、三垒，回到本垒，才能为集体得到一分。当你回到温暖的本垒时可能已经筋疲力尽了，但能够突出重围已经是历经了千锤百炼。学生勇于拼搏的精神也自然会展露无遗。

（陈向崇）

二、美术造型活动

儿童美术造型活动，能提高学生对画面的整体把握能力、构图能力、色彩知识的学习运用能力以及对"形"和"型"的塑造能力，也能够丰富学生的造型方法。最重要的是能够丰富和拓展学生的想象空间和创造力。在儿童美术造型活动中，线条、色彩和形态的运用，是三个比较重要的方面。不同粗细、长短、曲直的线条，可以勾勒出绘画的轮廓，可以进行构图和布局，甚至可以画出一幅幅生动的线描画。色彩带给我们丰富的学习与生活，各色颜料帮助我们描绘多彩的世界。造型活动离开了形态的塑造是不可想象的。丰富、生动的形态描绘帮助我们更好地理解造型活动和具体场景。

（一）线条勾画美

线条，作为绘画艺术最基本的元素，最简单的审美记号，勾画着多样的世界，饱含着丰富的生命情感。绘画中的线条形式简单，但却蕴含着丰富的内涵。可以说东方的绘画艺术主要就是线的延伸与线条的运动，展现着生命的情感世界。

美术老师们依据小班化特色和学生特点，选择、建立了蕴含特殊线条的装饰画课程。装饰画在生活中运用广泛，但在人美版美术教材中内容又涉及较少，所以学校的"装饰画"课程体系，是对现行教材的有益补充。补充的课程有黑白线描装饰画、手工装饰画、"装饰粉彩"画、装饰版画，还有丙烯与线描结合的装饰画，以及装饰国画，极富个性与特色，充盈着学校艺术教师的智慧光芒。

【案例】

有趣的线条画

经过几次试讲，我最终将课题确定为"有趣的线条画"。教学目标明确为帮助学生掌握黑白线条画的技巧，合理应用信息技术进行辅助教学，借助技术优化美术造型教学。

一、对比"线"与"线条画"。

线条画1

1. 师出示两张图片，一张是各种线条：曲线、直线、折线等；一张是有规律、有变化的线条画作品。

2. 学生观察对比两张作品，汇报感受。

3. 师出示一张小动物的空白造型的画，学生选择：你想用哪张线条画装饰小动物？

4. 学生选择并小组合作完成装饰画。

5. 小结：线条可以组合成美丽的图案，还可以装饰图画中的形象。

二、通过连线小游戏，了解线条的组织方法。

师：接下来老师要来考考你们。以这幅图为例，请仔细观察画面中的线,都使用了什么组织方法?

线条画2

师张贴板书线条组织方法的关键词:粗细、交叉、放射、排列。

学生小组讨论完成:将图片与线条组织方法的关键词进行连线。并将答案上传到教师端作业第1区。

学生在教师的指导下进行线条画创作,然后进行作品拍照并上传。接着,教师手机端选拍作品上传展示。

三、评选"人气小画家"。

学生选择自己最喜欢的作品,用反馈器进行投票。随后进行颁奖,小画家发表获奖感言。

四、"飞讯"评价:

师:通过今天的学习,你有什么收获?

学生"飞讯":

线条真有趣。

我学会了画线条。

学会了线条的更多画法。

我今天很快乐。

线条真的非常好玩。

我会画线条画了。

很快乐，很好玩……

（朱婷婷）

【案例】

从线描画探究儿童人格发展

线描画是美术中一道风景线，本期我将线描画的教学作为教学重点，让学生用自由的线条，大胆去创造，表达自己的情感和认识。

小易是班里比较调皮的学生，下课喜欢和同学打闹、疯跑，班上很多同学都不喜欢他。许多班级活动，小易都不愿意参加，我决定要帮帮他。

通过观察，我发现小易喜欢绘画，开学第一天就带来了两幅漂亮的水粉画。第一节美术课，小易的画作却有点让我失望：简单的线条不够流畅，画面的色彩不够清晰明亮，以黑色与红色居多。儿童心理学家阿尔修勒博士，曾对150名孩子进行了一年关于色彩的跟踪调查。结果发现，对于孩子来说，色彩和线条各有其特定的意义。例如，儿童喜欢红色意味性格较为刚烈，喜欢惹是生非，且感情丰富；如果儿童酷爱紫色、黑色、橄榄绿、墨蓝等深色系时，就得探究其心理背景了，因为其中有一些是属于心理疾病患者。

在接下来的美术活动中，我注意利用线描画对小易进行引导。在美术教学过程中，我先让他学习简单的"简笔画"，掌握物体的基本图形，接着学习儿童画，让他由简到繁地学习构图与布局。最后的线描画学习也分成几个阶段一步步进行。小易身边的好朋友越来越多。他懂得了分享和谦让，在一次次的活动中能大胆地表现自己，同时也越来越喜欢线描画了。

（肖伟）

（二）色彩装饰美

澳大利亚心理学家维尔纳的研究实验证实，儿童对于事物的认识、辨别与选择更多是依据色彩进行的。另外，心理学家早就发现了颜色对人心理活动的调节作用。如，红色易使人兴奋，蓝色使人安静，绿色使人有活力等。

从脑科学和信息科学的角度来看，人从周围环境中获得的约80%的信息是借助视觉传递给大脑的，而色彩感知觉在视觉活动中发挥着非常重要的作用。作为教师，有意识地培养学生的色彩感知觉，对于学生良好性格的形成与智力发展都有重要意义。

【案例】

儿童的情感表达与装饰画

怎样利用色彩培养儿童的创造力？创造力的培养对于儿童来说有何意义？伴随着心中的各种疑问和思考，我关注了儿童创作的初衷——情感表达。

首先，我发现常被我们忽略的儿童创作的初衷——情感表达，以及对于儿童身心发展的意义。以前在辅导学生绘画创作的过程中，我常分析他们创作的是什么，像什么，线条和色彩使用得如何，却往往忽略了来自学生内心的情感。从某些方面来说，儿童的艺术创作，本就单纯到用一支笔或者一根小树枝来表达他们内心的小感受。

其次，我会考虑有没有哪一种艺术表达方法能更好更简便地帮助学生进行自我表达。可否选用装饰画？装饰是精神生产、意识形态的产物。随着年龄的增长，学生欣赏美、表现美的能力也不断地增长，他们塑造事物形象时，不再重复已有的模式，而是希望通过各种造型和色彩对作品更加细致地刻画、装饰，使作品看起来更生动、更美好。其实装饰性本就是儿童画的一大特点，正好满足了学生的内在心理需要。

教育的基本目标之一就是培养具有创新精神和能力的人。小学生具有自己独特的想象力和表现美的能力。通过装饰画的教学，让学生去认识和发现美,对比分析理解美,通过动手体验和实践去表现美。让学生在欣赏和动手实践中直观地、真实地感受造型和色彩的变化,学生才能充分发挥自己的特长和创造力,才可以更好地把自己的情感表达运用到作品中。

(蔡婧葵)

(三)形态塑造美

美术课堂教学中,除了线条与色彩的运用、情感的表达,学生创造力的培养,也是课程培养目标之一。

【案例】

小学美术课堂中创造性思维的培养

提高对美的认识,懂得发现美、欣赏美、创造美,是我们美术课程的基本教学目标。其中,如何通过美术形态塑造让学生们懂得创造美,是美术教育的重中之重,创造性思维的培养至关重要。

首先应注重美术教学中创新性思维的培养。对于低段美术教学,让游戏进入美术课堂教学,不失为促进学生创造性思维发展的好方法。喜爱游戏是孩子的天性,他们在游戏中感知并获取经验。我注重将形态塑造融入美术游戏教学中,受到了孩子们的欢迎。这种教学形式,既让每个学生都参与进来,还充分拓展了他们的想象力与创造力。

其次,重视美术教师对学生创新性思维的影响。在教学六年级下册"我设计的服装"时,我让学生准备好材料、用具等。我提供了多个设计方案:可以选择用贴纸或绘画设计文化衫,可以采用写实或者变形的方式,还可以将有创意的图案贴在文化衫上。多样的形态塑造方案培养了学生的动手操作和应变能力,更培养了他们的创新性思维。

(王珏)

三、音乐表演活动

儿童音乐表演活动是学校艺术教育的重要组成部分。对于表演者来说，音乐表演活动对学生的身心发展具有潜移默化的作用，能帮助学生直接体验音乐，获得相应的音乐知识和技能，萌发感受美和表现美的情趣，是提高学生创造力和培养自信心的有力手段。对于观众来说，学生可以从不同的音乐表演比较中欣赏、鉴别、认识，了解音乐风格、表演流派、表现技巧等，促进对音乐的欣赏和理解。因此，设计丰富多彩的音乐表演活动，是学校艺术教育的重要任务之一。

学校的音乐社团异彩纷呈，音乐教师人人有社团。各社团命名均以"银小"里的第一个字"银"开头，如银帆管乐、银杉健美操、银晓合唱团、银铃竖笛社、银峰足球队、银蝶美术社等，足见老师们对自己团队的重视与珍爱。

"人人有音乐特长"，让每一个学生都能自觉、自信地参与音乐表演活动，是学校艺术教育追求的一贯目标。在音乐活动中，学生们在自强、自律、自信、爱心、责任心、专注力、抗挫折能力、合作与交往能力等素养方面，得到了良好的发展，毕业后在学习和各领域都发挥了更大潜能，具有更强的适应能力，人生因此也变得更为精彩。

（一）银帆管乐亮舞台

管乐团，是一个以团队合作为核心理念的大集体。学生通过参与，不仅可以学习专业知识、加强自身的专业技术能力，还可以通过合作与配合提升自身素质，塑造良好的学习品质。

【案例】

享受音乐　银帆远航

1. 社团概况

成都师范银都小学银帆管乐团，又名高新区青少年管乐团。乐团成立于2005年，在学校及家长的支持下迅速成长，多次在省、市、区各级比赛活动中获得优异成绩，社团目前总人数在150人左右。

2. 秉承理念

银帆管乐团秉承一贯的风格，始终以学生为主体，以专业的教学团队和教学技术为学生创造良好的学习氛围。在整个学习过程中，勤奋和坚持是必备素质。最初学生们对乐器学习都会比较积极，到了中期以后，随着学习差距的渐渐拉大，会出现倦怠和抵触情绪。其实，原因很多。例如：乐团排练的方式过于枯燥；学生找不到继续学习的兴趣点和存在感；家长和学生都抱着试试看的态度学习等等。这些都需要老师们从学生个体实际情况出发，以真诚之心使他们重塑信心，最终真正爱上乐团。

李寅指挥乐团演出

3. 社团展演

每年5月，管乐团会分校区在不同的楼层过厅进行巡演；每年12月，管乐团会针对家长群体做专题汇报演出。

每年参加中小学生艺术节、四川省中小学校际管乐大赛以及出国游学的管乐交流学习等等。

（刘锦霞）

"天才钢琴家"朗朗曾经说过："没有勤奋就没有一切，至于天才，我将其理解为一种无限的伸展性，也许一个人只要具备一丁点天才，就可以扩展很大。"管乐团教师们为学生坚持和勤奋品质的培养付出了大量心血，才有了今天整个队伍水平的持续提升和队伍人员的相对稳定,这也是一个乐团得以健康发展的重要条件。

管乐团在校内的巡演让全校师生近距离了解乐团,感受乐团的整体艺术水平和良好的精神面貌,为校园营造了浓郁的音乐氛围。管乐团在期末的音乐会交流演出,让家长及时了解自己孩子和乐团的整体训练情况,最大限度得到家长的参与和后台支持,形成家校合力的教育环境。银帆管乐团在面向学校、家长、社会的各种演出交流中,一定程度上扩大了乐团的社会影响力,也为队员们找到团队的归宿感。这也是团队持续发展的不竭动力。

(二)银晓合唱好声音

合唱是一项具有广泛参与性的高雅艺术活动,非常适合在校园推广。它对学生的价值理念、道德情操、思想内涵和行为模式的形成和发展有着积极深远的影响。合唱团是培养学生静心聆听、主动合作的绝佳场所,是学生"共性"培养的有力手段。合唱团持续有效的训练方式,还会潜移默化地影响学生的交往行为和方式。因此,合唱可以培养未来社会所需要的人才的责任心、人际交往能力和协作意识等重要素养。

【案例】

银晓合唱团的第一次"发声"

那是2000年9月的一天,我们从学校仅有的三、四年级两个班里共选出了40名同学,组成了银晓合唱团。由于当时刚建校,学校只有三、四年级各一个班的"高年级"。作为学校唯一的音乐老师,我面临的训练难度是不言而喻的。

这些问题引起了学校首任校长冯淑蓉的高度重视。她一方面组织行政、班主任和训练教师开会,提出学校要以合唱团作为面向社会竖起的第一面旗帜,另一方面她还要求,每次训练必须有班主任到场并负责组织与后勤工作。她积极引进省、市著名合唱专家亲临指导,还经常到现场关心合唱团训练情况,就演唱水平和演出服装设计等方面提出自己的看法,并不断鼓励我做好指挥和训练工作。

功夫不负有心人，扎实的训练、学校的重视和团队精诚合作，最终让银晓合唱团首战告捷，获得了成都市艺术节合唱比赛一等奖，帮助银都小学小班化教育在中小学教育界第一次成功"发声"，也为学校被评为成都市和四川省艺术特色学校做出了重要贡献。

（蔡静）

"银晓合唱团"首次亮相成功，说明一个社团的建设，需要从上到下的群策群力、广集资源、共同促进和发展。

（三）银铃之声动人心

竖笛是一种轻巧易于携带的乐器，是国家倡导器乐进课堂以来的各学校使用最普遍的乐器，因此也是较易推广的乐器。学校老师从2005年就开始尝试竖笛教学。老师们以课堂教学为主，致力于提高学生的课堂演奏技巧，取得了一定的效果。随着演奏水平的提高，学生越发喜爱竖笛演奏，校内组建了银铃竖笛社。

【案例】

竖笛声声动人心

竖笛学习真正的愉悦就来自合奏。我们希望，学生们在银铃竖笛社中学会合作，通过竖笛去创造一种和谐，表现一种优雅与文明。

1. 乐团的编制

目前国内中小学竖笛乐团的编制一般采用三种，第一种是标准的小重奏乐团，配置比例按照管乐单管编制，每一个声部都是一只乐器；一种是按照纺锤形的编制，即高音笛为一，中音笛、次中音笛为二，低音笛为一；另一种是倒金字塔形的编制，高音笛为四、中音笛为三、次中音笛为二、低音笛为一。我们最初组团大概在30人左右，为了让学生们在乐团中更多地去体会和声的美感、合作的快乐，我们选用纺锤形编制。

2. 排演的场地

排练和演出场地对乐团的建设非常重要。首先场地应该有足够的空间摆放团员的椅子和谱架，其次应该有一个具有光滑地板和少量陈设的

"活"空间。

在节日演出时，尽量选择在室内演奏。竖笛的音量小，容易受风的影响，演奏者吹到发音窗的气流会被风吹散而造成"消音"，同时室外演奏无法从墙壁、天花板得到理想反射效果。

3. 排练的曲目

由易到难、声部叠加、由少到多是排练曲目选择的原则之一，乐曲风格各异是演出曲目选择的原则之二。国内《木笛初级教程》《欧洲竖笛重奏合奏教程》等合奏教材均可供教师们选择。还可以由教师根据团队的声部编制合奏谱。

4. 乐团的调音

音准和节奏作为音乐的基本要素是乐团排练的基本功，排练前的调音必不可少。一支竖笛的音高是根据管身的长度和管径的宽度来确定的，长度宽度越大音高越低，反之则越高。在教会学生们调整音高后，要让他们学会听"拍音"，音高差别越大，"嗡嗡"声速度越快，音高越接近"嗡嗡"声，速度越慢，直到音准一样，"嗡嗡"声消除。

（李寅）

学校竖笛社和班级课堂竖笛教学齐头并进，保证了生源的前后衔接。从四年级开始，对所有学生开设竖笛课。银铃竖笛社每年的"春之声""冬之韵"音乐会，美妙和谐的竖笛音乐让在场所有家长、教师无不为之感动。

银都小学各音乐社团具有规模大、专业性强、教学系统化、管理规范等特点，对内是师生音乐专业提升的重要基地，对外则是学校的艺术教育名片。各社团在省、市、区内均享有较高的声誉，在一些重要的国际交流活动中也崭露头角，获得较高的赞誉。

第二节　选择富有情趣的形式

实践证明，情趣丰富的人，对于很多事物都会感兴趣，而且善于发现和享受这种趣味。人人都愿意和富有情趣的人在一起，因为艺术化的生活是人最高级的存在形式。情趣愈丰富，生活愈美满。我国著名的美学家、文艺评论家和教育家朱光潜先生曾经说过："艺术是情趣的活动，艺术的生活也就是情趣丰富的生活。"

现代社会生活水平越高，更注重体育与艺术的精神层面价值。体育竞技中，人们可以尽情发泄自己的情绪，精神得到高度放松，获得精神的释放感、愉快感、成就感。学校在运动会开幕式和艺术活动的形式选择上，也关注趣味性和文化性，注重爱国主义教育和国际理解教育。学校还注重培养学生的民族向心力和凝聚力，选择和创造了多种富有情趣的形式。

一、鉴赏与表达

艺术鉴赏可以帮助学生学会思考和表达，进而自主选择中意的体艺课程进行学习。小班化教育让学生有更充足的机会进行体艺的鉴赏与表达。

体艺教师的重要责任，是组织学生参与多种形式的展示或表演，让舞台属于每一个学生，丰富学生的艺术情感和审美修养，最大限度激发学生自我表现的兴趣和自信心，帮助他们发挥体艺特长，走上属于自己的成长之路。从课堂、学校、社会延伸到国际舞台，让学生受益终身。

（一）班级展示

小班化课堂具有更大的开放性。它是更加自由、灵动的舞台，让学生自主地释放学习能量，更充分地体现了"学生本位"的教育理念。学校课堂是学生们梦开始的地方。每个人心中都驻着一个梦，梦想自己可以在辉煌的舞台上展示自己的才华，给观众带来艺术的快乐和享受，收获属于自己的成功与价值。然而，艺术表演不仅需要表演者有独特的天赋，更需要有无数的锻炼机会去慢慢锤炼和充实，才能最终"破茧成蝶"，使自己成为成千上万的星星中最耀眼的那一颗。

【案例】

课堂是艺术之梦开始的地方

在银小的艺术课堂里，我们着力营造良好的表演氛围，发掘和培养着一个个小明星，并引导他们一步步走向属于自己的更大舞台。所以，艺术课堂就是小明星们梦开始的地方。音乐表演是艺术的再创造过程，课堂就是学生们的舞台。

画面一：音乐课开始之前，奕清给老师说了一句悄悄话。老师点了点头，将奕清精心准备的伴奏录音拷进音乐室电脑里。上课了，奕清自信地走上舞台，对大家说："大家好！今天我想给大家演唱一首歌曲……"演唱结束，教室里响起了热烈的掌声。作为班级的歌唱"小明星"，奕清非常开心。第二次，她又为大家演奏了一首钢琴曲。我校音乐教师鼓励有特长的学生进行"课前五分钟"才艺展示，将表演的舞台还给学生。

画面二：新年到了，某班的音乐课正在举行"新年音乐会"，学生们身着盛装，自己担任主持、演员、大众评审，节目真是丰富多彩。再仔细一看，班主任、家长竟然都到场了。他们一边观摩一边评分，现场好不热闹！不仅音乐室有班级"音乐会"，而且遇到学校大型活动还有繁多的班级"海选"。例如，六一、元旦的各班班级庆典，这些活动为班级"小明星"们提供了充分的表演机会。

学校艺术课堂，给予了"小明星"展露"尖尖角"的机会，是学生们艺术之梦开始的地方！

（蔡静）

美术课的个人展示也是以"人人参与"为主要原则。每一个学生的作品都被老师现场拍下来，传到了多媒体大屏幕上，供大家互动交流和评价。因为每个班级人数不超过30人，分成2~3组就可以实现每一个学生的展示。

（二）社团品鉴

为了展示学校校本课程的教学成果，为学生的特长选修学习提供一个阶段总结和提升交流的机会，学校每年都会在六月进行全校性的特长选修校本课程路演展示。管乐队在操场上拉开了战幕，健美操在形体房舒展着身姿，合唱团在多功能厅排好了队形，过厅、风雨操场人来人往……独唱、重唱、表演唱、合唱，学生进行着一小时的循环表演。

【案例】

银都小学第二届校本课程展示活动方案（节选）

1. 活动目的：

（1）"个性化课程"是银都小学课程体系中的重要部分，是学校自主开发，以选修课、特长队、社团活动等形式开展的才艺培养、体育竞技以及创意制作等，是基于学生的个体差异、满足学生的多种需求、发展学生的兴趣特长而开设的校本课程。

（2）通过校本课程的展示，促进学生学习方式的改变，满足学生学习需求、兴趣爱好，培养学生的个性特长；同时培养具有较高综合素质和研究能力的教师团队，形成一支课程开发及实施的骨干教师队伍，促进教师队伍课程建设总体水平的不断提升。

（3）本次展示活动，将作为学校三级课程（基础课程、提高课程、精品课程）评定的重要依据。

2. 活动主题：个性七彩之旅——成都师范银都小学第二届校本课程展示活动。

3. 活动时间：2017年6月2日13:35—15:30。

4. 参加人员：全校师生及选修课、特长队外聘教师。

5. 展示方式：节目表演、作品展示、互动体验、校本教材等。

6. 评价方式：全体行政、全体教师、全体学生，每人发放10枚星星贴纸，参加体验、品鉴、评价。

7. 具体安排：（略）。

学校校本课程展示活动呈现了四个鲜明的特点：第一，活动以学生为核心，演员和评价主体均为学生。第二，学校为每个学生发放彩色五星10颗，用于贴放在自己喜欢的社团栏目里。这种做法充分尊重学生，有助于他们找到自己心仪的"社团归宿"。第三，活动最大限度刺激了社团负责教师的"任务驱动"意识，促进了各社团不断提高自身质量，并加强课程本身的吸引力。特长选修课程的设立，也由教师根据自己的特长和爱好自主选择。第四，学校根据学生的鉴赏意见反馈和演出效果,实现对基础课程、提高课程和精品课程的分层管理。

二、游戏与训练

小学阶段,学生年龄小,游戏训练形式生动活泼有趣,更能吸引学生的注意力。各科教师都应该善于结合自身的特长优势和学科特点,积极创编各种艺术游戏或趣味活动运用于各自教学活动中。

(一)个性教师,促生扬长

教师们常年探究优质高效的特长队训练体系,促进了学校体育与艺术教育各社团的持续发展。充满个性和艺术魅力的"非艺术学科"的教师们,也为艺术教育的发展做出了重要贡献。

【案例】

挥洒泥土芬芳　创意指尖绽放

泥塑艺术是我国古老的民间艺术,这种独特的表现形式,源远流长,历久弥新。泥土孕育了大地上的万物,泥土的芬芳,能释放学生的天性。

1. 激发兴趣,教给方法,创造花开七彩的作品

选修课的学生年龄跨度大,我针对不同年龄段学生采取不同的教学方式。对低年级学生,通过捏、揉、压、搓等,掌握泥塑的初步技能。对中高年级学生,开展了纸塑、泥塑、综合材料的多样化教学,让学生持续对泥塑产生浓厚兴趣,充分发挥想象力和创造精神,促进思维的发散和艺术的创造。

2. 做好示范,小组合作,发挥小组合作的优势

返璞归真,设计"原生态"的泥塑造型,分解步骤示范方法,让学生一目了然。为了增加小组合作的时效性,我首先对小组长进行培训,接着从主题的讨论确定作品大小尺寸等。每一件作品的制作步骤师生均融入其中,我赞赏学生独特的创意,鼓励学生坚持不懈。

3. 情境教学,多元运用,彰显自由生命的活力

情境教学能够让泥塑教学更具生命力。在教学中,我调动学生的生

活经验，创设生活情境，引导学生创作出《花卷》《苹果》等作品。此外，还创设了模拟情境、多元情境等，为学生们提供创作的素材。

（陈一鸣）

【案例】

创编心理剧　激发新潜能

1. 指导学生创编剧本，尝试艺术创作

心理剧本大都由学生自主编写。首先向全校学生征集，从中筛选出富有代表性的作品；然后，心理教师进一步指导编写，帮助明晰剧情基本框架，对所选题材进行处理，设置剧情的心理冲突，进行人物塑造，加入戏剧语言等。

2. 加强表演技术引领，提升艺术表现力

在排练阶段，首先，我们根据学生自愿报名与相互举荐的方式，选定当事人或有表演特长的学生作为角色人物；其次，对参演人员进行心理剧技术指导；然后，在实地排练中进行多种方案的尝试，选出最佳方案；最后，帮助学生处理情绪或行为方面的问题等等。

3. 培养艺术综合能力，形成良好心理品质

心理剧现场演出时，剧作不仅需要情节内容、深情悠扬的乐曲，而且还需要服饰和各种舞台艺术表现手法，才能在视觉和听觉上打动观众的心，这就是舞台表现的综合艺术。学生通过音乐欣赏及选曲、舞蹈表演，揣摩并体验人物内心活动。在道具制作与准备、灯光调节等艺术活动中，加深角色体验。在认识自我、反思自我、换位思考中，调控情绪、激发潜能，形成良好的心理品质。

（刘桂）

（二）梯队训练，提升自我

为了保证各团队的水平和质量，学校各团队实行梯队制训练，使各队拥有足够的生力军，源源不断持续走向更高水平。

【案例】

管乐社团的梯队训练模式

银帆管乐团经过多年的实践和发展，形成了新生团C团——B团——A团的梯队模式。学生可以从新生入团，然后经层层选拔晋级，最后光荣进入A团。

每年九月筛选和测试新生，成立新生团。然后根据皮尔森的红书进行系统性的初级指法学习及其相应的乐理知识的学习。

一年以后，合格的学生便可以进入B团的团队合作训练学习。除了基础音阶指法练习及气息的训练以外，还会学习一些初级乐曲。

每年六月，六年级学生即将毕业，A团的编制进行重新调整，B团优生荣升A团。进入A团就是得到从内而外的肯定，是一种荣耀。要想顺利地考入A团，首先得具备以下几个条件：

（1）要有团队合作意识，是真心热爱乐团这个大集体；

（2）对乐器的指法及演奏技巧要掌握熟练；

（3）对视奏曲目能够快速并流畅地演绎。

（李寅）

健美操的梯队训练模式

银杉健美操社团两校区队员共有近300人，按年级分层教学，参加各级比赛。

1. 队员分层

①新队员：基本形体、手势和步法训练；

②二、三年级：形体、手势、步法和2套成套动作学习；

③四、五年级：形体、手势、步法和4套成套动作学习；

④六年级：形体、手势、步法和2套成套动作学习。

根据每层队员的实际情况，提出相应的训练比赛要求和目标，并根据目标每周二、三、四进行科学训练。

2. 时间分层

①常规训练时间一周两次；

②比赛训练时间：比赛前一周每天下午一小时；

③暑期集训时间：主要为每年9月的成都市比赛和全国总决赛做准备。

3. 训练分层

社团队员学习的内容有：健美操、啦啦操、街舞、排舞。

①基本姿态，比赛上下场；

②基本手势与步法；

③力量练习与操化动作；

④成套动作。

（王维）

（三）学科融合，持续发展

学科教师间的教学组合，是学科间的内在联系的渗透和交流，也是学科教师自主打破学科边界的创新模式。

【案例】

跨界组合　生成乐趣与诗意

学生们是喜欢歌唱的，音乐课和合唱队训练不仅为他们奠定了良好的声音基础，还让他们感受到歌唱的美好和愉悦。诗歌的吟诵就是把那些熟悉的诗拿来自由地唱，它和歌唱也是相互关联的。

我们吟诵的第一首作品是《鹿寨》，还请音乐蔡老师帮忙记谱。蔡老师不仅把吟诵的调子记录成曲谱，还利用音乐课指导学生们练习，排成了二声部重唱。学生们听到自己"创作"的诗歌，那份喜悦与自豪溢于言表。

吟诵让学生们有了自由歌唱的可能，也让喜欢歌唱的学生有了更多展示自我的机会，甚至还催生了新的歌唱爱好者。班上的博皓同学在吟诵之中找到快乐和自我价值后,竟然开始学习声乐,还报名参加"学校之声经典永流传"的海选,蔡老师对他进行了专业的个别辅导。最后,他荣获了一等奖!

吟诵和歌唱结合,语文与音乐组合,给学生们带来了更多的生活乐趣与诗意!

(崔雪莲)

我们平时说的"诗歌"不仅是"诗",也是"歌"。"诗以言志,歌以咏怀",吟诵才是打开中国诗歌的正确方式。语文与音乐教师合作,将古诗的旋律用记谱的方式帮助学生吟唱。这种组合平台的搭建,成功跨越了学科的界限,使诗歌教学充满了浓郁的艺术情调。

三、竞演与展示

无论是日常教学还是重大节假日,学校都有富有情趣的艺术竞演形式,吸引着众多学生竞相参与。"学校大舞台""超级童声""我要上春晚"和寒暑假社团国际交流活动,都深受学生和家长的欢迎。最重要的是学生人人参与。

(一)"银小大舞台"

利用每周一升旗仪式,进行班级风采展示,将"展示"变为一种"日常",使学生的体育、艺术素养在日常生活中得以培养,无疑是个好机会。在"银小大舞台"活动中,许多班级亮出了自己的拿手好戏,展示了属于各自班级独具特色的名片。在班主任的带领下,学生们自编、自导、自演节目,丰富了学生的艺术与文化素养。

【案例】儿童剧剧本

酵素保卫战

第一幕

橘子皮(被丢入垃圾桶,摔倒,叹气):哎,被人抛弃了。

火龙果(被丢入垃圾桶,来到橘子皮身边):哎?橘子皮兄弟,你怎么在这儿啊？我今天上午还在水果摊碰见你了哩！

橘子皮（惊讶，叹息）：火龙果兄弟，你也在啊？还不是那个人，吃了橘子肉就把无用的橘子皮给丢了。

火龙果（惊讶，深有同感）：你的遭遇竟跟我一模一样。

菜叶子（被丢入垃圾桶，来到橘子皮和火龙果身边，拍腿）：哎哟，好悲惨呀！

火龙果（轻拍菜叶子的背，安慰）：菜叶子兄弟，你怎么啦？

菜叶子（叹息，不甘）：还不是因为我的身上有几个虫洞啊，就被主人丢到这里来了。

火龙果（失落，自责）：我即将被埋葬，在黑暗的土壤里。我释放出的甲烷会导致全球变暖，产生温室效应。

菜叶子（失落，自责）：在田野上、马路边都能见到我们的身影。我们散发着臭气，成群的苍蝇在我们头上飞舞。哎呀！苍蝇又来了！

橘子皮（握拳）：环保已经刻不容缓了，我们要出一份力啊！

菜叶子（摊手，歪头）：那我们该怎么办呢？我们也不想当废物啊！

火龙果（思考，手撑下巴，放在胸前）：呃……听说科学家能把我们变废为宝，我们去找他吧！

菜叶子，橘子皮（点头，愉快）：好呀！好呀！

第二、三幕（略）

（2019届学生易文泰、刘朗辰）

生动有趣的动作语言，配上动人的音乐，加上现场投入精彩的表演，令全校同学捧腹大笑，大家顿时对酵素产生了浓厚的兴趣。剧本创编、服装设计、排练和表演都由这帮五年级十班的全体同学自主完成，实在令人由衷赞叹。"银小大舞台"不仅是一场视听盛宴，而且锻炼了学生的自主能力，挖掘和提升了他们的创作和表演潜能。

(二) 超级童声

"超级童声"是学校"银小之声"的前身,是学校自2005年以来,每年艺术节的一项活动。活动首先在各班进行"班级海选",然后班级推选的优秀节目再到学校进行"校级海选",最后经全校激烈角逐选拔出精品节目在全校一决高下。学生们在如火如荼的表演中,释放真我,享受舞台。

【案例】

超级童声　我唱我真

"一年一年,时间飞跑,小小少年转眼长高。"看着聚光灯下自信演唱的林林,我流泪了,耳边的掌声此起彼伏,眼前的这一幕把我拉入去年的那个秋天。

"咪呀咪、依呀依",音乐教室里,我和蔡老师正和队员们一起进行着紧张的训练。"啊!"一声尖锐的怪叫从队伍中传出,我四处寻找,却不知声音从何而来。"啊!"又是一声,我迅速转头寻找,蔡老师也停下了指挥,"林林,合唱讲究的是声音的和谐,你需要把声音藏进大家的声音之中,学会合作!"一分钟左右,怪叫声再一次出现,训练常常被中断。训练结束,他却主动留下来做清洁和整理凳子。

一个爱唱歌的男孩,一个愿意留下来为大家服务的男孩,一个音乐课上爱"乱叫"的男孩,我能为他做些什么?作为一名音乐教师,我决定以"歌唱"为突破口,为林林搭建一个属于他的舞台。我们将他选入学校合唱队,进行个体针对性训练。眼看着他的歌唱水平和音准不断提高,机会终于来了!

"六一超级童声"活动即将开始,各班首先举行班级海选,林林被选上了。很快林林以清亮的嗓音条件、扎实的演唱水平一路过关斩将,赢得了属于自己的舞台。当他在台上自信地歌唱,同学们由衷地欢欣鼓舞,班主任更是热泪盈眶。渐渐地,同学们对他的认可度大大提升,他慢慢步入良性发展的轨道。

(汝晓清)

在学校"尊重生命，彰显个性"办学理念的引领下，教师们尊重每一个学生的个体差异，相信每一个学生都有可待挖掘的潜能，因材施教，帮助他们搭建属于自己的舞台，为他们重拾信心。

（三）我要上"春晚"

"春晚"是中央电视台的"专利"？NO！我们学校也有"春晚"。只不过我们的节目播放时间是在元旦当天，观赏节目也不在晚上，但是演员却实实在在是由我们的小演员承担。

春晚"总导演"兼"制片人"是学校的大队辅导员，辅导员早就梦想着将紫荆、紫薇两校区的精彩节目汇聚在一起，开展新年庆典活动。于是和德育处商议后，便有了"银小春晚"的金点子面世。

【案例】

"银小春晚"

没有摄影师？自己上！没有高空支架？那就爬上楼顶架起摄像机！不少年级在操场摆出了"2018""新年快乐"等造型，你很难想象，这些"专业"的镜头画面竟是这样完成的。

除了精彩的节目，全校师生分成各种小组对全校进行别开生面的新年问候。各年级组、特长队，每一组亮相形式各不相同，呈现一派欣欣向荣的喜庆景象！和"银小之声"一样，同样要经过严格的班级、校级层层海选，才能有机会登上"学校春晚"的大舞台。相声、小品、独唱、合唱、舞蹈、健美操、乐队，节目精彩纷呈。化妆、服装、背景，家长老师齐上阵，那范儿可一点都不输给央视。

元旦那天下午，各班在教室里观看"学校春晚"。看到自己的模样出现在电视屏幕里，学生们甭提有多开心了！就这样，新年元旦成了学生们每年最期盼的时刻。"我要上春晚"，也变成了学校新年的传统庆典活动。

（蔡静）

学校没有大型多功能厅，因此无法举行大型室内庆典活动。事实证明，将视频录制活动作为学校的传统项目之一是有创意的。演员们从最开始的录制到最后观看自己的演出视频，获取了更多的演出经验。我们完全相信，这样的"春晚"节目质量一定会越来越好。

（四）世界看我秀

既要扎根中国传统文化，又要放眼世界和未来，这是学校对每一个学生的殷切希望。学校管乐团、足球队、合唱团多次到日本、美国、德国、英国、芬兰、法国、丹麦、比利时、西班牙、维也纳等国比赛和交流。

寒暑假是学校体艺社团走出国门、拓展视野、与国际同行交流的绝佳机会。各社团以开放的心态，在提升自己艺术水平的同时，自信地传播民族文化，认识世界文化的多样性。

【案例】

微世界　小足球　大梦想

——"成都高新区青少年银峰足球队出访欧洲友城活动"纪实（片段）

比利时

上午，我们在比利时甲级联赛俱乐部OHL训练场进行了适应性训练。随后参观了OHL俱乐部的球员更衣室、荣誉室及训练设施。下午前往OHL俱乐部主场场馆参观、访问。OHL俱乐部主席详细向我们介绍了OHL俱乐部的历史、荣誉以及他们现行的运行模式。俱乐部青训部主管还为我们介绍了OHL俱乐部青少年的训练模式与经验。晚上，队员们与OHL青训队进行了一场友谊比赛。队员们克服了时差等不利因素，在比赛中展现出了银都小学足球队顽强拼搏的作风。OHL主席说，这也是他们俱乐部的信念——用精神和力量奋战。

法国

到达法国蒙彼利埃，入住运动员营地。本次比赛共邀请了来自友城中国成都、摩洛哥费斯、德国海德堡、西班牙巴塞罗那以及阿尔及利亚、意大利和法国本土共16支U12球队参赛。入住营地后,各国小队员们很快融入在一起,切磋球技。

次日上午10点,我们参加了蒙彼利埃市组织的游行活动,从市政花园出发,一路高歌、呐喊,各国小队员汇集在一起,形成了欢乐的海洋。午饭过后,本次比赛正式拉开帷幕。成都队分在了A组,共进行了三场小组赛,三场交叉赛,战绩两平四负,小运动员越打越有感觉,慢慢地适应了欧洲足球的节奏和对抗,发现自身的不足,也亲身体验到欧洲先进的足球技术和战术理念。

丹麦

我们到达霍森斯Horsted学校参观、访问。校长Gite希望通过足球比赛,增强两国小朋友间的交流和了解。在丹麦小学生的带领下,小队员们分组游览了霍森斯Horsted美丽的校园,并且了解了丹麦学校的学习和生活。随后我们到达学校足球场,与校足球队进行了一场友谊赛,霍森斯市文化部部长为比赛开球。

下午,队员们到达丹麦甲级联赛俱乐部AC HORSENS参观,并且在两位资深青训教练员的带领下,与丹麦小队员一起上了一堂精彩的足球训练课,接受了欧洲高水平青训教练的指导。

(陈杰)

每年的出访学习,师生都收获颇多,希望能够把国外足球训练的先进理念融入教学,从儿童抓起,为青少年足球发展尽绵薄之力。如今的学生内心脆弱,他们所需要的正是锻炼坚强的意志力。在比赛中,学生的公平竞争意识、集体合作意识、坚韧顽强的意志不断增强,为终身发展奠定了坚实的基础。

"银晓合唱团"的学生和其他社团的学生一样,竞演舞台能以校园为起点,一直延伸到国际。随着舞台变得越来越大,观众支持者越来越多,心中的国家认同感和民族自豪感也越来越强。

【案例】

走向世界舞台的银晓合唱团

2017年7月24日,经过三个多月的排练和一个月的暑期集训,我们银晓合唱团终于准备登机向维也纳出发,参加世界和平合唱节合唱比赛。在机场,我们争分夺秒,坚持训练。蔡老师和汝老师将我们分声部聚在一起,开始细听我们的声音状态和音准。

当我们在机场唱起令人内心安宁的歌曲时,很多候机的叔叔阿姨都围过来欣赏、拍摄我们的表演。听说我们来自银都小学,他们不停竖起大拇指连连称赞。一位阿姨甚至想把她3岁的可爱女儿送到我们合唱团来学习。

7月26日,我们一大早冒雨参观了维也纳城市音乐公园,在莫扎特金色雕像下合影留念。据说每年四月复活节到十月底,公园里的音乐厅每天都有免费的约翰·施特劳斯主题音乐会。维也纳果真是世界著名的"音乐之都",人们的生活处处都离不开音乐!

我们这次演出的地点是"维也纳音乐厅"。

银晓合唱团在维也纳表演

走进圣斯特凡大教堂,我们完全被迷住了!高大的厅堂,四壁描绘着美丽的图画，线条交错的穹顶和华丽的吊灯，看得我们眼花缭乱。世界各国合唱团组成1000多人的大队伍，分布在偌大的空间里，丝毫不觉得拥挤。令我们意外的是，如此盛大的会场竟然出奇的安静。在这神圣、庄严的氛围里，我们的心也很快平静下来，聆听"维童"的现场演唱和管风琴大师的演奏，不禁渐渐陶醉其中。

7月27日8:30，我们乘车来到著名的维也纳童声合唱团学校——奥加滕皇家皇宫参赛，我感到有些紧张，比赛时手心都出汗了。

比赛结束后，我们接受了"维童"合唱专家的大师培训。那是一位帅气而又年轻的金发男老师，他首先竖起大拇指说我们表现很棒，尤其对我们演唱的中国台湾高山族民歌《杵歌》给予了很高的评价，我们感到很开心。接下来的大师课是令我们终生难忘的时刻！他用了很多有趣的游戏方式让我们领悟歌唱技巧和方法，而且语言幽默，我们每一个人都乐在其中。短短几十分钟，不仅提升了我们的声音质量，还解决了我们演唱歌曲的拉丁语发音问题。

以后的每一天发生的故事依然精彩纷呈，我们总共参加了六场演出，每天都辛苦和忙碌着。但有两个地方我必须提到，第一，我们在久闻大名的联合国总部进行了路演和参观，在那里我们骄傲地看到了高高飘扬的五星红旗和"神舟六号"的模型；第二，7月29日我们在金碧辉煌的维也纳音乐厅进行了闭幕式演出。我发誓，我这一生从来没有见过这么高大上的舞台！而且，这里有全世界最棒的观众。他们面带微笑，静静地聆听我们的演出。当我们唱完《杵歌》，台下响起了经久不息的掌声，直到我们全部都退场了，掌声还没有结束。"民族的就是世界的""音乐是世界上最通用的语言"，这次我终于更加明白这些话的含义了。

民族音乐唱响世界，这次维也纳音乐之行必将永驻我心！"感谢银晓""感谢银小"！

（2017届学生李岷璨）

在维也纳进行音乐文化交流的过程中，学生们不仅将民族音乐唱响世界，还虚心学习国外合唱艺术。对世界认知的窗口一旦打开，学生们就会慢慢自觉发挥主观能动性去了解和认识更多的世界文化。从学生回国购买孤独星球出版社的《欧洲》一书可以看出，他们对欧洲的研究兴趣已经开启，逐渐"走向世界"。

学校的音乐表演活动从班级到学校，为每一个学生提供了丰富的表演机会。从班级层面看，"五分钟课堂展示""班级音乐会"与各种庆典的"海选"选拔模式，让每一个学生都能获得充分的表演和锻炼机会；从学校层面看，每年的班级六一"超级童声"、元旦"我要上春晚"、运动会"趣味入场式"，都是"八仙过海各显神通"的快乐时刻；从社会层面看，各种高级别的社会演出和教育主管部门主办的"新年音乐会""电视台节目展演"等和各级"艺术节比赛"，充分展示了学校雄厚的艺体实力；从国际层面看，学校管乐队、合唱团、足球队多次走出国门，拓展了国际视野，为培养具有民族精神的"世界公民"奠定了良好基础。

第三节　激发积极健康的体验

体育与艺术教育在人的一生中，究竟扮演着怎样的角色？这个问题既难回答而又容易回答。说它难回答是因为难以测定其具体影响。说它容易回答，是因为我们每个人终其一生，一定会在某个人生节点上或多或少地受到它的积极影响。比如艺术教育带给我们的轻松愉悦体验，由内向外散发的艺术涵养，直击心灵深处的震撼，还有那灵感闪现的创造力。又比如体育教育带给我们全情投入的快乐，突破自我潜能的兴奋，团队竞赛成功的信心成长。我们深信，激发学生身上积极健康的体验，也是我们教育工作者所肩负的责任。

体育锻炼能促进学生认知能力的提高，获得良好的情绪体验，强化"自我概念"，对自尊产生积极影响。体育运动还能调整人际关系，协调应激反应，消除疲劳，预防和治疗心理疾病等等。

校园里，你随处可以看到丰富多彩的校园体育与艺术活动。这些活动一方面开阔了师生视野，增长了他们的见识，另一方面也活跃了师生生活，陶冶了他们的心灵。在培养师生审美情趣和人文素养的过程中，校园也变得生机勃勃，绿意盎然。

一、愉悦感与审美体验

说到体育与艺术教育，就一定绕不开美感这一概念。广义的美感是指审美意识。它包括主体审美的各个方面和各种表现形态，如审美能力、审美观念、审美理想、审美感受等等。而狭义的美感，则专指审美感受。是指个体在审美活动中，由于审美对象刺激感觉器官，而引起的感知、想象、理解、情感等多种心理功能协调运动而产生的愉悦体验，也称为美感经验。所以愉悦感是与审美体验相生相伴的。

最近，一项针对人们观看艺术作品时大脑情况的监控实验结果显示，观看一幅艺术杰作，会带给你类似热恋般的愉悦感。主持实验的教授森马·塞奎发现，当人们观赏这些画作时，他们和愉悦感相关的大脑区域血液流量会增加。他解释说，观看艺术作品（包括欣赏音乐）会引发大脑大量产生一种令人感觉良好的化学物质——"多巴胺"。它进入大脑表层的眶额皮层，从而使人产生强烈的愉悦感。学校的体艺教育活动，植根于班级课堂、校园和广阔的天地，引领学生开启体艺和智慧的殿堂。学校的体育活动鲜活而灵动，充满生机；学校的艺术活动，为学生打开想象与创造的翅膀。

（一）愉悦身心

学校艺术活动，主要包括音乐、美术和文学三方面的活动。无论是哪一方面，都应坚持以欣赏作为切入点。为学生提供一个完整的视觉和听觉形象，营造良好的氛围，积极引导学生去亲身感受，使学生获得情感上的愉悦，能更好地进入艺术作品的情境。

艺术展演活动就是学生课外生活不可或缺的部分，也是提高学生审美和人文素养的很好途径。当然，艺术展演活动本身并不能直接提升学生的幸福感水平，它需要依赖展演者获得的愉悦感、自我表现和创造性活动，将自身、同伴和愉悦感有机融合，从而提升自己的幸福感水平。

学校的校园里，经常举行这样的艺术展演活动，如银帆管乐团每学期面向家长和社会的期末汇报音乐会，毕业班每年六月的毕业汇报演出，学校每期一次的艺术选修课程展示汇报等等。这些艺术展演活动，不仅为参与展演的学生带来愉悦感和成功感，也为同伴、老师和家长带来愉悦的享受和心灵的净化。

【案例】

银帆银铃　点燃激情

　　为了更好地展示学生的学习效果，提升学习兴趣，银铃竖笛社根据学生们的学习进度和学校艺术活动要求，不定期举办校园音乐会，如"春之声""冬之韵"等等。学生们为了准备音乐会的演出，积极练习，分部合作，通过小小的竖笛演奏一首首美妙的乐曲，《雨花石》《中国民歌联奏》《美国巡逻兵》……每一次演出都会赢得观众热烈的掌声。现在已经在北大上学的渝童和在清华的美琪当年就是竖笛社的骨干，曾在李老师的带领下参加全国首届中小学生竖笛合奏比赛获得一等奖。在回校看望老师时专门谈到了小学竖笛社的经历，她们感谢老师对她们音乐的启蒙让她们终身受益。

　　银帆管乐团在每学年的上学期结束时举办《享受音乐　银帆远航》的专场汇报演出。乐团会邀请成员家长和各级专家参加活动。为了活动顺利开展，每次演出前老师们都不辞辛苦，通常会加班到很晚，直到布置出满意的演出场地才离开学校。第二天学生们会早早来到演出地点进行准备，调整乐器、调音、彩排，各个环节一丝不苟。新生团C团、B团、A团，接近两百人的各个团队，虽然演出的曲目和难度不一，但老师和学生们热情和认真的态度是一样的，观众随时报以热烈的掌声和欢呼声，学生们一张张稚嫩的小脸在灯光的映射下显得格外专注和享受，这幅画面就是对乐团一学期教学的最好注解。

　　2018年6月，是银帆管乐团走过的第十三年，乐团分别在紫荆校区和紫薇校区进行了全校汇报表演，原定20分钟的演出被学生的热情延长到了近一小时。《空军一号》《Range Rock》《小苹果》，一首接一首燃爆全校师生的热情，最后三百人的合奏《成都》更是让全校师生参与进来，银帆管乐愉悦身心的音乐气场弥漫整个校园。

（李寅）

　　音乐与舞蹈，天生就是一对双胞胎。如果说舞蹈是跳动的音符，那么音乐就是行走的舞蹈。舞蹈与音乐，带给我们优美的旋律、强烈的节奏感。愉悦的好心情由此而生，令我们惬意畅快。

将音乐与舞蹈完美结合的无疑就是街舞了。学校的街舞选修课，为低段的小学生提供了体验音乐舞蹈的机会。街舞的魅力如斯，竟然可以让好动的小男生由"群魔乱舞"，变成灵动的舞者。

【案例】

跳街舞的小男孩

在周五的选修课上，我被分配到了一年级街舞班去做助教老师。呵呵，近距离地接触舞蹈的机会来了。音乐和舞蹈是不分边界的，一年级娃娃们上课自然是吵吵闹闹的，但是当老师放出一段节奏感超强的音乐时，学生们停下了忙碌的小嘴巴，都扭头去看老师。这时老师再跟着节奏，流畅地跳出一段让人眼花缭乱的街舞动作后，哇！小朋友全被征服了！

眼看着一群站着就歪来扭去的小家伙，在经历了一次次课后，慢慢地有了站的规矩和姿态、有模有样的比划动作，真的就能看出，经过一段时间舞蹈熏陶的小娃娃们，的确有了很大的变化。他们的眼睛不再东张西望，当他们跳舞时，你能看到他们眼睛里闪着光，眼神灵动而有情感。通过小组和班级斗舞等教学方式，艺术素养就在这点点滴滴的过程中培养出来了。

这就是学校跳街舞的学生们。当看到认真跳街舞的学生身上散发出来的那股灵性，我真是发自内心地愉悦。跟着比划比划吧！

（张一）

（二）涵养性情

涵养性情可不是一件容易的事情，可能是我们作为文化人的终生追求。中国文化里面有很多这样的文章，归结起来，大致有这样一些方法途径：好的生活环境能涵养性情，居所因底蕴涵养人生；书法是国人修身养性的根本；琴棋书画等能使人智趣高雅，提高修养，完善品格等。无论通过什么样的方法途径，都能帮助人的情绪体验变得美好。

书法，是中国的传统艺术。中国书法讲究"逆锋落笔"，主张通过练习弄清用笔的提按，安排字的大小，处理运笔的快慢等等。而这些哲理性的技法，无疑是对学生进行辩证唯物主义和德育教育的良好载体。

【案例】

书法育人

我长期担任学校书法兴趣小组的指导老师，我发现在书法教学中蕴含着不少的育人因素。

1. 了解书法名家的生平事迹

根据小学生的年龄特点和兴趣优先的特点，我在书法课上，先创设情景，给学生讲述一些历代书法家的生平故事。这些书法家，有的具有高尚的民族气节；有的在求艺的道路上艰难跋涉。给学生讲述他们的故事，就潜移默化地培养了学生锲而不舍的进取精神。

2. 领会书法所载的思想内容

在教学中，我利用"小班化"的优势，和每个学生商讨和选择自己喜欢的四字词，作为创作内容。接着，让学生理解作品内容的意义，再激发学生的情感，使他们带着感情来创作作品。学生在学习书法创作的同时，也进行了爱国主义的教育。

3. 书法艺术体现哲理渗透

汉字是由点画组成的，点画的"逆锋落笔"，是书法艺术的真正起点。在书法创作中，只有处理好用笔的提按、布局的黑白关系、字的大小、运笔的快慢等这几对统一的技法关系，才能成功地创作一篇作品，而这些哲理性的技法，无疑是对学生进行辩证唯物主义教育的极好载体。

（雷蕾）

我们常说，教育既是技术更是艺术。说它是技术，是因为有一些基本的规律和技巧，是可以通过学习获得的；而说它是艺术，是因为教无定法，一些艺术性的手法往往胜过单调苍白的说教。

【案例】

"艺术"解决班级问题

作为班主任，大概都会有意无意地借艺术的魅力，化解问题于悄无声息中吧？三年级上期，班上新转来一个优秀但较内向的学生舜天。舜天学习好，体育好，特别擅长跑步。大家对舜天的了解和认可与家长的期待有距离。更没想到的是，还没来得及融入班级，舜天就成为另一个擅长跑步的男生泓睿的攻击对象。泓睿和舜天的情况完全相反，他的学习和规则都不是很好，跑步是他在班上赢得同学尊重最最直接和重要的途径。舜天跑步的速度和他不相上下，同学非常佩服，自然也会把他们放在一起比较。有同学说：泓睿，你完蛋了，舜天比你跑得快！这让泓睿的内心失去了平衡，表现出了言语上的攻击和行动上的排挤。

而此时，舜天妈妈对孩子的优秀还没有在班上得到足够的展示认可，又受到同学针对性的言语攻击颇为焦虑。最开始两次的沟通解释还是比较有效的，但是泓睿的心态调整还不到位，两个学生的关系没有得到根本解决，关系变得敏感而微妙，舜天妈妈的感受不太好。有没有办法更容易让两个学生和家长可以感受到自己被理解、被重视，对老师有足够的信任，同时又可以更好地理解对方的感受和需要，使问题得到更有效的解决呢？我决定试试艺术手段——童话剧。

一天晚上，我以两个学生的矛盾为原型写了一个童话剧本《兔奔奔和兔跑跑的故事》，初稿分享给两位妈妈。学生和家长对老师居然为自己创作剧本感到非常惊讶，学生从兔奔奔和兔跑跑的身上看到了自己，特别高兴，我顺势邀请他们和我一起来继续创作剧本。当剧本完成的时候，所有的问题也迎刃而解，泓睿和舜天不仅知道了自己的想法和感受，也了解了对方的感受，站在第三方的角度，对自己的言行也有了更加客观的评判。

他们不仅在童话世界里放下了对立，在现实生活中也成了跑友。舜天妈妈说："他已经有了共同爱好的新朋友，还得到大家的关心呵护。我真的感到他已经融入这个大家庭了。"

案例的处理经过，大致分为几个阶段：

1. 矛盾发生，老师进行初步沟通和处理；

2. 需要没有被满足，问题没有解决，学生、家长的心态变得微妙；

3. 老师根据问题创作童话剧本，学生和家长感受到被重视理解，更积极地面对问题；

4. 老师邀请学生共同创作剧本，在安全的环境中进行自我表达并理解对方；

5. 学生的心态和行动得以改变，关系转变，问题解决。

教育中，这些艺术手段的运用常常让问题解决变得更加愉快而有效。我发现它有这样一些优势：艺术性，温柔美好，从爱出发；安全性，鲜有对抗，易于接受；主体性，学生参与，自主生发；有效性，形式间接，效果直接。

（崔雪莲）

（三）提升品位

从全人教育的角度看，"美"应当是自然美、社会美与艺术美的和谐统一。品位应该是内在美与外在美的高度统一，外在美潜移默化浸润心灵，内在真善美激发人追求生活的品位、品质，二者和谐相生。

学校将艺术教育主张上升为整体育人观，开展了一系列的体艺教育活动，提升师生品位，塑造有品位的现代人。比如，利用专家讲坛，学习国际礼仪与化妆着装，塑造形象，提升品位；利用教师讲坛，教师间分享读书心得，丰厚心灵，提升品位；在教师节、妇女节，学校行政、教师代表为老师们献花送祝福，传递人际温情，提升品位；班主任请来家长志愿者，为学生们带来各种形象、礼仪、插花等艺术课程，提升品位。

【案例】

美不自美　因人而彰

为了更好地构建学校教育为主体、家庭教育为基础、社会教育为依托的合作育人体系，充分发掘家长资源，增强家校联系，实现家校教育的优势互补，银都小学六年级组以年级为单位开设年级家长课程。我们邀请有一定特长、有一定专业知识的家长利用班会课时间走进课堂。家校合力，根据年段学生特点，探寻年段学生共性问题的解决办法，拓宽学生的知识视野，丰富学生的学习生活。让学生在紧张的毕业班学习中放松身心，树立目标，努力做一个最好的自己。

2017年9月28日，正值金秋收获之际，学校六年级的同学们迎来了第一场别开生面的家长课程——"美不自美，因人而彰"个人形象管理。此次家长课程的主讲人是高级形象工程师、管理学硕士，六年级三班凡凡同学的妈妈。

讲座伊始，一句绝美的"秋水共长天一色，落霞与孤鹜齐飞"引发大家无限的遐想，开启了一段追寻美的旅程。一张张图片，一个个故事，一句句名言，带给了同学们太多的震撼和思考。大家积极发言，与阿姨真切交流与互动，述说自己对美的认知。

阿姨告诉大家：外表相当重要，因为它占到了第一印象的55%。外表既决定了人与人相处的边界，又决定了别人如何对待你。

阿姨还说，美丽与时尚并非一物，盲目的跟随潮流，而失去自己的思想，只会让他人看到你穿着好看的衣服，而不是好看的衣服穿在你的身上。我们的着装除了与自己有关，还与我们所处的环境、要去的地方、要见的人有关。

短短一个小时的讲座受到了同学们热烈的欢迎。讲座结束了，同学们还意犹未尽，舍不得离开。他们喜欢这样寓教于乐的活动，喜欢以这样的方式去感知生活。这样的活动无疑是给学生提供了一个快乐学

习和探寻真知的平台。

（周琴）

二、效能感与成就体验

根据班杜拉的自我效能感理论，影响自我效能感形成的首要因素就是个人自身行为的成败经验，即成功感对自我效能感的影响最大。这个理论带给我们一些启示：我们可以在知识的学习和技能的训练中，努力搭建学生成功的平台，创造帮助他们体验成功的机会。

在体艺课堂和选修课程的教学中，教师特别注重对学生成就感的培养。针对不同能力水平的学生，会有针对性地教学和辅导方法。对于A层的学生，教师更多的是放手，给他们更有挑战性的任务，教师适时指导；对于大多数B层学生，主要采取讲授与练习相结合，教师分组指导；对于部分C层学生，主要采取个别辅导，发现学生的闪光点，鼓励其不断前行。学校的教师用善于发现美的眼睛，发现和放大学生的优点，挖掘学生的发展潜力，成就了每一位学生。

（一）阳光的我

阳光、乐群是银都小学学生的特质之一。在生活与学习中，他们一直都充满着自信，相信通过自己的不懈努力一定能够达成目标，取得成功。而成功与失败会同样地激励具有阳光心态的学生们。成功了，继续前行；失败了，寻找原因，改进后继续努力。而学校的教师们也特别注重鼓励学生大胆尝试。他们尽最大努力让学生体会成功，让这种成功感不断推动学生的发展与进步。

【案例】

漫步音乐世界的经历

站在舞台上，当掌声和欢呼声响起的那一刻，我们全班同学知道自己成功了。我们不禁回想起我们漫步音乐世界的经历——自一年级步入校园的第一刻，一切的光明美好便融入我们心头。我们来到一年级的教室，迎来钟老师与黄老师的笑容。我们的音乐黄老师带领我们进入音乐的课堂，进入那个没有文字却情感四溢的世界。

从一年级到五年级，我们历经欢乐、感慨、悲伤和失败的洗礼，我们的歌声不再颤抖，也不再高低不齐、顽皮稚嫩。无论遇到多少困难，我们始终保持阳光心态，从不曾放弃音乐梦想。

我们全班合唱队有自己的伴奏乐手。梓潍同学对吉他情有独钟，当他拿出那把木吉他，调好音，用右手轻盈地在六根琴弦间自由摆动，一阵浑厚的琴声自琴箱传出，与歌声相互交错混响，将人们带入弦乐的世界。诺芹与杰心所弹奏的尤克里里亦如此。但尤克里里的琴声更加清脆悦耳，似春风在身边吹拂。而美怡与欣宜所爱好的钢琴，更似涓涓细流，在每个人的耳旁四溢流淌……我们是阳光精灵，我们热爱合唱，久而久之，"合唱"在我们心中已成为一种语言，而我们每次发声都推动着它走向完美。

（2018届学生才骐瑞、刘诺芹、孙爱莎）

（二）个性的我

如果细细品味，在学校的办学理念中，是蕴含着自我效能表述的。"尊重生命"既是尊重生命群体、遵循生命与教育发展规律的"自然"，又是充分信任学生个体的孜孜努力和不懈追求。我们深信不疑，学生们经过自身努力和多方助力，一定能取得成功。

我们相信，真正迷人的个性一定充盈着关怀、友善、宽容和睿智，具有个性的人充满了从容和大气，热情而又稳重。体育与艺术活动带给我们的，不仅仅是阳光心态，还有从内而外舒展个性的那份自信。学校的校训的第一条就是"健康"，第四条是"快乐"。健康是我们开展教育活动的基础，而运动则可以锻炼身体，带来快乐。

【案例】

师生共舞　助力成长

小学一年级，我就加入了银都小学银杉健美操队。二年级，我参加了学校的舞蹈队。在刘老师的指导下，我把健美操的健、力、美和舞蹈的柔相结合，使我的舞蹈更加优美、绚丽多姿。在训练和比赛中经常得到老师同学的表扬，我也信心十足，越跳越好！

2017年1月，我和刘老师应邀参加在美国旧金山举办的"熊猫国际艺术节"，我非常兴奋。刘老师自编了一个舞蹈《傣妹》。由于时间紧迫，我们课间练习，周末练习，节假日也练习，乐此不疲。1月13日，我们踏上去美国的旅程。其实这时我们的舞蹈才刚完成雏形，我很忐忑。坐了10多个小时的飞机，我们终于到了美国。一到酒店，顾不上休息，放下行李，就开始练习舞蹈。我们在酒店的房间里、大厅里、走廊上、健身房里练。由于时差，我凌晨3点醒来，就在酒店的房间里练习。第二天，出去游玩，晚上回酒店，又开始训练。如此反复，真的很辛苦，我们都快累趴下了。但我一想到比赛，还是雄心勃勃，自信满满，一定要咬牙坚持下去！

比赛时，我和刘老师穿着漂亮的孔雀裙，在台上翩翩起舞，轻柔曼妙的舞蹈一气呵成，孔雀舞的故事催人泪下。演出顺利完成，赢得了阵阵掌声和喝彩，最终我们获得了大赛银奖。我们开心极了。

这次大赛以后，我充满了信心，舞越跳越好，身材也苗条了。今后学习舞蹈的路还很长，我会付出更多的汗水和努力。

（2021届学生朱兰心）

在学生的个性成长中，体育与艺术教育充当了一个重要的角色。它就像一双有魔力的手，开启学生们另一扇人生之旅。

【案例】

坚持就会成功

午后，我照例打开长笛包，轻轻地拿出长笛，准备吹奏那首优美的《罗西尼主题变奏曲》。阳光照在长笛上，银色的笛身反射出一束耀眼的光芒。这束光芒照亮了我的生活，给我搭起一道通往音乐殿堂的金色桥梁。

一天下午,我因为练长笛不能玩耍,心中烦躁起来。我恼怒地吹出破音,发泄心中的不满。这时,妈妈敲门进来,她轻轻地说道:"只要坚持就会成功,既然选择了艺术,就不要轻易放弃,你自己想想吧。"我低下头,手里的长笛闪烁着银光,好像也在说:"小主人,你一定能行的。"我渐渐地平静下来,默默地拿起长笛,继续认真吹奏起来。

在去赛场的路上,我轻轻抚摸着自己的老朋友——长笛,心中十分感慨,我为了它不知付出了多少心血和汗水,它也记录了我许多成长的经历啊!"功夫不负有心人",在比赛中,我取得了一等奖!是长笛让我明白了艺术的内涵——只要坚持就会成功!

(2016届学生谢林汐)

(三)幸福的我

一项研究发现,人有两大心智能力,一个是理性,一个是感性。理性的科学征服了世界,而感性的艺术则美化了这个世界。从艺术的角度来看,一个人想要获得一生的幸福,不仅要拥有"获得幸福生活条件"的能力,还要拥有"体验幸福感受"的能力。

要拥有"体验幸福感受"的能力,出路在哪里?答案是提升全民族的感性素质。而感性素质的培养,则需要通过艺术教育来实现。艺术能够培养我们的感性素质,提升感性智慧,美化我们的生活,从而提升我们的幸福感。

在进行体艺教学的过程中,如果学生能在一个集体里体验到互助与关爱,得到同伴的认同,那么他是幸福的;如果能认真地学会一项运动技能,参加一场比赛,那也是幸福的。

【案例】

体验幸福的体育课

体育课是幸福感很强的一门课,每个学生都能够在体育课中享受到不同的乐趣。在我看来,每个学生都是勇者,他们敢于实践,乐于尝试，渴望胜利。体育课正好给了他们一个展示自我的机会。

在周三的篮球课上，我与孩子们分享了篮球运动的起源和发展，孩子们都听得津津有味。温暖的阳光照在一张张小脸上，是那样的朝气蓬勃。在分享的过程中，许多孩子都谈到自己喜欢的篮球选手。孩子们都说，以后要像姚明、易建联一样去打NBA；以后要长得像他们一样高……童真的脸，坚定的眼神，幸福的篮球课开始了。

兴趣爱好是梦想成功的开始，那么坚持不放弃一定是成功的基石。刚开始训练的时候，孩子们带着对篮球的好奇与兴奋上课。随着难度的升高，一些孩子开始觉得篮球运动并不适合自己，很想放弃。学得快的孩子，已经学会了左右手运球，三步上篮；学得慢的孩子，运球还没有完全掌握，有些沮丧。他们问我："老师，我总是什么都学不好，我是不是不适合这项运动？"听到这样的话，我心里涩涩的。我想，绝不能让孩子们遇难而退。于是我改变了训练模式，采用一带一的方式进行单独训练。一个学得快的孩子与一个暂时未掌握运球的孩子一起练习。让他们发扬体育精神，学会互帮互学。上完几节这样的篮球课后，孩子们已经完全掌握了运球、上篮等基础动作，体会到了打篮球的乐趣。

作为一名体育老师，上完一节体育课很简单，上好一节体育课却很难。我们要做的不只是让孩子在运动中找到幸福，更要让孩子们在锻炼中找到自信，发扬勇于奋斗、敢于拼搏的精神。

（李卓）

体艺课程有各自的学科特点和独特魅力。当学生从内心真正爱上一门体艺课程，有了一项特长爱好，那种幸福感是溢于言表的。当老师为他们争取到展示的机会时，他们也会倍加珍惜，全情投入。

【案例】

幸福的小画家

在学校里，有一件令我感到无比幸福的事，那就是画画。只要一有时间，我就会拿起画笔和朋友一起画画。

一天，王老师告诉我们，有一个关于环保的绘画比赛，取得好名次的作品将在四川博物馆进行展览。我喜欢画画，也希望我的画能够被入选。于是，我在王老师那儿领了画纸。王老师讲解了本次绘画的主题，引导我们从哪方面入手，以及如何去构思和安排画面。可是，当我面对画纸的时候，脑子里却依然一片空白，不知从何下笔。时间一天天过去了，离交作品的时间越来越近，可我还是无一进展。我试着用铅笔勾出一些花草，但又立刻擦掉了。正当我准备放弃时，王老师走了过来，她温柔地对我说："佳慧，我们这次的主题不是保护环境吗？你画的这些花草就与环境有关。可以画一些我们向往的城市画卷，也可以借鉴生活中真正的城市、建筑样貌。通过你的想象，给她添绿加花，营造绿色环保的氛围。"我灵机一动，眼前浮现出了环球中心和它对面的湖……有了老师的指点，我又有了自信，把我所想的画了出来。又经过了老师多次悉心的指导，我终于完成了作品，把画送交给了王老师。

几个月后的一天，我都快忘了这次比赛时，王老师突然告诉我，我的画已经被送到了博物馆展览。我又惊又喜，感到了前所未有的快乐，并庆幸当初我没有放弃。此刻，我感到很幸福，因为在家有爱我的爸爸妈妈，在学校有爱我的老师和同学。在我们遇到困难时，我不是孤独的，当我收获成功时，我也能幸福地和他们分享快乐！

（2019届学生姬佳慧）

三、归属感与道德体验

根据马斯洛的需要层次理论，人的需求有先后顺序和高低层次之分。在我们的基本层次需求得到满足后，就会产生更高层次的需求。我们的基本需求也就是生活需要得到保障，而高层次的需求，就是寻求归属感，寻求爱。对个人来讲，归属感能为个体提供良好的社会支持。这种支持既可以是资源上的，也可以是情感上的。对集体来讲，组织成员的归属感对于团队建设，特别是团队的凝聚力和战斗力具有重要作用。在学校十八年的办学历程中，办学理念与思想、品质追求与行为方式等,早已深深地印入每一位师生的脑海,成为自觉行为与习惯。每位师生都将自己归为学校团队的一员;而一个个具有鲜明特色的班集体,已成为具有凝聚力与道德体验的群体乐园。

学生入读学校,学校和教师认为这是家长对自己的信任和嘱托,因此才有了这样一句学校经典语录:学生在老师心里,在学校肩上。从充盈着家庭温馨的校园环境建设,到运动赛场上为班级争光的执着信念;从乐团队员天籁般的和声到棒球队员的国际礼仪,学校一直在借助丰富的体艺活动诠释着归属感与道德体验的力量。

(一)"银小"学子卓越人生

学生的集体归属感是比较强的,孩子们热爱班集体和学校,认可并积极支持集体的发展。这种认可也体现在对学校理念和追求卓越精神的认同上。学校为学生成才提供了多种的平台和途径,支持他们在各自的特长领域做到最好,帮助他们成就卓越人生。因为学校想让学生感受到"从这里起步是一生的幸运,从这里腾飞有一生的怀念"。

【案例】

成长与成才

冠霖学习羽毛球算是水到渠成的一件事。爸爸喜欢打羽毛球,冠霖五六岁时起就常去球场玩耍,他坐在旁边看着爸爸和朋友们打球或自己拿着拍子在场地边上比划。受爸爸潜移默化的影响,学前班结束后的那个暑假自然而然就开始了羽毛球训练。

二年级后的暑假,我们带他去北京参加全球"华人杯"比赛。虽然只打了一轮就被淘汰,但幸运的是在这次比赛中,我们遇到很多专业教练和同龄的学生。后来我们拜师在省队教练门下,三年级开始了专业羽毛球训练。

刚刚开始加大训练量时,他几乎每节课都是哭着坚持下来的。教练要求严格,训练不规范会被罚。他带着泪痕咬牙坚持训练时,我们只能躲在角落里默默地看着,心痛而不能多言。我们回家鼓励他,让他明白教练的良苦用心。

每一次冠霖给老师和学校请假,老师和学校都给予充分的理解、支持和尊重。学生的成长并不单是教室那几十平方米,在教室以外还有一片天空等待冠霖去经历、沉淀和蜕变,而羽毛球训练就是这样一个载体。

竞技体育教会了学生们内敛——他们明白每一座奖杯的背后有太多的失败与曲折;鲜花和掌声的背后是多少次的奋斗和拼搏。虽然冠军只有一个,但追求卓越的精神属于奋斗拼搏的每一位学生。在成才的路上努力绽放,不辜负自己那颗赤子之心。

(2018届学生朱冠霖妈妈)

在追求卓越的道路上,学子们付出了艰辛的努力。在学校、教师和父母的帮助下,他们披荆斩棘,不断前行。他们毕业后,一定会回到母校看望老师,感谢老师,感恩母校;他们体味成功以后,也一定会回到母校,让大家分享自己的那份喜悦与自豪。

【案例】

从学校腾飞

2017年5月18日,银都小学校园因足球而沸腾,中国国家青年队队员、教练员走进校园,"国字号"队员们精湛的球技赢来阵阵喝彩,队员刘超阳回忆在银都小学成长的点滴生活,不禁感叹——"从学校腾飞,真的有一生的怀念!"

国青队队员与小球员们在足球技巧挑战赛中进行PK。无论是绕桩比赛、射门游戏,学校足球队的队员们都展示出自身出色的球技,这也引得国青队队员们不断为小球员精彩表现阵阵叫好。

活动最后,国青队员与银都小学足球队进行了"世纪大战"。双方球员你来我往,互有攻守。学校的球员们面对高大的国青队队员毫无惧色,短传、直塞、跑位、逼抢,打得有板有眼,几次灵巧的配合让国青球员赞赏有加。赛后,国青队球员们一一满足了小粉丝的签名要求。

超阳的经历告诉我们,有梦想,并为之不懈努力奋斗,终有实现卓越的那一天。

(陈杰)

(二)"银小"学子徜徉远方

我们的学生视野开阔,不满足于现状。他们渴望"徜徉远方",去搏击风浪。在老师的帮助下,他们不断完善自身;他们信任集体和同伴;他们同情弱者,愿意提供帮助;他们敢于承担责任;他们相信少年强则中国强!在学习上,他们勇于钻研,不畏困难;在体艺教育方面,他们全情投入,用心体验。训练场上,他们认真练习,一丝不苟;赛场上,他们不畏强手,勇于拼搏。

体艺教师们,渴望学习提升,希望在更大的舞台上展示自己。在学校的支持下,他们带领学生在世界的艺术之都,发出学校的声音;他们到世界一流的俱乐部交流学习;他们在艺术大师的指导下,提升自我,追寻卓越。

【案例】

银峰足球队北欧行

球场上的拼搏与合作

北欧之行,我们应邀参加丹麦、芬兰两国的友好城市的青少年足球友好赛。我印象最深的比赛是丹麦第一天的比赛:旅途的劳顿、时差的转换、赛制的不同、场地的扩宽、体力的不足,种种因素结合在一起,导致了第一场热身赛学生们发挥不佳。

另外,和我们比赛的队员,不管是丹麦AC Horsens少年队的队员,还是芬兰的队员,都来自校外足球俱乐部。这些队员来自于好几个学校,年龄普遍比我们的学生大,身高腿长。而我们的队员都是2005年出生10岁左右的学生。自然,我们就没有身体优势。但是,学生们很会学习,每一场比赛后,都在教练的带领下总结经验,学习别人的技术,学习别人的配合。之后的比赛一场比一场踢得好，而且越战越勇，特别是守门员勇敢扑球守门，受到全队队员的夸奖。看着学生们在球赛中拼搏、合作、成长，我们很感动。在芬兰罗瓦涅米，为我们带队的黄老师更是欣赏我们的队员，请来了亲友团为我们呐喊助威。

我们的思考

这次北欧足球友好交流活动，学生们走出去，不仅开阔了眼见，丰富了见识，得到了锻炼，而且培养了精神长相，胸怀宽广了。我们看到丹麦教育的一个关注点：创新。这是支撑它经久不衰，影响越来越大的原因。老师们走出去，更大程度地理解国际先进教育、体育教育和全民教育；与时俱进，树立先进的理念，专注我们的教育事业，为教育学生储备更多的智慧与力量。

（张俊勤）

银帆管乐团多次参加国际青少年音乐节，如美国拉帕汉诺克音乐节、德国莱茵音乐节等，或是到友好学校开展音乐交流，如赴日本东京千波小学进行艺术交流等等。这些对外交流活动，帮助学生站在国际的舞台，与国外的同龄人一起学习，共同进步。他们不仅享受音乐，也感受艺术育人的和谐之美。

【案例】

美国音乐节的思考

在这短短的7天音乐节活动里，我们获益匪浅。我真没有想到，我们的小学生可以参与三首四部合唱歌曲的演唱，其中甚至包括西班牙语歌词。中国的音乐教育从细节入手、技术为先；美国的音乐教育从体验入手，创造为主。参加音乐节的学生们大部分还属于技术入门阶段，但在美国老师的带领下，他们在玩中学，学中乐，能够通过手中的乐器表现美妙的音乐。

（李寅）

到了音乐节最后一天，我们全体参加音乐节的学生在漂亮的音乐厅里演出，我们在音乐声中享受到了无穷的乐趣，也向美国同学学到了很多，包括礼貌和纪律。经过几天的相处，我们和他们便成了好朋友！我觉得时间过得太快了，真想再与那儿的老师上上课，再与那儿的同学玩一玩！

（2009届学生高致远）

那天晚上的音乐会，我们的学生表现得那么优秀，歌声那么优美动听，赢得了那么多美国同学家长的热情掌声。音乐会结束了，很多人久久不愿离去，总想在这已经熟悉的音乐厅里回味音乐节的点点滴滴，总想留下更多的记忆。

（高致远妈妈）

在学校，老师们都相信，唯有深深的爱才能撑起学生光明的人生。而体育与艺术教育是丰富学生人生阅历的重要方面。丰富多彩的体艺活动能满足不同学生的个性化需求。多样的活动形式能增强对学生的吸引力，促进他们积极参与活动。而积极健康的体艺活动体验将对学生一生的成长产生重大影响。

第五章　特色展现：体育与艺术教育的成效释放

建校以来，学校坚持全面推行"小班化教育"，体育与艺术教育呈现百花齐放的蓬勃发展态势。在这里，体育教育传统与创新项目齐发展，艺术教育经典与现代相融合；学生们健康聪慧，能歌善舞，自信阳光；教师们专业精湛，多才多艺，神采飞扬。师生在体育艺术素养普遍实现高位发展的同时，特长与个性得到充分彰显，从而逐步形成学校体育与艺术教育独有的深厚文化底蕴——成长状态多彩，生命发展多元。

学校在育人的实践中以学生的广泛兴趣为基础，以体育艺术教育为载体，进而延展到生命潜能的拓展、生活情趣的培养、创新思维的激活、品格意志的磨砺以及生命灵性的舒扬等广阔的育人时空。丰富多元的体育艺术活动课程真正让每一名学生发展的可能性变为发展的现实性，引领并促进教师和学生成长为具有全面发展"和谐美"以及差异发展"个性美"的现代人。

体育与艺术教育的成效在各项活动中、在每个集体与个体中得到释放，真正做到教师、学生人人参与，人人展示，人人成长。

第一节　全校性体育与艺术教育的特色

"全面发展打基础，培养兴趣出特长，适应社会促发展。"遵循"一名教师，一个团队，一群学生"的发展模式，学校充分发挥教师的体育与艺术特长，常年开设80余个学生选修课与社团，为学生个性化成长提供了多样的选择。

有教育界前辈这样评价学校的学生：进得了考场，上得了赛场，登得了剧场。有家长在朋友圈这样"晒"自己的孩子：最近"牛仔"愉快地忙碌着，在参加市篮球比赛、科创比赛、"银小好声音"海选的间隙抽空参加了小升初的择校面试……是的，这就是学生校园生活的真实写照，学习之余，他们能根据自己的喜好自由地选择社团，参与各种喜爱的活动，在社团和活动中发现和释放潜能，在活动中提高体育素质、审美情趣和人文素养。

一、学校体育教育的特色

体育的本质是人格教育，教育目的就是培养强健体魄、德行、智慧、礼仪及学问集一身的实业家或学者；体育的本质是人格教育，公平竞争意识、集体合作意识、磨砺出学生坚忍顽强的品质。学校以"健康、聪慧、高尚、快乐"为校训，"健康"指向学校以体育教育为切入口，课内与课外相结合，普及与提高相结合，长远规划与近期目标相结合，深入持续开展阳光体育活动，"认识地球村""模拟奥运会""亲子运动会""趣味运动会"等不同主题的体育节以及"快乐足球""魅力篮球"等班级联赛，学生人人锻炼，人人参与，全面促进学生的发展，为孩子的健康成长奠定了良好的基础。

作为全国青少年足球（成都）定点学校，银都小学足球教育起步较早，学校"银峰足球队"更是深受孩子们喜爱。

【案例】

银峰足球队

"银峰足球队"，"峰"——山顶，最高点，拔地而起的高山。足球有着"世界第一运动"的美誉，在这项充满激情的体育运动中，"银峰足球队"的队员们在老师们的带领下，不断攀越体育素养、体育精神、行为习惯、意志品质等高峰，不断超越自我。

我们的队伍：从专业队退役的总教练陈杰老师、长期从事小学体育教学与少儿足球训练的王克勤老师、冉旭东老师组成了"银峰足球队"教练团队，学校其他热爱足球的体育老师以及外聘的6位专业足球教练共同完成学校足球队建设工作。

"银峰足球队"现已形成梯队发展模式，分别为低、中、高段，每周二、三、四的下午放学后进行训练，做到了足球特长教育的可持续发展。同时，通过足球队队员辐射影响班级，普及班级足球教育，每学期定期举行学校班级足球联赛，形成了学校的足球教育特色。

我们的口号：踢出精彩，展现未来。

我们的目标：以球辅德、以球健体、以球促智。培养具有强健体魄、公平竞争意识、集体合作意识与顽强意志的品质。

我们的队标：

队员的故事：

"银峰足球队"长期以来重视养成教育与足球技术的并重，孩子无论是学习习惯、学习成绩，还是组织纪律，都不比同年级的其他孩子弱，在有些方面甚至更胜一筹。

小愚，五年级的孩子，十分喜爱足球，并表现出一定的足球天赋。在参加球队训练之前，父母十分担心。那时候，上课精力不集中，常常发脾气，成绩也不理想。自从参加了足球队，似乎一切都慢慢变了……因为初入球队时，同学说他"学习不认真，家庭作业都不能按时完成，怎么能踢好足球呢？"小愚暗下决心：不论做什么事，都要一心一意，不然的话都会一事无成。从那以后，他一边学习，一边训练，还学会了自己安排时间，行为规范多了，像变了个人似的，各方面都在发生变化。现在小愚已成长为足球队队长。

诺诺，二年级学生，由于住家较远，每天参加完足球训练回到家已经是晚上7:30，还要忙于吃饭学习，时间就非常紧张，但是他并没有拉下功课，成绩在班上依然名列前茅。他说："既然我喜欢足球，选择了足球训练，比别人多付出一点是很正常的，同样我在足球中得到了比别人更多的快乐！"

灵儿，三年级学生，过去在班上经常出现不团结同学、打架的现象，一旦老师批评处理，他总是找出种种理由，说是别人的不是，自己总是很委屈的样子。但参加训练以后，他愿意和同伴沟通了，也能够去包容队友的错误了。一次分队比赛，有一个新来的队员相对水平要低一些，灵儿主动地说："你跟我们一队吧。"

当然，参与足球训练带来的可喜变化还有很多，比如：身体素质的提高；能正确面对比赛的胜负，心理素质在对抗中提高……总而言之，对于我们的小球员们来说，技术上的提高固然重要，但生理上和心理上的健康发展更为重要，作为我们老师来说，不仅要教会他们踢球，还要教会他们做人。

部分优秀球员：

刘超阳，2005—2012年就读于成都师范银都小学；2013至今成都足协梯队、山东鲁能足球俱乐部、巴西圣保罗俱乐部青年队、多次入选U-系列中国国家队。

张颢铧，2005—2012年就读于成都师范银都小学，2012—2014年成都树德外国语学校成都市足协梯队队员，2014年至今就读于美国顶尖私立寄宿高中TaborAcademy，美国高中校队主力球员。

余昆民，2005—2012年就读于成都师范银都小学，2013年至今澳大利亚珀斯Perth当地足球俱乐部接受训练。

我们的成绩：

建队以来，获全国少儿足球邀请赛冠军1次，季军2次；多次荣获成都市小学生足球联赛冠、亚军。2011年，队员刘超阳、戴瑞诚入选U13国家少年队，李泰锡、李浩雨、贺明远、黄丁果、高艺驰等先后入选成都市代表队，并代表中国出访韩国、法国、比利时、丹麦、芬兰等国进行交流比赛。

（陈杰）

【案例】

银杉健美操队

银杉健美操队，"杉"源于"杉树"，树冠郁郁葱葱，树干笔直挺拔。银杉健美操队的小队员们就犹如一棵棵小杉树，身姿健美，活力四射。在这里，每一棵小杉树都"木秀于林"，在这里，小杉树们"秀木成林"。

我们的队伍：

健美操队教练团队共7人，阳光、乐观、健康、时尚。总教练有"数学教师中健美操跳得最好的，健美操教师中摄影最棒的"跨界教师李清，有健身舞专业的体育教师卢全萍，还有付永莉、刘玲、杨利、卿芳、王维老师。健美操队队员常年保持300人左右，是目前学校人数最多的社团。

我们的特色：

"银杉健美操队"是一个活力四射、奋力拼搏的社团，更是一个"时时有欢乐，刻刻有收获"的社团。队员、教练、家长志愿者，每个人都是一面旗，每个人都在为这个社团努力着，付出着。从动作技巧到队形编排，从服装设计到发式化妆，从台前表演到幕后服务，大家分工合作，辛勤耕耘，使整个社团焕发着青春的活力。"老带新"的传统让每一位队员得到最充分的锻炼，"不轻易选择，不轻言放弃"是每一位队员在成长过程中最宝贵的财富。

我们的口号：舞动童年，舞动奇迹。

我们的目标：锻炼身体，磨炼意志。

我们的理念：不轻易选择，不轻言放弃。

队员的故事：

2016届健美操社团队长：友友，现已15岁，在银都小学启蒙的健美操已经陪伴了她九年。友友毕业两年了，但是关于友友的一些画面，我还留存心里。前不久，在学校门口巧遇友妈，与其说是"巧遇"，还不如说她到学校专门来找我。为什么毕业两年后还要过来，源于前不久她们在整理自己的物品，发现了那摞厚厚的奖状。

友妈说——

在友友的人生中，有一位引路人对她影响很大——银杉健美操队的总教练李清老师。是李老师让她认识了健美操，是健美操让她践行了"不轻易开始，不轻言放弃"的诺言；是日常训练中和小伙伴亲密互动，让她感受到了团队合作的重要性；是日复一日的坚持，让她收获了健美的身材，170cm的身高。第一次的训练，第一次的比赛，从最初的战战兢兢到后来的信心满满……孩子收获的不光是健康，还有自信和勇气！记得在小学高年级的时候，健美操老师总会给她们机会，让孩子自己去编排动作、队形，孩子的综合能力得到了提升。上了中学，每次学校的运动会开幕式上都有她"兼职编导"的身影。圣诞假期到凉山彝族自治州昭觉县支教，友友还为当地学生编排了课间舞蹈。这一切都得益于当年健美操训练，得益于当年校园内的艺术氛围。有时候经过银小校园，看见里面训练的孩子，总会心怀祝愿，感恩遇见。

听了友妈的话，我感动满满——

"不轻易选择，不轻言放弃"是健美操队的传统，孩子的最后的成功不只是老师的功劳，在其背后，孩子的努力和家长的付出是成正比的。友友是这样的队员，而友妈是这样的家长。受益的不仅仅是孩子的现在，还有未来。

我们的成绩

从2004年组团到今天，银杉健美操社团走过了整整十四年的时光，十四年来，我们骄傲！我们自豪！因为我们舞动了青春，创造了精彩，书写了奇迹。十四年，我们风雨兼程，日夜兼程。队员、教练、家长，我们紧紧地拧成一股绳，拼搏出了一个又一个辉煌的成绩，从2004年至今，在各种比赛中共获得近600多个集体一等奖……

（李清）

随着"银峰足球队""银杉健美操队"的不断壮大与发展，其他体育社团也如雨后春笋般纷纷创建和成长起来——

软式棒垒球队，践行"诚敬、谦和、坚忍、力行"的队训，通过"班级授课""选修课""校队训练""班级联赛"等方式迅速提高竞技水平，在市区比赛中荣获冠军。

篮球队始终把发展队员的自信心、情绪控制、意志力、进取心、自我约束等方面的发展放在首位，篮球队队员展现出良好的运动技能、团结拼搏精神，获得成都市小学生篮球比赛一等奖。

无线电定向队是校园中最神秘的一只体育代表队，他们手持仪器，头戴耳机，时而快速跑，动如脱兔，时而驻足不前，全神贯注地用机器向四周扫描，每当他们在树丛中、隐蔽处找到一台机器都会欣喜若狂，2010年成立至今已经囊括了省、市团体比赛第一名若干。

此外，还有羽毛球队、乒乓球队、游泳队也深受学生喜爱，在各级各类比赛中获奖无数……

二、学校艺术教育的特色

学校建校以来，坚持践行"艺术教育拓潜能，以美塑造现代人"的艺术教育理念。教师将艺术教育渗透每一节课中，如音乐老师在1、2年级注重音乐学习习惯培养，3、4年级加强声乐技能学习，5、6年级注重合唱与课堂器乐教学。美术老师着重培养学生的观察力、想象力、表现力、审美能力、造型能力。小班班额减少，让每一位学生在课堂上均能得到展示的机会，教师能有针对性地"一对一"进行指导与评价。学生基本的艺术素养水平在入校后得到大幅提升。

学校开展的各类艺术活动为学生提供了良好的展示平台，"银小好声音""银小，经典咏流传""班级合唱比赛""银蝶飞舞美术展""银小摄影艺术展""书法艺术展""戏剧节表演""出彩银小娃"等等一系列校园艺术活动，均采取班级海选、校级海选、校级展示的活动流程进行，学生人人参与，在参与中体验和欣赏艺术之美。

与此同时，艺术教师充分发挥自身特长，开设管乐、竖笛、合唱、表演唱、版画、国画、沙画、剪纸、布艺、水彩画、国学等选修课与艺术社团，让学生有了更多的学习选择。

【案例】

银帆管乐团

"扬帆管乐团"是我们最初的名字，取自成语"扬帆远航"，乘着音乐的翅膀，在乐海中扬帆，踏着音乐的节拍，在生命中远航。为了更具银都小学特色，在建校5周年之际改名"银帆管乐团"，从此乐团名字有了银都小学的印记，成了第一个"银"字号社团。

我们的队伍：

"银帆管乐团"由学校首席教师李寅任总辅导员，辅导团队还有刘锦霞、代娓娓、黄秋月老师。社团成员由最初的26人发展为300人左右，社团根据学生情况细分为室内乐团A团、B团、新生团，竖笛分社等分团。

我们的特色：

"只要你够费（四川话，调皮的意思），加入管乐队！"这是管乐团创建之初老师们玩笑似的一句话。建校之初不少孩子个性极度张扬，有的孩子常常让老师们头疼，"银帆管乐团"作为为数不多的社团之一，成了孩子们释放天性的最佳选择，而令人惊叹的是——再调皮的孩子进了管乐团，在音乐的感染和乐团老师们的指导下都慢慢变得绅士和可爱。如今，社团再也不是"费头子"的聚集地，吸引了一批又一批喜爱音乐的学生参与。管乐团积极参加全国、省市级的各项器乐比赛，并受邀赴美国、德国、日本等地参加国际音乐节活动，在比赛与活动中，团员们的自信心和参赛水平不断增强。

我们的口号：爱音乐，爱生活。

我们的目标：享受音乐，银帆远航。

我们的队标：

队员的故事：

他们是一群热爱音乐的孩子，他们是校园的"快闪手"，他们是阳光里、蓝天下的一道亮丽的风景线，不光耀眼还很动听。团队中永远都不缺个性鲜明的孩子。

转学生杰杰，干净、高瘦，我们的第一次正式会面是在三年级的音乐课，内心初步断定应该是一个乖巧智慧的男孩儿，可接下来他自由散漫、不友好评价同学、不尊重老师等等各种不良行为习惯开始慢慢暴露，在乐团的团队合作中自然产生了太多的不愉快。家校沟通、个体批评教育等等，看似都只有短暂的效果。可去年6月，A团招新生让杰杰有了意想不到的变化：为了能考进"银帆管乐团"水平最高的A团，他每天自觉准时练习，最终如愿考入A团。我顺势抓住机会与杰杰深入谈心，肯定了他的演奏专业知识与水平，并提出新的要求与希望。从那以后，那个自我的男孩似乎不见了。团队的活动中学会了团队合作，没有了随意，没有了不友好评价，也没有顶撞老师了。

今年暑期，我校有20余名孩子受邀赴美参加了拉帕汉洛克音乐节，杰杰也成为其中之一。即将升入六年级的他是团队中的大哥哥了，固然成了这次访美团队队长的候选人之一。杰杰也明白自己的自我管控能力较差，主动要求我给他"加担子"，于是我们开始了约定的"角色扮演"。由被动到主动，由老师引导到自发管理同学，到每天练习的队列、清点人数、物品检查、总结及汇报都做得游刃有余。当选队长的他，在这十几天的交流学习生活中，不仅得到了乐团同学们的信服，还得到了老师们的信赖，让他找回了内心最深处那个真实的自己。在美国的交流音乐会上，他也很自信地独奏了一首中国民族乐曲《黄水谣》，受到了中外友人高度赞扬，想必这将会是他一生中珍贵而美好的回忆……

管乐团个性鲜明的孩子真不少，但他们都在乐团老师们的精心呵护和引导下健康快乐地成长着。还有很多毕业的孩子每每提及学校，都对自己曾经是管乐团的一员而骄傲不已：绰号"音乐疯子"的世玺同学说在"银帆管乐团"的日子是最值得怀念和回忆的，如今他的低音单簧管已吹得出神入化；脾气暴躁的萨克斯手柏霄自曝小学时最听李老师和蔡老师的话，组织同学合作萨克斯四重奏在美国获得高度评价；爱哭的大号手言言，任何不如意都能大哭一场，唯独对音乐的热爱能化解一切，还凭借着大号特长顺利考进成都七中林荫校区；黑管手泽西，校歌首任演唱者，18岁的她自己编曲写歌唱歌，已发行单曲近20首；长笛手欣怡，一个对画画和音乐都有灵感的女孩，初二赴美国学习，因为其娴熟的长笛技术和良好的乐团合作能力直接被美国高中行进乐团招录；还有第二任乐团团长美琪，现就读清华大学；打击乐手渝童，现就读北京大学……

我们的成绩：

管乐团被四川省音乐学院挂牌授予"音乐教育研究中心教学基地""雅马哈示范乐团"等称号。"银帆管乐团"组建至今，参赛省市区各级比赛均荣获一等奖，竖笛社荣获全国一等奖，在境内外展演四十余次，皆获好评，2018年荣获"成都市银杏艺术团"美称。

（李寅、刘锦霞）

【案例】

银蝶美术社

"银蝶美术社"，"蝶"——每一个孩子都是天生的画家，就像小毛毛虫潜藏着与生俱来的美丽和力量，终会成为一只美丽的蝴蝶。银蝶美术社老师们悉心培育"小毛毛虫们"破茧成"蝶",用画笔绘出五彩斑斓的童年。

我们的队伍:

"银蝶美术社"有7位辅导老师,分别是多才多艺的董涓、邓然两位组长,青年画家刘丁瑞老师,还有各具特色的尹岚、朱婷婷、蔡婧葵、王珏老师。社团队员长期保持在100人左右,有国画、版画、水彩画、手工坊等分社。

我们的特色:

"银蝶美术社"注重学生的创新精神、实践能力以及鉴赏美、创造美能力培养,通过培养挖掘学生潜能及创造性,促使学生素质的全面发展和个性的发挥,让每一位队员"破茧成蝶"。社团开设了丰富多彩的美术课程:手工课程——剪纸艺术、民族服饰、纸艺、版画等;绘画课程——国画、漫画、线描、铅笔淡彩等。

我们的口号:绘出童年、绘出未来。

队员的故事:

我是2018届学生陈奕景。

我刚上一年级,就有幸加入到了"银蝶美术社"。记得第一节课,老师就带我们参观了美术教室和校园里的画作,我被这一幅幅精美的充满想象力的画迷住了,大家都在感叹哥哥姐姐们真厉害啊!我好羡慕这些银蝶社成员啊!老师告诉我们:"只要肯努力!你们这群银宝宝以后也会像哥哥姐姐一样化茧成蝶。"现在,我已是六年级的学生,校园里也挂上了我的佳作,我感到无比自豪。

在"银蝶美术社"的大集体里,我的绘画技能、艺术鉴赏水平不断提高,我喜欢用画笔描绘这精彩的世界,描绘我们美好的生活、描绘美丽的大自然,我还走出校园,用画笔向人们宣传着绿色环保的理念,在高新区首届公益文化节被评为"公益少年"。

我还喜欢绘本创作,在二年级时,我画了一本以26个字母为主题的英语绘本《小兔子的字母奇遇记》,大家争相传看。三年级,班级出版的诗集《被风吹响的喇叭》和小说集《银杏树上的精灵》两本书的封面都交给我设计，我不负众望，设计的封面受到了大家的称赞。我喜欢这个大集体，我希望我们银蝶社团越来越壮大，同学们都能够破茧成蝶舞出精彩的人生。

我们的成绩：

美术社成立以来，获青少年国际绘画大赛和全国、省、市、区艺术节绘画类比赛一等奖若干，队员作为代表到非洲肯尼亚参加联合国环境规划署举行的环保宣传活动。

（董涓、邓然）

"银晓合唱团"从学校走向国际舞台，多次获得市、区艺术节合唱比赛一等奖，曾与著名男高音歌唱家廖昌永、世界著名的维也纳童声合唱团同台演出，获维也纳"世界和平"合唱节铜奖。

"银杏国学社"的孩子们诵读国学经典，品悟中华文化，传承民族精神，涵养民族修为，承继民族智慧，国学朗诵节目多次荣获省市一等奖。"银悦心理剧社"汇集了心理、音乐、舞蹈、美术教师为一体的辅导团队，指导学生自编自导自演，学生通过扮演当事人或由当事人自己借助舞台来呈现典型问题，并在各方帮助下学会如何正确应对和解决问题，也使全体观众受到教育启发，剧社节目、剧本多次荣获成都市一等奖……

学校2000年创办至今，坚持小班化教育办学理念，坚持对体育与艺术教育的追求，成绩斐然。先后被评为亚洲展望足球重点校、全国校园足球重点校、全国软式棒垒球实验学校、全国心理健康教育特色学校、四川省艺术教育特色学校、成都市经典诵读示范学校、成都市足球、健美操、定向越野、航模、篮球、游泳传统项目学校。

第二节　班集体体育与艺术教育的特色

学校秉持"尊重生命、彰显个性"的办学理念，在班级管理和班主任工作中，也呈现出了"人文化德育"的"个性"与"特色"。学校鼓励、支持班主任勇于创新，敢于探索，创建个性化的特色班级。目前全校有36个班级创建成功，获得"学校特色班级"称号。

班级	班主任	特色名字	班级	班主任	特色名字
18届1班	朱小虹	风雅少年	21届2班	唐　娟	心相连
18届2班	段如贤	华风班级	21届3班	谭浩勤	蚂蚁中队
18届3班	周　琴	阳光恒爱	21届4班	张雅三	自信有爱
18届4班	张　一	青青园中葵	21届5班	余小芳	萤火虫爱心
18届5班	洪　敏	桃源	21届6班	刘婷婷	"五心"班级
18届6班	李　薇	小小成都迷	21届7班	向晓旭	绿色·阳光
18届8班	钟　敏	艺术+	21届8班	赵国凤	彩虹班
19届10班	靳　颖	活力运动	22届1班	李　晶	快乐精灵园
19届4班	张　岚	纯善阳光	22届5班	代潞潞	小海军陆战队
19届5班	叶　涛	乐学园	22届6班	段　姗	七色花
19届7班	梁小齐	悦学悦活	22届7班	廖晓丽	悦动
19届8班	余　露	七彩阳光	22届8班	钟易言	半亩方塘
20届3班	肖　妮	七彩三班	23届2班	张炎艳	与爱同行
20届4班	陈　俊	诚佳少年	23届3班	阳　芳	向日葵
20届5班	吕　娜	扬帆起航	23届5班	唐　帆	扬帆远航
20届8班	鲁　燕	星星乐园	23届6班	陈恒亮	绿丝带
20届9班	姜　琳	大拇指	23届7班	袁丽佳	礼学
21届1班	徐　蕾	晨曦	23届8班	雷　丹	幸福

特色班级是各班班主任教师根据班级学生具体状况，发挥自身爱好、特长，带领学生、家长、社会等多方参与，整合各方力量共同创建的，是校训"健康、聪慧、高尚、快乐"在班级发展过程中的具体体现，是师生成长过程中的一道道亮丽的风景，它丰富而多元，灵动而多彩，时刻散发着无穷的魅力……

一、班级体育教育的特色

青少年时期是身心健康和各项身体素质发展的关键时期。"少年强则国强",强国首先要有强健的体魄。体育运动也是磨炼坚强意志、培养良好品德的重要途径,是促进青少年全面发展的重要方式。然而目前青少年运动氛围缺失。电脑、游戏机的普及使青少年一代生活和娱乐方式发生了重大变化,许多学生周末和假期不愿走出家门,更不愿意参加体育活动,强身健体的意识越来越淡薄。如何改善这一现状呢?老师们智慧出妙招。

【案例】

活力运动

特色班名:活力运动

班级口号:爱运动,爱生活,活力无限

班主任:靳颖

我们班的孩子很爱看书,一下课就到小书架上取书看,很少出教室。老师们都说他们乖、安静。但作为班主任的我却有另一份担忧:孩子们缺少运动。有的孩子娇气,放学了见到家长书包就交出去;有的孩子体弱,常常生病缺课;有的孩子甚至连跑步姿势都是别扭的。更可怕的是在应试教育体制之下,大多家长只重视文化课成绩,而忽视了学生的健康和体育锻炼。在家,完全剥夺了孩子参加家务劳动的权利和义务,剥夺了孩子下楼玩耍的时间。孩子们没有进行足够的体育锻炼。如何转变家长的认知,激发孩子们的运动热情呢?一定要让孩子成为运动的主人!借着奥运"东风",一场轰轰烈烈的名为"运动进行时"的活动在班级中悄悄开展起来。

从"奥运助威团——班级集体观赛""亲子时光——家庭集体观赛"到"我喜欢的体育项目",再到"我参与的体育项目",孩子们在一系列的活动中慢慢改变着、成长着。

运动场剪影——用汗水换来精彩

运动小能手一马当先！我班四名足球干将，一直是孩子们心中的男神，在年级足球联赛中，过五关斩六将，一举夺得了冠军。利用孩子们对足球的热爱和对足球干将的钦佩，我请足球干将们带着其他孩子踢足球，好几个女孩子也上场呢。

健美操队的美少女们是班上的另一股运动中坚力量。五个活力四射的女孩子就像不知道累似的，天天跳，不停跳，随时跳，感染了很多同学。他们自己排练啦啦操，给足球小子们加油助威。从服装到道具，全是自己策划组织。我抓住这样的契机，让他们把其他眼馋的孩子们也加到啦啦队里。不管跳得好不好，跳就行。于是课间的走廊上，一对一教操的，队形排练的，热闹得很。

第三支新生力量是定向运动的成员。脑力与体力相结合，智慧与运动全面发展。同学们看到他们的指南针、测试仪、装备都好惊讶，好美慕。于是他们又带着一群爱研究的孩子头碰头地捣鼓起来。

就这样，在这些体育健将的带领下，孩子们找到各自喜爱的项目动起来了。班上的几个小胖子，以前不爱动，现在，大胖爱上了篮球，小胖爱上了足球。

课间活动剪影——享受运动的乐趣

上帝给你关上一扇门，就一定会打开一扇窗。为了让每个孩子找到自己喜爱的运动方式，我们在教室建立了体育用品专用区。这里的东西可真是五花八门。技巧型的运动呼啦圈，手腕灵活度要求极高的飞碟杯，智能型加手指灵活度的魔方……孩子们一下课就到这里挑选喜爱的项目。呼啦圈高手不仅能够腰转、腿转，还能头转、行进转。魔方高手从一阶开始，一直练习到六阶，看得人眼花缭乱、瞠目结舌。飞叠杯更是男孩女孩都喜欢的项目。受到我们班的影响，旁边几个二三年级的班级，也都一改你追我赶的游戏风格，和我们一起比脚圈球、比呼啦圈，玩得不亦乐乎。楼道里运动文明又快乐。

孩子们根据自己的长项争当小能手、小冠军、小教练，有的还建立了组委会，组织比赛。文文组织魔方大赛，可怡组织呼啦圈大赛，之之组织飞叠杯比赛……

传统项目剪影——运动让班级阳光

最有趣的是传统民间体育游戏：滚铁环、转陀螺、竹蜻蜓、踩高跷、挑签……这些原本好像只有在长辈的脑海里才能浮现的记忆，却在班里掀起了一阵运动高潮。

我们刚开始谈及自制高跷的时候，大家都觉得不可能，有的家长还想到淘宝去买成品。当班级群里你一言我一语的热闹讨论后，各式各样的高跷居然上图啦！这下子，孩子们的积极性可上来了。拿锤子的，钉钉子的，用奶粉罐的，踩易拉罐的。最让人羡慕的是真正的竹子高跷和木棍高跷。制作难度极大，踩上去难度更大。连老师都怕，不敢上，走不了，孩子们却展现出了无畏的精神。大家都抢着练习，一次次失败一次次尝试，最后都走得稳稳当当，令人刮目相看。作文里谁钉着手啦，谁失败啦……每个孩子都写得轻轻松松，绘声绘色，哪里还需要担心不会写作文哦。亲身经历的事情，信手拈来！

我们将这些成果搬上了"银小大舞台"，台下一片片欢呼声、惊叹声、鼓掌声……

温馨时刻——生命在运动中绽放美丽

小胡是个超内向的孩子,性格不温不火,说话慢吞吞的。他除了是班上争夺"二胖"的有力人选,其他方面一直默默无闻。制作高跷活动一开始,他的爸爸火力全开,陪儿子一起用了一周时间反复研究修改,最终做出了班上最牛的高跷——最正宗的木腿、最high的高度。当他得意地举起高跷时,我们都认为这是最佳制作奖——因为我们觉得他的身材和运动细胞,不可能踩上高跷更不可能走得起来。但是,小胡爱自己亲手制作的高跷,怎能允许自己不上别人上呢?奇迹就这样发生了,几天后,他真的走高跷啦!"银小大舞台"展示,最拉风的就是小胡!那自豪、腼腆的笑容永远印在我们的脑海里。小胡妈妈眼泛泪光地拉着我说:"没想到啊!简直没想到啊!我儿终于也在我面前说'我是班上的第一啦……踩高跷第一!同学们下课就围着我,让我当老师教他们……'那一刻我努力忍住泪水,一直以来,看着孩子低垂的小脑袋,作为妈妈内心的焦灼却不能表现出来。我总是鼓励他,言语却空洞乏力。现在看着他骄傲的笑容,世界都被照亮了!"

"大胖"的体重年年见长,自然是最不喜欢运动的。但同学们的热情渐渐让他无法再袖手旁观。为了在运动会上能有个项目上场,他选择了跳短绳。他课间练,回家练。有一天,一个孩子激动地跑来告诉我,大胖一分钟跳短绳竟然跳了112个。哈哈哈……走廊里回响着大胖那穿透力超强的笑声。他笑称自己是"灵活的胖子"。从此以后,运动会项目又多了一个强有力的人选。后来听大胖妈妈说:那大汗淋漓的每一天,妈妈都不忍心看他练习了,但他硬是坚持下来了,实现了自己的愿望。

运动给每个人带来改变,带来惊喜。而同学们也学会了多角度发现同学的闪光点和长处。从那以后,我们班评选中队委、三好生时,票数就不再集中于一两个人身上。宽容、友好的班级氛围充满了正能量。

班主任的幸福

累了,坐在球场上,看着跑来跑去的伙伴们,快乐从内心洋溢在脸上；听到朋友的一声"好样的""高手"，心中涌起无以言表的喜悦；高年级的学习压力在快乐的运动中被化解，孩子们调整了心态又上战场。运动使孩子们开朗、活泼、充满阳光。运动让孩子们收获快乐、自信。运动给班集体带来欢声笑语。

  班主任的一个决定，给几十个孩子的一生带来影响。谁知道蝴蝶效应会给今后的他们带来什么变化呢？但是现在，在一年的快乐运动中，我真实地感觉孩子们的身体素质不同了，精神状态不同了，班级氛围不同了。突然明白一位优秀班主任所说："一个班级学生体育成绩的好坏，取决于班主任关注与否的态度。抓和不抓不一样，认真抓和随便抓又不一样。"我们班在学校运动会上获得所有团体项目一等奖、广播操一等奖、总分第一名的好成绩。

  因为运动，我们拥有更健康的体魄；因为运动，我们拥抱阳光般的生活；因为运动，我们意气风发地去迎接挑战。让运动成为我们终生的爱好，陪伴我们迎接种种挑战！孩子们，让我们的一生都能享受运动带来的乐趣，沉醉于运动带来的激情，享受生活的幸福和生命的美丽吧。

（靳颖）

【案例】

<h3 align="center">武动七彩</h3>

  特色班名："七彩三班"

  班级特色：七彩课堂，文武皆修

  班级目标：做身心健康、亦静亦动、快乐又独特的好少年

  班主任：肖妮

  "少年智则国智，少年富则国富，少年强则国强，少年独立则国独立，少年自由则国自由，少年进步则国进步……"学校的操场上2014级"七彩三班"的同学们一边字字铿锵地背诵梁启超所著的《少年中国说》，一边跟随节奏干脆利落地施展拳脚。他们身着太极武术的白衣黑

裤，在阵阵悠扬的笛声中展示着这两年半以来所学的少林武术——罗汉拳和太极拳。那一招一式，气定神闲，仿佛一个个归隐山野的武林高手，每一个动作一丝不苟。

"七彩三班"的同学们在完成学业之余，每周会有一节课练习武术，从最开始的基本功：扎马步、踢腿、推手，到学习较为复杂的拳法，他们充分感受了中国武术的魅力。习武，让他们的身姿更加挺拔，体质更加强壮，意志力更加坚定，更重要的是在学习过程中还会结合音乐变换招式节奏，武术的美感充分体现。他们将中国武术的姿态之美、力量之美和传统国学的韵律之美融洽结合。"习武以习德"，已成为孩子们的日常。

源起

2014年9月，我与班上这批可爱的孩子结缘，成为他们的班主任。他们天真活泼，个性迥异，各有所长，而共同的特点便是精力旺盛，聪明好动。我看到了生命的多彩，珍惜孩子的天性，深知因势利导才是快乐的教育，健康的教育。让"活而不乱""健康生态"成为我班级管理的首要目标，在学校基本课程的基础上，我探索开设班级特色课程。

经过一年的探索，尝试了舞蹈、音乐等艺术课程后，我思索着寻找一种技能学习、体能锻炼、知识积累兼备的课程，而"武术"便是最好的选择。经过家委会多方调查和联系，最终请来了世界武术冠军、武当派传人——吴师真老师。和老师商议教授武术技艺是课堂主要内容，而课堂精髓是让孩子们感受和领悟武术精神和中华传统文化的美。

习礼

第一节课，老师身着长袍，头梳发髻，如世外高人。他先为孩子们表演了一段行云流水般的拳法，或轻盈飘逸的风度，或力拔山河的气概，甚至无声一跃之高、一跃之远，瞬间让孩子们折服。之前连声抱怨的女生也乖巧地等待着高人指点。演罢，老师气定神闲，并未急着教授技艺，而是教吟《武德训》："武德训，武之宗也，古人谓，未曾学艺先学礼，未曾习武先习德。缺德者，不可予之学；丧礼者，不可教之武。习者应不牟利而秉大义，不畏强而舍己身。言当守谦慎行，需善始终平常本虚怀若谷，讲理守信，习艺以精益求精，持之以恒。竖高尚之武德，以武强身，以德养性，习武者要以德服人。"短短几句教诲，让孩子明白学武和做人的道理。作为旁观的我也感念，原来习武得从"修心"开始。

之后，老师教授第一个动作——抱拳礼。这并非武术的招数，而是习武之人必须学会的礼仪。"身正、腰直、气定、目有神""双手抱拳，拇指藏，表示谦恭……"一个看似简单的行礼动作，背后仍藏着为人处事的原则。每节课开课和结束，都会有师生互行抱拳礼的仪式。全班同学整齐划一地向老师行礼，老师再回礼，无声却有力，那种庄重的氛围，那种互敬互爱的画面，美得让人动容。

文武结合

中华武术和国学都是中华文化的精髓，二者结合，让孩子在习武健身的同时也能修身养性。之后的课堂，老师在教授呼吸、马步、踢腿等基本功之后正式进入成套拳法的学习。孩子们学习的第一套拳法是武当的《玄空出元》。此套拳法刚柔并济，时快时慢，极富节奏。教授的同时，老师让孩子们背诵了《千字文》。古文的韵律结合拳法的节奏，一招一式更显得有气势。反复背诵的文字也早已深入孩子的内心，其中的哲理也被深深领悟。在学习拳法强身健体的同时，我发现孩子们朗诵的气息比平时更加顺畅，声音更加洪亮。

在拳法和吟诵融洽，孩子们熟练掌握之后，孩子们在"银小大舞台"为全校师生进行了展示。伴随一曲悠扬的古琴曲，孩子们整齐地吟诵《武德训》。抱拳礼罢，孩子正式表演拳法。"天地玄黄，宇宙洪荒。日月盈昃，辰宿列张……"孩子们一边铿锵有力地朗诵千字文，一边手脚并用展示拳法。三十个孩子动作整齐划一，声音合为一体，场面壮美。

习武习德

"冬练三九，夏练三伏"，历时两年的课程从未间断。为了加强基本功，全班孩子每天在家也会练习，甚至带动家长参与。太极拳结合了传统导引、吐纳的方法，注重练身、练气、练意三者之间结合，能够调养身心。学习太极基本拳法之后，班上个别"躁动"的孩子，心性明显改进，而加入锻炼的家长也发现身心更加放松。习武已成为日常。

"文以评心，武以观德"说明武德在中华武术文化方面的重要地位。武术以"尚武崇德"作为教育的基本原则，"尚武"，能培养"自强不息"的精神，通过长期的武术训练，练出了强健的体魄，磨炼出克服困难的坚强意志，这是"自强不息"的精神基础。"崇德"，崇尚道德修养，与人为善，宽厚处事，豁达胸怀，通过武术训练，磨炼出吃苦耐劳的意志品质，树立尊师爱友，诚实守诺，团结互助的集体主义观念，培养高尚的道德情操和自强不息的精神，达到修身养性的教育作用。

在练习罗汉拳时，老师根据其拳法刚劲、雄浑的特点，特地加入了梁启超《少年中国说》一文的吟诵。孩子们字字铿锵，文中高亢的爱国情怀深深感染着他们，每一拳、每一招都更加有力。

经过几个月的练习，全班孩子一起再次登上了"银小大舞台"为全校师生进行展示。他们用流畅而有力的拳法展示着中国武术力之美，用深情至诚的吟诵展示着中国少年品德之美。

这便是"七彩三班"的武术课堂，在这里每个孩子感受、学习和传承着中华文化力与美的精髓。

（肖妮）

特色班级班主任重视学生全面发展、个性张扬，培养学生健康成长，重视班级体育教育，班级体育活动百花齐放。"鼓"动非洲活动、"小海军陆战队"活动、亲子运动会等，各班在班级体育活动的开展中"脑洞大开"，不仅仅让学生人人参与体育锻炼，热爱体育锻炼，更营造出一个积极锻炼的"场"，所以我们常常看到这样的画面：大课间，老师与学生共做一套操，共跳一曲舞；运动会赛场，家长、老师与学生共踢一场球……

二、班级艺术教育的特色

英国数学家、哲学家怀特海在《教育的目的》一书中指出："一个儿童在青少年浪漫期所形成的特点，将决定理想和想象如何塑造和丰富他未来的生活"，而这个"重要的浪漫阶段的内容像洪水一样涌向儿童，将他推向精神世界的生活"。浪漫是需要培养的。小学阶段，艺术与美的教育对丰富学生心灵，构建学生的精神家园，为学生形成人生智慧，尤为重要。学校的每一个学生都有自己的一项或多项艺术特长和爱好，这跟班级艺术活动的开展密不可分。活动中不仅仅培养学生认识美、感受美、欣赏美、评价美、创造美的能力，而且对学生的个性发展、良好心理品质的形成也发挥着不可估量的作用。作为四川省艺术教育特色学校，银都小学始终把艺术教育贯穿小班化教育的全过程，坚持"以艺促德、以艺陶情"的指导思想，将艺术教育融入丰富的班级活动之中。

【案例】

爱的艺术+

银都小学2018届8班共有29位孩子。孩子们团结同学，中队呈现出和谐友爱的氛围；聪慧活泼，对大千世界充满浓浓的好奇心与求知欲；热爱艺术与自然、科学，积极参加学校各类社团活动，自发组建班级社团。这就是我们，一群有爱的艺术+。

关于"我们的名字"：

关于爱：爱是什么？它像花的芬芳，令人感觉到醇美香甜的存在，却难用言语描述。爱是尊重，是关心；是好奇，是求知；是倾听，是表达；是分享，是安慰；是眼泪，也是笑容……爱是每个人心中最柔软、最珍贵的地方。我们要做心中有爱的孩子！

关于艺术：在我们的眼中，绘画、诗歌、运动、阅读、话剧、舞蹈，甚至生活……这些顺从人的自然天性去感知，创造真、善、美的一切，都叫艺术。艺术像深夜的一盏灯，照亮并抚摸所有人的灵魂。老师与爸爸妈妈的愿望并非让我们都成为艺术家，而是将艺术带进我们的世界，让我们具有艺术的真诚与深刻，优雅与激情，并努力在生活中成为这样的人。

关于"＋"：你知道吗？对我们来说，"＋"是个特别可爱、神秘的符号，因为它拥有双重含义。首先，"＋"代表家庭，我们这个温馨的团队不仅有29个孩子，我们的身后更有29个家庭和认真负责充满爱心的老师，我们是相亲相爱的一家人；其次，"＋"意味着通过不懈地奋斗，我们的未来便拥有无限发展的可能。

关于"我们的成长"：

文学为伴

二年级开始写诗，一直坚持到四年级，整整三年时间。

每周一节诗歌课，在课堂上一起朗诵着诗人们的作品，课后去小花园里找寻灵感。有了诗的浸染，冬天绵绵的雨水，低沉的天空，夏日微弱的虫鸣，夜晚流连的星光与秋日寂静的阳光，都不再寻常。脚步延伸至回家的路上，公园、超市、家中……孩子们最早最稚嫩的诗，就这样写出来了。

2015年9月，诗集《云上的孩子》由四川少年儿童出版社出版，著名作家曹文轩为这本诗集写序。在序言中，曹文轩老师写："这本天真烂漫的诗集，给了我同样的感受。诗集外头是吵闹的人世间，诗集里头是宁静的湖面。一百四十一首短诗，像一百四十一个做在云里的梦。"

2018年6月，毕业前夕，2018届8班孩子创作了文集《擦星星的孩子》，这本文集收录了孩子们五、六年级时创作的散文、诗歌、小说等。著名科幻小说家刘慈欣老师在书前寄语："如此爱你，等你向前!"鼓励孩子们将文学梦做下去。文学带领孩子和我们在一个看不见的世界里面思考,孩子们借着阅读诗歌与不同时空的诗人们的经验相连接,把自己的种种感受转换为自己的作品,与世界互动,了解自己在这个浩渺世界里的位置。

音乐是友

自一年级步入校园的第一刻,一切的光明美好便融入我们心头。音乐老师黄秋月带领孩子们进入音乐的课堂,进入那个没有文字,却情感四溢的世界。从一年级到五年级,沉浸在合唱队练习中,孩子们历经欢乐、感慨、悲伤和失败的洗礼,歌声不再颤抖,也不再高低不齐、顽皮稚嫩。每学期"国旗下讲话"便是"音乐会"时间。

"我来唱一首歌,古老的那首歌……"这是五年级上期排练的歌曲《闪亮的日子》。这样的排练已经持续两个月时间了。学期刚开始,经过无数寻找、试听、筛选,找到了这首《闪亮的日子》。初看歌谱,四个声部,混声合唱,孩子们坚持选择这首高难度的歌为表演曲目。

试唱一次,我们才意识到,攀登过无数合唱的山,我们面前屹立着《闪亮的日子》这座山再高不过了,但正如歌词所言——"你我为了理想,历尽了艰苦……"想要成功,必须不断努力,历尽艰辛,想到这儿,我们继续练习。

2018届8班合唱队有自己的伴奏乐手。苏梓潍同学对吉他情有独钟,当他拿出那把木吉他,调好音,用右手轻盈地在六根琴弦间自由摆动,一阵浑厚的琴声自琴箱传出,与歌声相互交错混响,将人们带入弦乐的世界。芹芹与杰心所弹奏的尤克里里亦如此,但尤克里里的琴声更加清脆悦耳,似春风在身边吹拂。而美怡与欣宜所爱好的钢琴,更似涓涓细流,在每人的耳旁四溢流淌……

孩子们热爱合唱,久而久之,在无数歌声中"合唱"已成为一种语言,每一次发声推动着它的发展。当你听见他们的歌声时,请记得:这不是表演,这是内心热爱的声音。

戏剧是内心的释放

作为一名土生土长的四川人，苏东坡不仅代表了四川文人在历史时期所做出的文化贡献，也对四川文化影响深远。孩子们从苏东坡身上看到四川人豁达、开朗的性格。话剧中，苏东坡时不时会冒出一两句故乡眉山的方言俚语，以此彰显巴蜀地区的人情风味。

"我越来越喜爱苏东坡了！已经迫不及待想要看这本《苏东坡传》。"观看演出结束，美怡同学说。

2018年寒假，孩子们或家长陪同，或同学结群，去眉山参观三苏祠。三苏祠位于四川省西南眉山市中心城区纱縠行南街，是北宋著名文学家苏洵、苏轼、苏辙的故居。

孩子们感受到东坡的魅力，开始编写剧本，排练、表演、配乐、剪辑。终于，话剧《东坡突围》展现在全校师生面前。

像这样的戏剧演出还有许多，从《凡卡》到《闷蛋小镇》到《当汤显祖遇见莎士比亚》，通过戏剧，达成了阅读到表达之间的衔接，孩子们也找到内心力量的蓄积与释放。

爱让我们走得脚踏实地

义卖诗集《云上的孩子》，所得款项捐赠云南腾冲曲石寨完小建立"云上的孩子"图书角。

与云南芒市江东乡五年级二班的书信交流、捐赠书籍、视频交流，达成了精神上的互助共进。

真正的爱不仅遥望远方，更应脚踏实地。关爱身边的事物，8班的孩子正是这样做起。在8班涌现出不少德才兼优的学生，评选为成都市美德少年的周沛萱同学在文章里这样写：

回想起我的第一次公益之行，得从幼儿园说起。从五岁开始，我跟随妈妈组织发起的"小微企业爱心会"，每年夏天去贫困地区和小朋友一起过"六一"，每年冬天和孤独的老人一起过年。七年了，期间发生了许许多多的故事，犹如珍珠一般，闪闪发亮。

在艺术与关爱中，2018届8班的师生家长共同享受着每朵云带来的轻盈，每棵树带来的葱郁，每条河流奔腾而过的激情，享受着生命变更纳新带来的幸福与满足。

（钟敏）

【案例】

美在"桃源"

我们的目标：

建设一个家园、学园、乐园——师生、家长共同的"桃源"。

我们的方法：

家校携手共建班级课程，在民主、平等、尊重的基础上共建、共创、共享"桃源"的美。

班级活动的艺术性：

1. 聆听窗外的声音

教学不是关起门来上课，我们班所有家长都是老师，每周一次"家长课堂"。借助家校联动模式，不仅让学生们了解了更多的生存、生活的基本技能，还培养了生活情趣，加深了孩子的艺术修养，普及了人文关怀理念及生命意识等。他们一点点开拓着孩子们的视野，滋润着孩子们茁壮成长。

"桃源"家长课程中的艺术课程

周次	家长（嘉宾）姓名	主讲题目
3	阿亮老师（电视台节目主持人）	语言表达艺术
7	刘一夫妈妈叶蕾	关于电视节目的制作
10	李为峰爸爸李桥	建筑功能与识图
13	王洋（电影导演）	动画电影的制作
16	罗苑侨爸爸罗圣智	一笑千年的四川陶俑
18	文琼（国家一级茶艺师）	中国茶艺

讲课老师与学生都非常喜欢这样的课堂。著名节目主持人阿亮老师说：有时候最能感动你的是你自己的语言：因为语言是门艺术，它并不是只运用在专业或舞台上，生活中也需要"口吐莲花"！

靖馨在课后日记中写道："语言原来那么有趣！还可以那么好玩！没有我想象的那么乏味。语言虽然是无形的，里面蕴含的思想却是千变万化的，它就像一块玻璃，光滑别透，可以清楚地从里面感受到你要表达的感情。"

青年导演王洋老师讲了《动画电影的制作》后，文硕感叹："我终于明白电影和动画片的制作过程了。真是惊奇，一秒钟的每一个动作都要画许多图，制作电影的叔叔阿姨们真辛苦啊！"

客来敬茶是中华民族的传统美德。"泡茶可修身养性，品茶如品味人生"。在连上三节"中国茶艺"课后，瑞松既惊叹又疑惑："中国的茶道，博大精深。它使人们的情操变得高尚起来。我的问题是：泡茶和敬茶的礼仪是由谁最先制定的呢？"

……

这样的学习，必将为孩子们打开一扇又一扇奇妙之门，由艺术催生的学习热情已不仅仅局限在艺术领域。一学年后，我们的"班本课程"讲稿《家长这样讲课》印刷成书，为孩子们留下了回味和再学习的资源。

2. 传统与现代结合的艺术之旅

在农历的天空下——24节气笔记。

教育的目的之一是要为孩子寻求内在的精神家园。精神家园的建立应从小开始，从自然中寻找，从中国人几千年的传统中寻找，让祖先的智慧、大自然的能量与现代孩子的生命产生呼应。"在农历的天空下——24节气笔记"课程因此诞生。

这个课程是个综合的研究。以农历24节气为线索，根据四季变化学习诗歌，了解相关物候特征，同时配合汉字、书法、考古、对联、民俗、民间故事、月亮与星辰等进行理解，再结合自己的观察，通过绘画和写作为大自然做笔记。研究的主体，是老师，更是学生。与美术、科学、音乐等学科老师合作,让孩子的学习成为"真学习"。

通过师生讲节气知识,诵节气诗词,阅读与节气有关的书籍,观察了解节气物候特点,用图画和文字记录物候,记录自己的节气生活,体验节气民俗活动,学习制作节令美食,创作与节气有关的诗画作品等等活动,孩子们全方位地了解了节气知识,爱上了传统的节气文化。他们利用学校大舞台、班级微信公众号、书信等平台和工具,积极传播节气知识。

节气之旅拓展了我们思想的深度、视野的宽度、人性的温度。

"露从今夜白,月是故乡明。""采菊东篱下,悠然见南山。""呜呼!何时眼前突兀见此屋,吾庐独破受冻死亦足!""晚来天欲雪,能饮一杯无?"这些诗词,是天线,连接着我们与古人的精神气度。

夏天的田野里,藏着甘美的蔬菜水果。孩子写:现在的我们吃着反季的蔬菜水果,那将来的我们会怎么样呢?这就是所谓的自然与生态的和谐与美丽吗?这真的是大家所向往的生活吗?以后,人们在立夏等时期,只能凭想象去感受夏天的蓬勃生机吗?(温馨媛《立夏·忆美食》)

炎热的处暑,我们在腾格里沙漠深处,茫茫星空让孩子发出感叹:"听老师讲人类肉眼能看见的星星其实离我们很远很远,当它的光亮到达我们地球时,其实我们人类已经生活了几代甚至几十代人。原来人类在宇宙中是那么渺小,渺小到就像星光一闪。但我们虽渺小,却勇于探索,破解着一个个浩瀚宇宙的奥秘……"(彭蓝萱《沙漠中的星海》)

小寒,是腊肉飘香的日子。与爸爸交流儿时香肠的味道,却让小毛同学产生疑惑与思考:"现在,很多农村人都到大城市里来追求梦想。如果他们走光了,手工腊肉的技艺又该谁来传承呢?"(毛子胤《小寒聊腊肉》)

孩子们即将小学毕业。他们慢慢变得大气、谦逊、灵动。作为一个教师,我与孩子们一起经历了所有的学习过程,对节令的观察和体悟,让我极大地震动于生命的可贵,并在孩子与自我的成长中,感恩每一个日子。

节气之旅促进了学科融合。

节气之旅是综合性的学习。为什么春分时蛋容易立起来？教科学的邹建老师来讲解。大自然笔记？怎样画？美术老师邓然一对一给孩子指导。有孩子画得认真，半夜三更发微信向邓老师请教，老师耐心地讲动物的关节是怎样的结构，麦穗的芒有多长，再示范画，传给学生，学生修改后再回传……音乐老师黄秋月是孩子们的副班主任，在她的信任和指导下，孩子们学着用五线谱、简谱创作节气歌曲，排演了两次大型的节气活动《关于节气的怀想》和《舌尖上的节气》。在孩子们的作品中，爷爷奶奶、外公外婆也是老师，爸爸妈妈也跟着成了学生。这不能不令我们感慨：文化的传承居然是如此奇妙！哪有学科之分？哪有职业之别？我们作为一个完整的人，在经历着综合性的、真实的学习。

节气之旅培养了孩子们生活的美感。

立春，孩子们在班级群里分享诗词美文，音乐伴奏下的童声能令人醉一整天。

平凡的生活，很容易消解人的美感。长期的观察和欣赏培养了孩子们对平凡生活的美的感受——

小区里栀子花可多呢！特别是芒种时节，大朵大朵纯白色的花在绿叶中格外惹眼。傍晚，那香味更是浓郁，整个院子全是它的气味。

这些天，马路上经常可以听到"栀子花，卖栀子花嘞！"的叫卖声。几元钱，你就可以把一簇香喷喷的栀子花挂在车上、房间里、床头上，享受好几天它的幽香。（彭蓝萱《芒种——院子里的那些花》）

一次又一次的物候观察中，孩子们向着每一朵花、每一片叶张开怀抱，向着自然万物打开探寻的细胞，用回归自然保持着心灵的敏感——

节气的灵魂，在时间的每一处，在世间的每一处，等待着谁。小园里的菖蒲，散发出清气，也唱着春分的歌。（林靖馨《春分时光》）

节气之旅传承了中国传统文化。

如诵读节气诗词，春分立蛋，清明扫墓踏青，立夏称人，芒种做美食……所有的学习和体验，对民俗活动的了解和尝试，让孩子们既体会到节气文化的丰富有趣,又积极创新活动。传统必定是在传承中创新的。

时间周而复始,我们还会在一年又一年的循环中,一次又一次地度过每个节气,一次又一次地感悟生命的丰富与变化。

两年半的研究,老师和家长将孩子们每个节气的文字、绘画笔记整理出来,编辑成《时间旅行者——桃源班级的节气笔记》一书,由四川少年儿童出版社正式出版,著名学者、诗人流沙河先生读了初稿后赞叹:"你们做得好,很有创意!"并欣然为书籍题写书名和题字。中央电视台"天气预报"节目主持人、中国"气象先生"宋英杰老师在本书序言中写道:"同学们观察和阅读时令物候时的那份好奇、专注和细腻,令人感动。节气的本地化和当代化,其实就在于同学们所描述的一个个情节之中,一段段对话之中,一缕缕回味之中。"

除此以外,电影课程、器乐课程、书法课程也深受学生喜爱。

3. 最美的风景

"桃源"主题周。

"桃源"主题周是班级特色课程,已经成为孩子们成长中一道最美的风景。师生共同确定每周主题,孩子们很喜欢的有:"桃源"微笑周、赞美周、创造周、戏剧周。

为了戏剧周,孩子们早就在做准备。撰写剧本,排练戏剧,购买、制作道具,人人参与。最后,他们为了演出效果,还把两个组的剧本合并改编,合作排练,演出了一场儿童穿越剧。

这些艺术的种子慢慢萌发,到五年级时,孩子们已经能做到三天排练一出完整的、全班同学参与演出的大戏《夜空中最亮的星》。根据学校老师们的支教经历改编的剧本《心愿》在学校演出后,感动了全校师生,并代表学校参加高新区艺术节,获得校园剧比赛一等奖。

人是世界上最复杂的生物,学校教育是关于人的学问。有人预言:随着互联网的发展,未来将不是学校品牌的竞争,而是课程品牌的竞争。如何创造适合每一个孩子的课程?对我来说,这是个终极课题,也是每一位家长和孩子自己的课题。但是,有一点是肯定的,那就是适合孩子的课程里必定少不了大量的艺术课程。希望我们身处在真正的"桃源",一个美丽的精神家园,一个充满不竭创造力的学园,一个生活与心灵的乐园。

(洪敏)

除了"艺术+"与"桃源"班级,还有许许多多的班级无时无刻不在进行着艺术的教育,插花、书法、京剧、戏剧表演、班级合唱课程等等都潜移默化地影响着学生的成长。也许艺术的终极,是一种美的欣赏,是一种美的感受。怀特海认为:"浪漫必须加以培养,因为浪漫毕竟是我们要得到的那种和谐的智慧中的一个必要的组成部分。"经由丰富的课程进行的艺术教育,在学生的浪漫期充实和丰富着学生的大脑与心灵,它就像沙漠里的暗流一样潜藏在每个人心里,随着学生的成长,它将变成一种长久可以拿出来使自己安定下来的力量。

班级是学生个性的发源地,是学生实现社会化和个性化的乐园。学校开展特色班级的创建,不仅仅能丰富班级生活,提升班级品味,推进班级管理形式多样,管理过程高效,更为学生体育与艺术素养的提升提供了更为丰富的活动,让人人参与、人人成长成为可能。

第三节 个性化体育与艺术教育的特色

学校在体育与艺术教育教学实践中以科研课题为引领,以和谐文化为导向,以习惯养成为核心,以课程创设为支撑,以家校共育为依托,逐步形成一种无形的"教育场域"。这个场域时刻散发着无穷魅力,吸引着教师、学生、家长人人参与,也见证着教师、学生、家长人人成长。

这里,你能感受到老师们"用生命滋养生命"的过程;

这里,你能听见孩子们生命花开七彩的声音;

这里,你能看见家长们再次被体育与艺术点亮生命的状态。

一、凸显教学特色,教师专业成长

有特色的学校培养有特色的教师,特色的课堂成就有特色的学生。学校高素质的教师队伍是立校的根本。学校特色创新教育体系为教师和学生带来的质的改变；让学生在特色课堂中自发主动地接受艺术熏陶。老师们根据学生们的个性特点积极探索，大胆进行课程实践与改革。在不断学习实践中创意创新，融合现代化教育信息技术，跨学科联动等多种手段进行资源整合，形成各具特色的课堂，全面推进了学生综合素养的形成和提高。

教师的职业魅力在于课堂中激发学生潜能，使学生得到良好的实践体验和收获；同时，成就教师的专业个性发展。扎实生动的课堂，深度有效的沟通，团队协作的氛围，处处可见。教师团队发展，秀木成林。

（一）以乐动人，唱响"银小"

音乐是听觉的艺术，也是人类最古老、最具有普遍性和感染力的艺术。作为文化重要组成部分的音乐教育，在培养提高学生感受音乐、表现音乐、鉴赏创造等音乐能力的同时，对音乐教师的基本素养提出了更高的要求。银小的音乐教师团队，分工明确，团结协作。大气专业的管乐社团教学节节攀升；多才多艺的教师专业基本功扎实，有的擅长电钢琴器乐教学，有的擅长合唱教学，有的口风琴教学独树一帜……在这样一个团队中，人人有发展，人人有专长，他们活跃在学校的各项活动当中。

【案例】

做人生的演奏者

"教师的幸福感来自哪里？我认为，每天与童心相伴是一种幸福；拥有同伴的鼓励与安慰是一种幸福；有家人的关爱与呵护是一种幸福；拥有健康的体魄是一种幸福……在烦琐、细碎的教育工作中，我找到了属于自己的幸福，它看似平淡无奇，却让我在教育之路上走得踏实而坚定。"七年前，我在高新区新教师亮相会上分享了这段关于幸福的感悟。

平凡的成长之路

我是一个平凡的女孩，2009年毕业于华中师范大学音乐学院。机缘巧合之下，我选择了这个"来了就不想走的城市"——成都，开始了我的教师生涯。

初来成都高新，恰值高新区二次创业起步之年，很幸运能够在奋斗的年龄与成都高新共谋共创、共同发展。

职业的特点让我由一名知识的接受者变为一名传授者。记得入职的第一天爸爸对我说："孩子，好好教书，别误人子弟。"没有华丽的辞藻，没有过度的修饰，爸爸淡淡的一句叮嘱却让我深感教育的责任与使命。

"初生牛犊不怕虎"，在工作的第二个月，我参加了高新区青年教师赛课，获得二等奖的好成绩。我以此为起点，在音乐教学教法上、专业技能上刻苦钻研，虚心请教，在教育教学上取得了突飞猛进的成长。2013年代表高新区参加成都市第六届音乐教师基本功比赛荣获一等奖；在成都市音乐优质课评选中执教《音乐小屋》荣获二等奖；多次参加高新区赛课获得一等奖，并承担区级各类公开课获得好评，由于教学成绩突出被评为"高新区优秀学科教师"。

时光飞逝，我的音乐教学也遇到了瓶颈，特别是产假后回到学校，课堂教学中遇到了很多的困惑、难题和不知所措。就在这时，我幸运地加入了高新区"名师工作室"团队。在寇忠泉老师的悉心指导下，我和小伙伴们互相钻研课题，研究课堂，一起读书、分享教育故事，教学的热情再次被点燃。我将赛课、展示课作为教学前进的助推器，在课题研究、论文撰写中获得新的思考，不断创新教学理念。撰写论文《巧用音乐能治班》获得四川省音乐教育论文一等奖；参编了全国职业教育学前教育专业教材《乐理视唱与和声基础》等。

去年的校级赛课结束后，我校优秀的音乐教师李寅老师对我有了这样的评价："晓清，你现在已经有了自己的教学特色。"听到这，我非常兴奋，我离"特色教师"的目标又近了一些。

艺术教育提升少先队工作品质

什么是特色教师？在我看来，特色就是渗透着个人的教育思想，通过具有自身特色的教学语态呈现出有特色的教学过程，从而具有独树一帜的教学风格。当然，艺术的独特魅力不仅仅存在于音乐课堂之中，在少先队工作中也同样适用。

在学校人文化德育思想的引领下，我将少先队工作与艺术教育巧妙融合，通过艺术的独特审美渗透品德教育。

在学校"六一"儿童节活动的策划中，我充分展示音乐教师的特长，通过"银小之声，经典咏流传"歌咏赛、"七彩花开，个性飞扬"校园剧比赛、"银小好声音"等艺术节主题活动培养学生对于艺术歌曲的审美能力，同时也彰显音乐艺术之美。

在"银小春晚"的录制中，我创新策划年级、特长队送祝福环节，全校师生都参与到"银小春晚"的演出之中，运用"第二现场"的形式将学校"尊重生命，彰显个性"的育人理念贯穿于整个艺术活动之中。

在少先队常规课程的创新中，我以"灵动银小电视台"为文明窗口，鼓励少先队员自编、自导、自演，为全校师生呈现出规范、文明的礼仪标准。在艺术的创作中，队员们自信、阳光，花开七彩！

体育教育培养队员意志品格

为规范全校队列，做到银小标准"快、静、齐"，我和中队辅导员老师一起，指导队员们拍摄"银小少先队常规课程——队列品质标准"视频，树榜样、立典型，用中队影响中队，队员影响队员，培养少先队员坚强的意志品质和纪律观念。

玩是儿童的天性，少先队为队员们充分提供玩的场所与空间，在玩中培养品格，学会合作，锻炼体魄。在"银小少先队常规课程——课间文明安全活动"课程开展中，大队与中队共同策划，队员们提供了几十种可供课间玩耍的活动：编花篮、跳皮筋、挑小棒、跳格子、扔沙包……这种寓教于乐的课间活动，既达到了体育教学中开发智力、增强体质、增强运动兴趣的育人目的，又在"玩"中"学"，对队员进行了品格教育。

作为一名少先队辅导员，我要尊重每一位队员的个体差异，学会蹲下身子与孩子对话，携手他们成长；作为一名艺术教师，我要培养她们高尚的音乐审美情趣，发挥音乐审美作用的德育功能，运用智育与体育相结合的育人方式，培养队员的意志品质！

（汝晓清）

（二）以美育人，绽放光华

美育以学生发展为本，通过美术实践活动提高学生的整体审美素质。银小的美术教师团队，在提升自身基本素质和教学能力的同时不断求新求变，积极创新。他们画工精湛，能绘善思，课堂丰富灵动；也勇于创新，将传统美术与现代信息技术有机融合，专注于课堂教学内涵的提升。他们的成长得益于不断实践与探索，得益于教研组全体成员积极研讨的学术氛围，得益于学校"一名教师、一个团队、一群学生"的教师专业发展模式。

【案例】

追逐艺术梦想

2006年9月，大学刚毕业的我带着"仰慕"来到了成都师范银都小学。2007年11月，我信心满满地参加了高新区的教师基本功比赛，成绩虽然是第一，但因教龄不够未能参加市级比赛。2010年11月，我再次踏上了征途，赛前每晚坚持一张水粉人物，周末做纸艺、电脑制作等，那一段时间过得特别充实。很庆幸，2011年6月我参加了成都市的教师基本功比赛，并获得一等奖。2011年11月，在学校的大力支持下，在叶茂涵老师、冯恩旭老师、辜敏老师等老师的关心和指导下，我幸运地参加了四川省第七届美术教师基本功大赛，并获得了一等奖的成绩，我是个幸运儿！

幸运之神又一次降临到了我的身上，省赛后不久，我接到了参加全国比赛的通知，我惊喜交集。喜，我有了机会；惊，我该如何充分把握机会。赛前的准备和等待是多么惊心动魄的过程呀，这一年，我不知看了多少书，学了多少新知，画了多少画，做了多少纸艺，背了多少题，在学校领导和美术组老师的大力支持鼓励下，我成长了许多，我熟悉了水彩的材料与基本技法，我了解了水墨画的用笔、用墨和用水，我知道了纸艺的创意方向，我明白了平面设计的构成……

2012年12月，我在专家的指导下，代表四川省参加了全国第六届美术教师基本功比赛，比赛举行了三天，每晚都是以失眠为伴，精神异常紧张。功夫不负有心人，我获得两个单项一等奖和总成绩一等奖。直到结果公布，那一刻我身上沉甸甸的包袱终于放下来了，我没有如此的放松，那晚我睡得特别香！

经过这次比赛，我深深明白我获得的不仅仅是证书所带来的荣誉，更是专业技能和专业修养的大幅度的提升，也明白了许多做人、做事的道理。

践行梦想，继续进发。2013年初，在学校领导和区教研员陈冠夫老师的大力支持下，准备举办一次个人作品展。为了这次作品展，学校领导、专家团队又一次次地为我指导，学校文莉校长从策划、布展到画册，从书签的设计到制作……每个项目都是亲自把关，反反复复，直至完美，那是点点滴滴的细致！四川省教科所体艺室主任冯恩旭老师不仅给我专业上的指导，而且还为作品展题词，他的无私、平易近人，让我很是敬佩！陈冠夫老师经常督促我认真准备作品，并指点迷津，精心指导！还有许许多多的关爱。这一年，我经常晚上八点左右才离开学校，周末又到学校加班，陪宝宝的时间越来越少，家人质问过，疲惫的我也痛苦过、挣扎过、反抗过，可我没有放弃过，因为这是我的梦想！

2014年9月9日，我的个人作品展顺利开幕。我很幸福，这是成都市第一位开作品个展的美术教师。这次展览迎来了省、市、区领导和专家的亲临指导，还为我提了许多宝贵的意见。此后，我积极参加美术专业类的比赛和展览，一方面不断提高自身的专业素养，另一方面也希望通过这些方式向专业的画家们学习，并能够将这些学到知识运用到实际教学中去，传播给学生。我还会继续努力，践行我的梦想，因为这是我一生的追求！

（刘丁瑞）

（三）强身健体，舞动青春

体育教师团队是学校颜值最高、"海拔"最高、党员比例最高的"三高"团队。人人有特色，人人有项目，是他们最为突出的特点。他们在教学经验丰富、全能多面的体育组长带领下不断成长。青春靓丽、活力满满的女老师们带领健美操社团蓬勃向上；男教师们踏实奋进，有的书法、绘画、相声样样拿手，有的被学生们称为"时尚街舞小王子"。他们率领的软式棒垒球队战绩喜人；带领篮球社团不断壮大；更是将全国青少年足球重点学校的活动开展得轰轰烈烈。体育教师在各自的专业领域中引领孩子们积极参加体育锻炼，培养协作精神，磨炼意志。

【案例】

青春的舞者

11年后的今天，看着与我惺惺相惜的健美操队的孩子们，伴着动感的音乐，踏着明快的节拍，舞动着激情，挥洒着汗水，用她们自己的表演诠释着力与美的完美融合，我很幸福。

"学高为师，身正为范"，从我进银都小学的第一天起，我就时刻告诫自己。我深知：良善的品行是一位教师身上最美好的东西，也是德育教育的基本核心。我深信：只有一片爱心的浇灌，一番耕耘的辛劳，才会有桃李的绚丽，稻麦的金黄。在这11年里，我一直恪守铭记。

大学4年的专业健美操生活，学院优秀代表队队员的历练；11年里健美操教练的经历，让我更加热爱我的事业。有人说："人生幸福事之一，便是爱好与事业可以并行。"幸运的是，银都小学给予我的一切，均是我的热爱。在这里，我从一名怀揣梦想、品学兼优的学生转变成了一名业务素质过硬的优秀老师。

"秉承育人情怀、倾情体育艺术文化"是我在银都小学的重要任务和神圣使命。作为一名体育教师，一名高新区体育名师工作室成员，特别是作为一名健美操队的教练，我致力于为孩子们指明欣赏艺术与成就艺术的方向；帮助孩子们学会寻找美、发现美和创造美，并真正成为

"健"与"美"的开拓者和创造者。

"健康、力量、美丽"是健美操需要展现出来的魅力,在11年的健美操教学工作中,让我对"美"这个词又有了新的诠释。其实在我心里面,健美操不仅是一项体育运动,它更是一门艺术。当音乐响起,随着音乐节拍舞动的孩子们,动感中焕发着活力的朝气,洋溢着自信的微笑,在强身健体的同时,又感受到了韵律与唯美。在我每一次的教学过程中,健美操队的每一位孩子,包括我,都会感受到一种快乐,一种从未有过的激情瞬间迸发,每一次完整的舞动都会让我们彼此享受到刻苦坚持的华丽。

我牵头建立的成都师范银都小学紫薇校区健美操队,梯队建设从学前班覆盖到六年级,参与人数近1千余人。带领的健美操队伍多次参加区、市、省以及全国的各类大赛,累计获得一等奖600余个。作为教练员的我,曾获得国家级、省级、市级优秀教练员称号多次;健美操推广先进个人称号;国家体育总局举办的2015年全国健美操大赛总决赛中获得健美操推广优秀领导奖称号。我想,得到这些殊荣,与我们健美操教练团队"讲奉献""爱研究""喜原创"的精神分不开。正如我校文莉校长说的一样:"每个孩子是不一样的,我们希望每个孩子在银都小学,能找到属于他们自己发展的优势,激发他们的潜能,全面发展。我们的办学理念就是尊重生命,彰显个性,其中对孩子来讲最重要的便是自由、超越和创造。"所以,我一贯秉承"银小"精神,在教学中,一直遵循爱与尊重是教育的出发点,全心全意为孩子们服务,注重从兴趣教学入手,根据孩子们的不同特点,琢磨出多种适合孩子们认真学习健美操的教学方法,推崇个性与能力的培养,使孩子们"乐学""爱学"。每一次的比赛,每一个动作,每一轮编排均是我自己精心创编,并在比赛期间,根据编排的成果,针对性地选择服装和准备妆容,以此将我校的风貌全方位展现出来。

回首过去,真可谓是累并快乐着。如果说曾经是奠定人生的基石,在丰满人生的羽毛,那么现在就是构建人生的厅堂,历练人生的翅膀。

教学是我的梦想，守护这些孩子是我的追求，满怀的是我的热情，健美操演绎的是我的人生。

（卢金萍）

（四）用心用情，卓越人生

教师专业成长是教育思想、知识结构和教育能力的不断发展。由于教育的动态性和拓展性，教师的专业成长很大程度上受所处环境的影响，更重要的是取决于自己的心态和作为。在学校浓厚的体育与艺术教育的氛围中，每一位教师，不管年轻年长，不管是否从事体育与艺术的专业教学，他们都在用心用情演绎着自己的教育人生。

【案例】

传统艺术在爱中升华

一名数学教师，也承担着美育的任务，数学之美可以贯穿于数学课堂；而一些传统艺术的美，则可以通过选修课的形式传承。我开设的编织选修课，使我的教育人生，愈加丰富多彩。

我是一个毛线编织爱好者，曾经在飞针走线之中，感受那种全然的投入与内心的宁静，体验模仿与创造的乐趣。作品成型，反复欣赏，试用、穿戴，那种成功与自豪，以及由此带来的内心满足感，挥之不去，每每提及，总是兴趣盎然。记得我大约是小学四五年级开始跟长辈学习编织的，我多么希望孩子们也能从中感受编织与创造的乐趣。

经过一学期的学习，孩子们都学会了五项编织小技能，每人至少完成了一个小作品。他们把自己的作品当礼物，送给好朋友，送给妈妈，送给老师，传递着爱与美。学会基本针法，完成了蝴蝶结的编织以后，孩子们就开始走上了自由的艺术创造之路。他们织杯垫，织围巾、给自己，送老人，温暖了整个冬天，温暖了老人的心。他们织出一条带子，做成一朵小花，美得自己合不拢嘴。这就是艺术创造的魅力。尽管有的作品看起来很幼稚，但是他们的热情投入和丰富的想象力、创造力、行动力，实在是值得我们为他们点赞。

（王秀萍）

美国学者特拉弗斯说"教师的角色的最终塑造必须在实践环境中进行"。为促进教师教育教学专业化、特色化、综合化，学校在管理制度、教研氛围、科研培训等各个方面为老师们提供最积极的成长环境，更有针对性地形成教师个性化成长方案，为每一位教师的成长提供最优的发展路径，最终实现教师的人人发展。

二、培养艺体素养，学生个性展现

一个学生的成长绝不仅仅是以学科成绩和排名来进行评判，良好的艺术修养，健康的身体和积极的心态，缺一不可。体育教育健全学生的体魄，坚定其意志；艺术教育提升学生的思想境界。两者共同促成学生内心的蜕变和综合素质的养成，促进学生形成健康的审美观和积极阳光的心态。

（一）综合发展，形成艺术修养

学校如同一个能量满满的磁场，精彩纷呈的各式课程和众多的特长队恰似一块块磁石吸引着学生们。他们在课堂上激荡思想，绽放智慧；也在课堂外找寻自我，七彩花开。我们提倡学生勤奋学习，却从不以分数定输赢；鼓励学生超越自我，却从不因暂时落后论成败。学生学习后劲足，根本原因就在于教师们除了注重培养孩子良好的学习习惯，更注重引领孩子对所有未知事物都抱有极大的热情，这种热情让他们在成长的道路上比同龄人更容易找到属于自己的天地。

【案例】

雨菡的故事

前段时间雨菡妈妈发信息给我，说女儿又一次获得了年级第一的好成绩，在一所"牛娃"云集的学校，时时保持领先绝非易事。从小学一年级起，雨菡就是所有人心中的"学霸"，这个称呼绝非仅源于她的各科学习拔尖。小学六年，她积极参加学校的各种特长队，健美操队、科创队、国学社、竖笛社，获得国家、省、市、区级特等奖和一等奖无数。这个小姑娘酷爱阅读，写得一手好字，也画得一手好画。从一年级开始我带着全班孩子一起创作绘本，她的每一次作业都会被老师、同学争相传阅。每一次学校运动会也是雨菡展示自我的平台，一次跳远比赛她获得了年级第一名，赛后她兴奋地告诉我："老师，我在家练过这个项目，但没想到会得第一。我们班的跳高不行，以后我还要好好练练！"这个人人赞赏的"别人家的孩子"，所有光环和荣誉背后都有着别人看不到的努力和汗水。最可贵的是，她从不认为自己投入的状态是一种辛苦，因为对所有未知事物都保持着极大的探索欲望，让这个优秀孩子的未来生出无限可能。

（李慧娟）

雨菡的心声

进入初中之前，我一直在想初中的生活会不会很忙，会不会很累，会不会坚持不了。当我真正踏入中学时，它给了我答案。

许多人都在说，中学作业多、学习压力大，其实并不是每个人都会有这样的感觉——源于小学的积淀。

银都小学，是我生活了六年的母校。至今仍未忘却：老师们秉承着原则与信念，将我们送向世界。

在这里的课堂，每节课都有它的意义。老师不仅着力课堂，还关注课外拓展，在打牢基础的同时拓展思维，可谓是为初中做足了铺垫。

我对学校的活动还记忆犹新。无论是比赛还是节日活动，每一次的参与，每一次的策划，每一次的训练，都为欢乐与成功做足了准备，同时也是一次次能力的锻炼。锻炼全方面的能力，以至于在初中生活中可以彰显实力。

当我在中学做小升初志愿者时，看到了银都小学学弟学妹们。来到初中，不必担忧，因为你有在小学深厚积累的基础。在初中生活中，你会走得更远。

（2017届学生江雨菡）

艺术与生活中的方方面面息息相关，一个人对艺术的认知、体验、理解、想象、感受等有效的互动都将内化为自身的品质与修养，这对提高个人综合素养和形成较高的审美能力具有重大意义。当学生形成良好的艺术修养，可以激发学生的学习积极性，使综合能力拥有可持续发展的主观能动性。学生生活会更加丰富多姿，眼界更为开阔，对生活的观察更为细腻，对问题有更深层的思考。

（二）强身健体，坚定意志力

在学校多年的体育教育体系中，不乏出现了许多具有代表性的学生个例，他们在小学阶段后的学习中，体现了极强的创新意识和丰富的创造能力，能在学习环境中敏锐地发现和探索出符合自身特点的学习路径，更为舒展地发挥长处优化学习成效。

【案例】

亲密无间的朋友

我有一位亲密无间的朋友，这位朋友能强健我的身体，磨炼我的意志，它就是体育！

我叫胡颢曦，是成都师范银都小学紫薇校区的学生。从小我就是一名活泼好动的男生，就读期间，受益于学校"小班化、顺自然、彰个性"的教育特色，对学生运动素质的培养，提倡积极、向上、勇敢、顽强的体育精神，那颗热爱体育的种子在我的生命中逐渐生根发芽。

2014年暑假，因为父母的工作安排，我随同妈妈来到了加拿大温哥华市。这是一座对我来说，完全陌生的世界，没有一位朋友，而我生涩的英语更是加剧了我的孤独感，在迷惘中我开始了新的学习和生活。然而，值得庆幸的是，和银都小学一样，加拿大小学阶段的教育，同样非常重视体育运动，所以，我先后加入了跆拳道和游泳俱乐部。

在经历了运动最初的新鲜感后，身体的疲惫，成绩的瓶颈期，甚至竞赛的挫败感接踵而来，我一度想到过放弃。比如，在跆拳道黑带考试中，要求以规定动作，一次性击破厚度为2厘米的木板，我经历了多次失败，手脚因为训练，红肿破损，疼痛难忍；而每周六次，每次两小时的游泳体能和技能训练中,我更是经历了呼吸不畅、四肢无力的绝望无助的时刻。

那一刻,银都小学体育精神的种子迸发出了顽强的力量。我利用网络资源,研究高手们的竞赛或训练视频,不断给自己设立一个个阶段性的小目标,让自己不断跳出自己的舒适区,从而达到更高的起点……

就这样,我不再迷惘和孤独,而是每天与可爱的队友们一起,在拳馆挥汗如雨,在水中你追我赶,我们彼此分享失败的教训和成功的喜悦。经过近四年的坚持和努力,我现在取得了世界跆拳道协会的黑带证书,游泳技能达到了哥伦比亚省级标准。

坚持不懈地运动,不仅能锻炼我的身体,增强我的意志;还能促进我的大脑发育,提高思维和记忆能力,这些对我学习书本知识,也是非常有帮助的。我运动,我快乐。谢谢银都小学,谢谢我亲爱的老师们、同学们!

(2018届学生胡颢曦)

行动的自觉性、果断性、坚韧性和顽强性是意志健康的重要标志。学生参加体育运动,既是对身体的锻炼,更是对意志的考验。如果学生能在体育项目中和紧张、激烈的运动对抗,敢于向自身运动极限冲击,必定产生强烈的生理、心理负荷,它就要求参与者形成极大的意志力,克服自身心理、生理与运动项目的矛盾,达到预定的目标。而这一运动过程中,学生的意志品质在潜移默化中得到了发展和完善。

(三)丰富体验,自信快乐成长

无论是音乐、美术、舞蹈、戏剧,其任何的艺术形态都是通过具体的艺术形象来再现丰富的情感与社会的真实图景,它能够轻易到达人的内心深处,唤醒人对于这个世界美好事物的思考。积极推动特色体艺教育的发展,才能使得学生的艺术素养不断提升。

健美操课程是体育与艺术综合课程,健美操是力与美的完美结合,既能锻炼学生体能,又能培养学生的艺术修养。作为学校最火热的特长队,受到学生家长的热捧。健美操队的学生,有丰富的训练、表演、比赛等体验,身心得到全方位的锻炼,自信快乐地成长。

【案例】

艺术教育拓潜能

每每看到已成为初中生的女儿高挑挺拔、自带阳光活力的身影向我奔来,心里总是一阵欢喜:嗯,这就是银都小学的孩子的模样——活泼开朗,阳光自信!这是在学校"健康、聪慧、高尚、快乐"校训下成长起来的孩子。

上四年级时,一次机缘巧合,在清老(李清老师)的引导下进入银杉健美操队,这应该是对一妹儿影响比较大的一个事件。因为是"半路出家"(之前在校外学芭蕾),刚开始技艺不成熟,老队友不接纳,是替补角色,然而这样的"不利"倒激发了一妹儿"不服输"劲头。在队伍后面反复揣摩动作;在校内利用课间时间缠着同班队友教授新动作;回到家洗漱对着镜子时甚至在路上都张牙舞爪地比划着。"妈妈,我的机会来了!"那天下午放学,一妹儿见到我兴奋难抑地说,"明天我要参加高新区运动会开幕式表演!本来主力队员已经排好队形,可是有一个队员不小心崴脚上不了场,老师觉得我进步很大,上场替补应该没问题。"当时那张熠熠生辉的小脸让我至今难忘,这是一妹儿的第一次正式上场表演,比起以后若干场拿大奖的区、市、省乃至全国比赛,这实在是算不上什么,但这正是"功夫不负有心人""机会总是留给有准备的人"最好的诠释。在健美操队老师的耐心指导与悉心照料下,一妹儿很快成长起来,成为健美操队的主力军。长期的运动训练,每年3~4场大大小小的比赛、表演,让一妹儿不仅收获了健康挺拔的身体,同时锻炼出"不轻易选择,不轻言放弃"的意志品质。这样的精神面貌与坚韧品质也让一妹儿在学科学习上多处开花:数学"华杯赛"一等奖、"国奥赛"二等奖、"联合杯"一等奖,语文全国创新作文大赛一等奖、"联合杯"一等奖,英语学科竞赛二等奖,科学论文二等奖。获得"区三好"和"校三好"等荣誉称号,真正实现了德智体美劳全面发展。

我很庆幸孩子入学时对学校的明智选择。当初看重的就是银都小学"关注个体,阳光普照;尊重生命,彰显个性"的办学理念及"小班化教育"的特色。事实也证明,学校的校园氛围及丰富多彩的文体艺术活动,让精力充沛的一妹儿有了充分表现自己、彰显个性的机会。

今天,一妹儿仍以银都小学的孩子为荣,进入中学继续学习,希望能通过自己的努力描绘出美丽丰富的人生画卷,为母校增光添彩!

(2017届2班　黄廷一家长　陈俊霞)

学生的成长心理特点就在于当他们进行运动、舞蹈、歌唱、绘画等各种体艺活动时,都是在自由地表达自己特有的观点和情感。这种用艺术交流的喜悦能促进他们形成熟练的技巧,抒发充沛的个人情感。

不管何种形式的艺术,都具有其自身独特的表达方式和强烈的个性色彩。在教育实践中我们发现一个普遍现象,许多学生的一些特长得到展示并受到肯定时,他们的自信心就会明显提高,学习积极性增强。教师就是要利用这一效应,通过对学生个性特长的发掘与展示,帮助他们建立起充足的自信心,从而以一种积极的状态投入到学习和生活中去。

三、家校亲密协作,艺体活动重参与

学校是教育的主要阵地,教师作为教育实施者占据着重要的位置,同样作为学生的家长更是学生人生中的第一启蒙师。学校教师、家庭父母都在影响着孩子们的言行举止和道德品质。在学校的各类艺体活动开展过程中,家校协作能形成有效的沟通,家长和老师换位思考形成良好的互动。相互学习,相互理解,相互尊重,进一步促进家校协作机制的养成。

(一)家长志愿者课堂,拓展学生视野

学校家长志愿者在学校、年级、班级中开展丰富有趣的课程。家长们化身为学生眼中最新奇的教育角色,用不一样的角度为孩子们讲述知识,传授技能,在趣味性和专业性的教学方式中为孩子们打开了另一扇学习的窗户。

学校组建校级志愿者家委会、班级志愿者家委会，由家委会成员牵头招募家长志愿者，与学校大队部及班主任进行沟通确定学期志愿课程，有主题、有计划地具体实施。如：在学校少先队大队部的组织协调下，四川省公安厅防拐处处长蒋阿姨出现在银都小学的校园里，为紫荆学前班的孩子们带来了有趣的讲座与实践课程，让孩子们积累、运用生活中的知识防拐骗。家长志愿者们积极调动资源，请来了眼科专业医生为四年级孩子们带来了"爱眼、护眼"专题讲座，孩子们学会了正确用眼、护眼。2021届六班班级家委会根据家长们自身的职业特点开展了一系列特色家长志愿者课堂活动，工程师爸爸带来《漫话通信》，婉仪妈妈带来《重温·珍爱》，巧手子川爸爸带来《折星星》，从事美术工作的思灵妈妈带来艺术鉴赏课程……丰富的家长志愿课程让孩子们开拓新的视野。

【案例】

妈妈"带"我看画展

平日带孩子去看画展，思灵妈妈发现很多孩子对画展没法深入观看，走马观花，看完画作以后就在展厅里打闹玩耍。所以，作为中学美术老师的汤老师（思灵妈妈）决定来给孩子们讲讲如何看画展。

课堂上，汤老师给孩子们简单地讲解了绘画的基本语言，让孩子知道从哪些方面来欣赏一幅作品，能和绘画者的思想在一定程度上达到共鸣，能够更好地看懂绘画作品。例如：绘画作品中包含了作者个人的生活经历，展现了不同国家、不同地域的传统与习俗，呈现出多样的画种和风格。这些，共同组成了丰富多彩的人类文化。所以，看画展，可以从文化的视点去看。反过来，如果对文化的了解更加深入，更加丰富，就能帮助我们打开视野，在看懂美术作品的过程中获得更多美的享受。

俗话说：外行看热闹，内行看门道。通过这堂课，今后再次走进画展的孩子们一定会静静地、慢慢地、细细地品味。

（刘婷婷）

作为各行各界精英代表的家长志愿者积极参与志愿者课程，将家校双方的教育资源进行有效的整合。家长们带来的职业介绍、知识讲解和体验课程等,都从多个方面扩展了学生的知识和眼界。加强了学生对各种职业的认知和了解,更全面地满足学生的学习需求,也拉进了家长与学生之间的距离,增进了家长与教师之间的理解与尊重,形成和谐的教育合力。

(二)家校活动,亲密互通

学校家长群体中有高素质全职妈妈和从事着各个职业的精英,也有相关领域的资深工作人员和专家。为进一步促进家校和谐的教育氛围,形成学生良好的艺体素养,学校在每期开展的特色活动中,都充分整合家长志愿者资源,充分发挥家校协作的力量。在参与特色活动的过程中,家长参与共同研讨剧本、磨合编排等事无巨细的全程,在见证孩子进步的同时收获了个人教育素养的提升。同时也能转换家长视角,从全新的角度去看待教育,看待学生、学校、家庭教育的密切关系,并真切感受到了学校营造的浓厚艺术氛围。

【案例】

参加银都小学"六·一"歌咏比赛有感

本次比赛分为班级海选、学校海选和校级决赛三个板块,分校区统一开展,全校师生共同参与,给予了每一个孩子平等的竞争与展现自我的机会,方案一经提出就得到了家长们的一致认同。第一次碰头会议时,孩子们有的想唱英文歌,有的说唱快歌、抒情歌……为了与学校的"经典咏流传"主题吻合,再配合比赛期间母亲节的特殊意义,最终我们确定了一首歌颂母亲的蒙古族歌曲——《梦中的额吉》。

排练时,四人中卓衡和殊锦两个可爱的女孩能歌善舞,一颦一动之间已然是两个小小的艺术家,排练起来轻松顺利,可宸曦和快快两个男孩的进程就有些举步维艰了。好在有指导老师和家长的鼓励,汗水在飘洒,琴声在回荡,优美的歌声在共同的坚持中磨砺而出!小小的进步却是两个八岁男孩成长路上迈出的一大步。我们和老师一同看着孩子们成百上千次的走位调整,无数次的和声练习,心里涌上的是心疼也是欣慰,心疼的是孩子们排练的辛苦,欣慰的是他们不断取得的进步,也欣慰于孩子们在排练过程中展现出的相互帮助、互相支持、坚韧不屈的优秀品质。

班级海选时，蓝白色的演出服，帅气的靴子，美丽的头饰，让孩子们看起来是那样的阳光、自信。音乐声响起，PPT上灵动的蝴蝶和大雁翩然起舞。虽然只是班内选拔，我们依然抱着不留遗憾的宗旨去做着最充分的准备，孩子们的表现最终获得了票数第一名的好成绩，成功进入了校级海选。

决赛了，孩子们在全校师生的欢呼下登上了台，他们表情大方自然，歌声悠扬动听，纯净的天籁之音唱出了草原歌曲里心灵的颤抖与期盼的眷恋，歌声久久回荡。舞台下的我们激动不已，流下了欣慰与感动的眼泪。最终我们的歌曲《梦中的额吉》不负众望，获得了一等奖。

胜利属于孩子们，更属于团队的每一个人。在这里，我们还要特别感谢两位老师，6班班主任刘老师时刻关心着孩子们的排练进度，竭尽所能地为我们提供支持与便利，亲自上阵为孩子们指导，为孩子们写节目串词，让我们大为感动。还有音乐老师黄老师，利用自己一切的空隙时间，给予孩子们无私的指导，黄老师让我们看到了一名优秀音乐教师的专业水准。师生情，是这世上最纯洁无私的情感，它像一条长河，恬静而泛着微微的涟漪；它如一阵清风，轻柔而缓缓送人前行，我为我们的孩子能遇见这群优秀的教师而感到自豪。我们感谢银都小学的各位老师精心筹备的这次歌咏比赛，这是孩子们收到的最好的儿童节礼物。

感恩学校开放式的教育理念，为孩子们描绘出一个五彩斑斓的童年；感恩学校前瞻性的教育探索，为孩子们插上理想与翱翔的翅膀。学校对每个孩子用心教育，让孩子们彰显个性，神采飞扬，在阳光普照的大地上，笑靥如花，健康成长！

（2021届6班　张宸曦家长　李娟）

家长志愿者们参与到体育艺术特色活动的过程中，不仅让家长深入到班级与孩子互动，缩短了家庭、学校、师生间的距离，从某种角度来说也搭建了家长与老师间更进一步的理解与默契桥梁。家长通过参与活动更了解学校，从而家校彼此间形成更牢固的信任。

(三) 共同成长，提高素养

随着人们生活水平的逐渐提高，重视体艺教育的意识逐年增强，在家校携手的共同努力下，学生接受更全面的体艺教育，形成了有品质的生活情趣和审美能力。家校的近距离接触，增强了双向的交流与沟通，也让家长看到了教育的多面性，能更积极地配合学校的教育。

学校重视形成有品质的体育与艺术特色教育。家长参与学校特色活动，促进了良好沟通桥梁的建构；也帮助家长了解自己的孩子，学会发现孩子的优势和问题。在家校合作过程中，学生、家长、教师共同成长。

【案例】

润物细无声

银都小学很注重培养学生的艺术素质，每学期都会为孩子们搭建很多展示体育与艺术才艺的平台。每学期都有舞蹈、话剧、歌唱、朗诵等展示和比赛。如2018年元旦举办的花开七彩元旦庆祝会，整台节目异彩纷呈，有街舞秀、相声、非洲鼓表演、舞台剧、古筝配诗朗诵……充分显示了银都小学的孩子们在艺术方面的才华。在之前的海选活动中，更是每个班级都有节目参选，都以极大的热情投入到表演中，参选节目都表现出了不俗的艺术表现力和很高的观赏性。

注重运动能力的培养也是学校的一大特色。除了一周四次的体育课程，学校还开设足球、棒垒球、啦啦操等体育选修课程，让孩子们在学好文化课之余能够喜欢运动、爱上运动。学校每年举办春季运动会和秋季运动会，向孩子们传递体育的伟大精神——拼搏、友爱、团结。每次的运动会开幕式就像一次盛典，都会设立一个主题。今年的春季运动会开幕式尤为精彩，"银小奥运"以世界各个国家的文化为主题，全校每个班级都积极准备，有些班级还"脑洞大开"，有跳着街舞的"法老"和"木乃伊"，黑脸的"非洲土著"手拿标枪……每个班级都把自己代表的国家演绎得无比精彩，孩子们的表演和创意可真是太精彩了。

三年级五班的孩子们在艺术和体育方面的学习成果丰硕。今年春季运动会上取得了班级总分第一的好成绩，还有几项个人项目打破了学校记录。在"2018花开七彩银小元旦庆祝会"海选比赛中，以一支动感、热情的肚皮舞"BangBang"从众多的海选班级节目中脱颖而出，进入学校"晚会"名单。此外，家委会的爸妈们也很重视和支持班级的各类文艺、体育活动。秋季运动会的队列表演，为了能够让孩子们感受到真正的军人军姿，家委会特意邀请成都军区的叔叔为孩子们进行了军姿训练。通过训练，孩子们不但掌握了标准的步伐和各种军姿，也感受到了部队严明的纪律，还感受到班级团结的重要性，让班风建设更上一层楼。在运动会的队列表演中也受到了好评，夺得了一等奖。

从学生个人发展角度来看，通过学校搭建的才艺和体育展示平台，孩子们经常能有机会施展才华，在活动中认清自我价值，找到自信，乐于持续学习而不是家长敦促的被动学习，最终形成"乐学—学乐"的良性循环。

从班级建设角度来看，各类文艺和体育活动，不但增进了同学们之间的友谊，增强了班级的凝聚力，而且对同学们的心理健康和身体健康也有相当的益处。

（2021届5班　王毓瑞家长　王丛蕾）

银都小学体育与艺术教育氛围浓厚，在丰富多彩的体育与艺术活动课程中，师生不断体验自我、发展自我、超越自我，放飞心灵与梦想。学生、教师、家长在这里有所长，在这里有所获，呈现出成长状态多彩、生命发展多元的特色。一批又一批的学生在这里成长为健康、聪慧、高尚、快乐的新时代好少年——

在这里起步，是一生的幸运；

从这里腾飞，有一生的怀念。

主要参考文献

本刊评论员,2013,深入理解立德树人的内涵[J].上海教育（28）.

教育部,2015,关于全面深化课程改革落实立德树人根本任务的意见[Z].

琚军红,2015.基于认知心理学基础的艺术教育新理念[J].艺术教学与管理（3）.

李红菊,周佳铭, 2006.从心理学视角看艺术教育对个体发展的价值[J].艺术教育（1）.

罗恩菲德,1995.创造与心智的成长[M].王德育,译.长沙：湖南美术出版社.

庞学光,1998.培养真善美统一的完满人格——教育的终极目标论纲[J].教育理论与实践（4）.

肖复兴,2000.音乐笔记[M].上海：学林出版社.

徐福斌,体育心理学在体育教学中的作用分析[J].华中师范大学研究生学报,2006（01）.

杨孟瑜,2013.回归身体[M].北京：三联书店.

袁埜,2013.契合美术教育心理学的儿童美术慢教育[J].美与时代（下）（10）.

袁振国,2002.教育新理念[M].北京：教育科学出版社（12）.

中华人民共和国教育部，2011，义务教育体育与健康课程标准[M]. 北京：北京师范大学出版社.

后 记

成都师范银都小学从2000年建校开始实施小班化教育，十八年来，学校秉承"阳光普照，关注个体""尊重生命，彰显个性"的理念，以"艺术教育拓潜能，以美塑造现代人"为思路，展开体育与艺术教育，取得了丰硕的成果，形成《小班化教育体育与艺术教育》专著。

本书由文莉、张俊勤主编，负责策划、组织编写、修改和统稿工作，各章节由以下教师编写：第一章，文莉、陈黎琳；第二章，张俊勤、陶涛；第三章，韩霜、游霜；第四章，林伟、蔡静；第五章，曾亮、朱婷婷。美术编辑，刘丁瑞、董涓、邓然。书中照片均为教师拍摄。

在本书的编写过程中，全国教育系统劳动模范、四川省特级教师、成都大学严先元教授对专著的整体框架进行了细致指导。享受国务院特殊津贴的美术专家叶茂涵老师对本书的封面设计、图片编排进行了精心指导。成都师范银都小学的首任校长、心理学专家、四川省特级教师冯淑蓉女士指导编委开展编写工作。在此，我们对所有为本书的编写给予过指导、帮助的领导、专家和朋友表示深深的感谢！

在编委向全校老师征稿时，收到全校教师来稿100多篇。由于篇幅和本书体例所限，一些教师的文章未能选用，在此，我们深表歉意，并真诚感谢所有积极投稿的教师。

　　本书总结了学校小班化教育体育与艺术教育的实践经验与成果，各章节的论述既有理论认识，又有银都小学教师们一线的教育教学的鲜活案例、故事等，行文活泼流畅，可读性强，对进行小班化教育的学校在体育与艺术教育方面有较强的指导性和实用性，对普通学校也有可借鉴性。

　　本书若能带给读者朋友们一点借鉴，引发一些思考，我们将甚感欣慰。同时，我们更期望得到大家的指正。

张俊勤

2018年8月10日